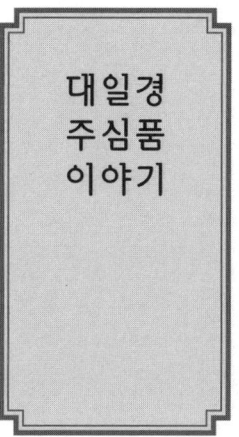

대일경
주심품
이야기

대일경
주심품
이야기

입진언문주심품

최종웅惠淨 역해

들어가며

밀교는 일상생활 그 자체이다. 밀교의 용어를 사용하다 보면, 모든 것이 비밀로만 생각하는 경향이 있다. 우리의 생활이 본래 비밀스러운 것이다. 진리를 모르는 차원에서 보면, 해 뜨고 비 오고 바람 불고 꽃이 피고 지는 것이 모두 비밀스러운 것이다. 그러나 이것은 우리 앞에 적나라하게 나타난 현실 세계일 뿐이다.

진각종 최고 교육과정 아사리과에서 《대비로자나성불신변가지경》 제1권 〈입진언문주심품〉을 강의할 때 준비한 원고를 바탕으로 1999년 2월부터 BBS 불교방송국에서 400여 일간의 밀교강좌 내용 중에 일부는 '밀교수행 이야기'로 출판을 준비하였으며, 그중에 90일간 강좌한 내용은 그 후 5년 뒤 2004년 8월호부터 원고를 정리하여 《법의 향기》에 게재하였다.

이러한 글을 《법의 향기》에 게재할 수 있었던 것은 어느 정사님의 원력의 힘이다. 문장법이나 문체에 관하여 구성하는 법이나 엮어나가는 묘술을 배운 적이 없는 나에게 "진각종보에 《보리심론》에 관한 부분을 연재로 실으면 어떻겠습니까?"라는 부탁을 받고, 5년이 넘도록 '보리심론 이야기'라는 제목으로 연재글을 썼다. 부족한 글이 오를 때마다 그 정사님의 정성이 포함되어 있었다. 부족한 문장력과 표현력을 매꿔준 것은 진각종의 초기 교단사에 해당하는 사진들을 찾아 함께 실어준 정사님의 원력이었다. 그것은 곧 글의 지루함이나 싫증을 없애는 역할을 하였던 것이다. 당시 나는 진각종보를 볼 때마다 글보다도 사진을 더 유심히 보았다. 그때마다 정사님의 마음을 생각하면서 고맙게 여겼다. 그것에서 용기를 얻어 불교방송 강의문이나 진각대학의 강의 초안 등을 작성하는 습관이 생겼다.

그리고 또 하나의 고마운 부분은 부처님의 말씀을 한문으로만 접근하여 난해함이 많아 감히 글을 쓰고자 하는 생각을 일으키지 않았는데, 원고를 쓰다 보니 한글에 대한 고마움과 감사함이 생겼다. 글로써 무엇이든지 마음대로 표현할 수 있는 한글, 다만 글을 쓰는 자의 부족함이 있을지언정 한글의 부족함은 없다. 참으로 대단한 한글이다. 그리고 위대한 한글이다. 그러므로 세종대왕 역시 대단한 분이며 위대한 분이다. 백성들의 마음을 생각한 것이 부처님이 중생을 생각하는 자비심과 무엇이 다르겠는가? 다시 한번 《보리심론》을 청탁한 정사님, 한글을 창제한 세종대왕, 이 글을 정리할 수 있도록 시간을 준 집행부의 모든 사람들에게 감사의 뜻을 표한다.

이 글을 읽는 방법은 한문 원경을 번역한 번역 부분만을 독송하여도 부처님이 무엇을 가르치고자 하였는가 하는 뜻을 알게 된다. 좀 더 자세히 알고자 할 때 이야기 속으로 들어가는 것이다. 이야기라고 말하여 가벼운 느낌이 들지는 모르나 생활하는 가운데에 밀교가 있음을 말하기 위하여 이야기라 표현한 것이다. 이글은 경구 하나하나의 해석을 하는 것이 아니다. 핵심이 된다고 생각하는 경구를 얕은 지식으로 풀어본 것이다. 모두 같은 마음으로 풀어보기를 바란다.

이제 《대비로자나성불신변가지경》의 세계로 길을 떠나면서 잘못된 부분은 넓은 마음으로 감싸주시고 의심나는 부분이 있으면 공부한다는 의미로 본 경 《대일경》을 보아주시고 함께 이야기를 엮었으면 한다. 한여름 가장 더울 때 대야의 물에 발을 담근다고 생각하고, 짙은 가을 푸른 하늘을 바라본다고 생각하고, 눈 쌓인 겨울 창가에 마하대일의 빛이 비치는 따뜻한 온돌방을 생각하면서 이야기를 보았으면 하는 바람이다. 마음의 문을 열고 끝까지 이야기를 들어주신 감사한 마음, 무엇으로 비유하고 무엇으로 표현하겠는가? 다만 원고를 정리하면서 주위에 많은 분들의 보살핌이 없었다면 정리 못했겠구나 하는 생각을 하니 모두 모두에게 감사하는 마음뿐이다. 특히 삼시세끼 챙겨주신 분께는 두 배로 감사의 인사를 드린다. 그리고 출판하는 과정에서 문단 하나하나 글자 하나하나 꼼꼼하게 정리하여 문단이 되도록 힘써주신 명운(김치온 교수·진각대학원)님과 출판 관계자분들께도 감사의 말을 전한다. 마하비로자나불의 법의 향기가 가득한 행복한 세상으로 다 함께 이야기 길을 떠나봅시다.

진기71(2017)년 봄
저자 삼가 합장

목차

들어가며 5

제1화 서강 11

제2화 경제(經題) 15

제3화 오성취문(五成就門) 21

제4화 19집금강(十九執金剛) 29

제5화 4대보살(四大菩薩) 37

제6화 법설시(法說時) 41

제7화 서상(瑞相) 45

제8화 3구발문(三句發問) 59

제9화 3구답설(三句答說) 87

제10화 보리심무상(菩提心無相) 99

제11화 일체지자심(一切智自心) 105

제12화 심불가득(心不可得) 113

제13화 초지정보리심문(初地淨菩提心門) 125

제14화 보리심출생(菩提心出生) 141

제15화 파외도설(破外道說) 163

제16화 순세8심(順世八心) 181

제17화 60심(六十心) 199

제18화 3망집(三妄執) 245

제19화 10지(十地) 303

제20화 6무외(六無畏) 313

제21화 10연생구(十緣生句) 335

제1화
서강

　　이 경은 비로자나부처님과 금강수 비밀주가 중생들을 위하여 성불의 가지를 나누는 대화이다. 경의 주인공인 비로자나부처님 역할은 석가모니불이 맡고, 금강살타보살 역할은 아난이 맡았다. 시방법계 철위산 기사굴에서 설해진 말씀이 훗날 스리랑카에서 성립되었다. 대중부에 의하여 현실에 맞는 가르침으로 변형하여 대승불교가 형성되었고, 다시 초대승의 밀교가 성립되었다. 국가의 불교 학살의 법난으로 승려는 환속 당하고 경전은 불태워졌다. 환속을 반대한 몇몇 승려들은 바다를 건너 남인도 나가르주나 강기슭을 따라 깊숙한 곳으로 옮겨갔다. 남천축 철탑 속에 보관하여 전래의 인연의 주인공이 나타나기를 기다렸다. 석존 입멸 500여 년이 지난 뒤에 세상 밖으로 나올 인연이 되어 용수보살龍樹菩薩에 의하여 겨자씨로 철탑의 문을 열고 인간 세상에 유포하였다. 철탑 속에는《대비로자나성불신변가지경》과《금강정경》계통의 경전들이 보관되어 있었다. 스리랑카에서 가져온 경전이 500여 년이 지난 뒤에 전래되었다는 것은 경전을 정리하는 데 소요된 시간을 뜻하는 것이다. 현교와 밀교의 중간 경전에 속한다고 할 수 있는《화엄경》은 용궁에서, 밀교경전인《대일경》,《금강정경》은 철탑을 통하여 용수가 가져와 전하게 된다. 세 종류 모두 법이항본法爾恒本이며 무량광본이었다. 이 뜻은 스리랑카에서 성립된 대승경전과 밀교경전이 방대하였다는 것을 말하는 것이다. 이 가운데 중생의 근기에 맞는 것만 추려서 용궁에서《화엄경》45,000송, 남천축 철탑에서《대일경》3,000송,《금강정경》4,500송만 가져왔다. 정리한 중심인물이 용수보살이다. 3,000송 7권으로 된《대일경》은 앞의 6권은 31품 2,500송이요, 뒤의 1권은 공양차제분으로 5품 500송이었다. 품品이라는 것은 연극의 막과도 같은 것이다. 정리한 중심인물 역시 용수보살이다. 다시 경을 보다 쉽게 이해하도록 일행삼장이 20권의 소를 짓고, 공양차제부분은 신라의 불가사의 스님이 2권의 소를 지었다. 그 후 1,200여 년이 지난 뒤 회당 대종사님이 육자진언으로 깨달음을 얻었다. 깨달음의 경지를 증명하기 위하여 이 경을 소의경전으로 삼았다.

    밀교경전의 성립을 보면 먼저 보드가야에서 석가모니부처님이 깨달음을 얻은 후에 7·7일간 정에 머무는 과정에서 3·7일간 삼매에서 자수법락自受法樂하여 삼라만상을 법계만다라로 장엄하는 광경을 엮은 것이《대방광불화엄경》이다. 법계만다라는 법계 전체가 하나로서 이지理智가 분리되지 않은 만다라이다. 마하비로자나불이 금강지권인을 결한 채 자수법락하는 모습을 상근기 보살들에게 보인 것이다.《대일경》은 태장부만다라이며, 이불理佛로써 작용을 말하며,《금강정경》은 금강계만다라로서 지불智佛의 작용을 말하며, 37존의 출생의 의미를 담고 있다.

    《화엄경》,《금강정경》에 관한 것은 차후로 미루고, 여기서는

《대일경》만 이야기하기로 한다. 《대일경》 태장부만다라의 구성은 3부 13원으로 되어 있다. 삼부는 불부佛部 금강부金剛部 연화부蓮花部이다. 불부는 이체理體와 지덕智德을 구족한 비로자나불의 총괄적인 것을 말하며, 13원 중에 중앙의 중대팔엽원, 변지원, 석가원, 문수원, 지명원, 허공장원, 소실지원을 말한다. 금강부는 존재存在의 지덕智德을 말한다. 지혜는 금강 같이 견고하여 무너지거나 파괴할 수 없기 때문에 금강에 비유하며 보당여래 또는 석가모니불의 반야에 비유하기도 한다. 13원 중에 금강수원, 제개장원이다. 연화부는 중생들은 본래 자성청정한 불성을 지니고 있어 연꽃처럼 물들지 않는다는 이체理體를 말한다. 아미타불의 대비大悲를 나타낸다. 13원 중에는 오른편의 관음원 지장원이다.

      3대 경전을 삼밀수행의 수행에 배대하면, 《화엄경》은 신성취身成就, 《금강정경》은 구성취口成就, 《대일경》은 의성취意成就의 경전이다. 3대 경전은 불보살중생의 본심을 찾는 심인진리의 수행이 이루어지며, 부처님 세계의 만다라가 성립되는 것이다. 본래는 신구의 성취를 나누거나 법계, 태장계, 금강계의 만다라가 있는 것이 아니라, 밀교의 가르침은 모든 법계 삼라만상 그 자체가 모두 삼밀이며 하나의 만다라이다. 삼밀수행의 성취자가 금강승의 금강아사리인 것이다.

제2화

경제
經題

　　경의 제목은 《대비로자나성불신변가지경大毗盧遮那成佛神變加持經》이다. 줄여서 《대일경》이라 한다. 경의 영문 표기나 출처의 구체적인 부분은 생략한다. 경제에는 이 경의 뜻이 담겨 있다. '대비로자나大毘盧遮那 성불成佛 신변神變 가지加持 경經'이란 법보화 삼신의 설법을 나타내는 것이다. 대비로자나는 마하비로자나불이며, 가지성불은 청정법신비로자나불이며, 신변은 천백억화신불이다. 마하비로자나불은 이법신理法身이요, 청정법신비로자나불은 지법신智法身이며, 천백억화신불은 일체지지一切智智신이다. 마하비로자나불에서 청정법신비로자나불이 출생되었다. 청정법신비로자나불에서 천백억화신불이 출생한다. 이것은 마하비로자나불이 성불로 가지하여 청정법신비로자나불을 출생시킨 것이다. 가지를 받은 청정법신비로자나불이 중생의 몸으로 신통변화를 나타내는 신변을 가지하여 천백억화신을 출생시킨 것이다. 그러므로 마하비로자나불이 곧 청정법신비로자나불이며 마하비로자나불이 곧 천백억화신불인 것이다. 세 가지를 가지 받은 부처님이 현생의 중생세계에 나타난 석가모니불이다.

《대일경》은 7권 36품으로 되어 있다. 본경은 전6권 31품이다. 제7권은 〈비로자나공양차제법毘盧遮那供養次第法〉으로 한역은 경부經部에 있지만, 티베트역에는 경부[칸귤]가 아닌 논소부[텐귤]에 별도로 수록되어 있다. 한역도 원래는 본경 원문의 일부가 아니었으나 별도로 편집된 내용이 후대에 부가된 것임을 알 수 있다. 원래《대일경》은 일시에 성립된 것이 아니라 오랜 세월에 걸쳐서 한 품 한 품이 부가되어 편집된 것이라는 것이 이 분야를 연구하는 학자들의 일반적인 견해이다. 제7권〈공양차제법〉은 선무외가 수행 중에 입수한 것으로 자신이 중국에 들어올 때 가지고 온 것을 신라승 불가사의에게 번역하도록 하여 맨 마지막 부분에 편입시킨 것으로 보아야 한다. 불가사의는《공양차제법소》에서 다행히도 선무외善無畏 화상을 만나게 되어 이 법을 접하게 되었다고 기술하고 있다.

《대일경》 전체를 알기 위하여 품을 나열하였다.《대일경》의 전체적인 해석을 삼밀에 배대하면, 제1품은 이론적으로 설하고 제2품 이하는 실천적인 것을 설하고 있다. 서분은 신밀이요 정종분은 어밀이며 유통분은 의밀이다. 그러나 실지로는 꼭 그렇게 구분되는 것은 아니다.〈입진언문주심품〉의 내용이 일상생활 하는 가운데 얼마든지 그와 같은 의미로 수행이 가능함을 말하는 것이 진각밀교의 수행법이다. 제1〈입진언문주심품〉과 제7권〈공양차제법〉속에도 각각의 서분과 정종분과 유통분으로 나누어 볼수 있다. 경의 중심 내용은 제1〈입진언문주심품〉이다. 마지막 제7권인 공양차제부분은 밀교수행의 진수를 나타내는 것으로 밀교의 상호공양의 수행법을 밝힌 기초적 성격을 가지고 있다.《대일경》과 쌍벽을 이루는《금강정경》의 모체가 된다고 하여도 틀린 말은 아닐 것이다. 이제《대일경》의 제1품인〈입진언문주심품〉은 우리의 자심실상을 말하는 대목이다. 자심실상에는 일체의 지혜를 아는 지혜가 머물고 있다. 일체지혜를 아는 지혜는 삼라만상의 운행의 이치를 아는 지혜로서 묘용이 무궁한 지혜이다. 이것을 깨닫는 자를 진언승교의 보살이라 하고 일체지자一切智者라 하고 일체견자一切見者라 하기도 한다. 이〈입진언문주심품〉은 곧 비로자나불의 진실한 말씀을 받아들이는 관문이다. 이 문의 내용만 깨닫는다면 곧바로 정등각을 이루어 모든 고통에서 해탈하고 열반락을 얻으며 구경에는 법신비로자나불과 동체가 되어 불국정토가 건설되고 비로자나불의 빛의 향기를 얻어 세세생생 안락국토에 태어날 것이다.

경을 보는 법

여기서 잠시, 경을 보는 방법으로 서분序分 정종분正宗分 유통분流通分의 3분으로 나누어 보는 법을 주창한 분은 중국 동진 때 스님, 도안道安, 314~385이다. 속성은 위衛씨 상산常山 부유扶柳사람이다. 세칭 인수보살印手菩薩이라고도 한다. 12세에 출가하여 경론을 보았다. 얼굴이 못생겨서 스승으로부터 사랑을 받지 못하여 3년을 밭일을 하였다. 밭일을 하는 어느 날 밭일을 하면서 하루에《변의경辯意經》외우는 것을 보고, 스승이 놀라 유학을 허락하여 불도징佛圖澄을 스승으로 섬기면서 법제法濟, 지담支曇 등에게 배웠다. 유학자인 습착지習鑿齒와의 대화에서 유명하다. 습착치가 자기의 명성이 사해에 가득하다는 뜻으로 '사해습착치四海習鑿齒'라 할 때 하늘을 능가한다는 뜻으로 '미천석도안彌天釋道

安'이라 답한 것으로 유명하다. 전진왕前秦王의 부견符堅은 그의 학덕을 존경하여 양양襄陽을 공격하여 도안 스님과 습착지를 얻었다. 그리고는 "10만 명을 동원하여 한 사람 반을 얻었다."고까지 하였다. 한 사람은 도안이며 반은 습착지를 말한다. 도안 스님은 "스님은 부처님의 제자이기 때문에 누구나 석씨釋氏 성을 사용하여야 한다."고 주장하기도 하여, 그 후 모든 스님들이 석씨 성을 사용하게 되었다. 달마 스님의 선종이 들어오기 200여 년 전에 중국불교를 일으킨 스님이다. 경전을 해석하는데 쉽게 보는 방법으로 서분, 정종분, 유통분의 3분으로 보아야 한다면서 과목科目을 처음으로 창설하였다. 그 후 모든 경전은 이 분류법을 기준으로 소疎 초秒 기記를 달았다. 삼소굴의 혜원 법사와도 친분을 맺고 불법을 널리 홍포하였다.

제3화

오성취문

五成就門

〚 경문 〛 이와 같이 나는 들었습니다.

　　　　2,500여 년 전에 석가모니불이 열반에 들 때 제자들에게 몇 가지 당부의 말씀을 하였다. "아난은 12부경을 유통하고, 우바리는 계율을 수지하며, 아나율은 사리를 수호하여 공양하게 하라." 하였다. 부처님은 45년간의 설법을 마치고 쿠시나가라 사라쌍수에서 열반에 들었다. 그 후 100여 일이 지난 후 가섭존자가 부처님의 법이 소실될 것을 염려하여 상수 제자 500여 명을 모아 필발라굴에서 제1 결집에 들어갔다.
　　　　제1 결집 당시의 일어난 이야기를 해보기로 한다. 500여 명의 상수 제자가 모인 중에 가섭존자는 주위를 살피면서, "사자들만 모인 자리에 여우가 있구나." 제자들은 서로 얼굴을 마주보면서, '이 가운데 누가 여우인가? 여우는 어디에 있는가?' 모두 의심하는 중에 아난이 가섭존자에게 물었다. "뉘가 여우입니까?" 가섭은 잠시 묵언하다가 아난을 가리키면서, "아난, 네가 여우이다."

모든 대중은 가섭존자의 답에 놀랐다. 아난만이 부처님의 모든 경전을 외우고 있기 때문이다. 그것은 부처님이 성도 20년 뒤에 출가한 아난에게 시봉하기를 권할 때 아난이 첫째, 부처님께 고의古衣를 받지 않을 것이며, 둘째, 부처님께 별청別請을 받지 않을 것이며, 셋째, 부처님께 듣지 못한 법을 다시 설하여 주실 것을 요구할 때 부처님은 쾌히 승낙하여 시봉을 하였다. 부처님은 20년 전에 설한 경전의 내용을 설하여 그것을 아난이 모두 외우고 있기 때문이다.

대중들의 마음을 읽은 가섭존자는 다시 말하기를, "부처님의 법은 뜻을 깨닫지 못하고 입으로만 외운다면, 그것이 여우의 짓과 다를 바가 없는 것이다." 아난은 가섭존자에게 대꾸하였다. "가섭이시여! 당신은 부처님의 8만 4천 경전 외에 무엇을 부처님으로부터 전수받았기에 나를 여우라 하는가? 나는 부처님의 45년 설법을 모두 외우고 있다. 내가 아니면 뉘가 결집할 수 있겠는가?" 가섭존자는 "부처님 가르침의 참뜻을 알고 싶으면 저 법당 앞에 있는 찰간대를 분질러라."

화가 난 아난은 굴 밖으로 나왔다. 며칠을 방황하다가 계족산에 들어가 정진을 하였다. 아난이 정진하는 동안에는 우바리가 율장을 외워 결집을 하였다. 아난은 잠을 자지 않는 용맹정진 중에 가섭존자의 말이 마음에 와닿으면서 깨달음을 얻었다. 깨달음을 얻은 아난존자는 칠엽굴로 향하였다. 굴 밖에서 문을 열어줄 것을 가섭존자에게 알리니, 가섭존자는 "깨달음을 얻었다면 문이 무슨 장애가 되겠는가?"

아난존자는 문틈으로 굴 안으로 들어갔다. 굴 안으로 들어온 아난이 법좌에 오를 때 부처님과 같이 상호구족相好具足함을 보고 모든 대중은 세 가지 의심을 가졌다. '첫째, 부처님께서 열반으로부터 다시 일어나서 중생衆生을 위하여 설법하시는가? 둘째, 타방의 부처님이 오셨는가? 셋째, 아난이 부처의 몸이 되어 설법하는가?'

이때 아난은 경을 외우면서 경의 첫머리에 "이와 같이 나는 들었습니다如是我聞."라고 하였다. 이 한 마디로 대중들의 세 가지 의심疑心이 풀렸다. 이로부터 모든 경전에 첫 말은 "이와 같이 나는 들었습니다."로 시작한다. 부처님의 말씀을 배우면서 제일 먼저 실천해야 하는 덕목이 이 한 마디에 있다. 이것은 곧 상대방의 인격을 존중하면서 또한 자신의 낮추는 말이다. 우리는 누구나 다 상대방을 존중하고 자신을 낮추는 공부가 필요하다.

〖 경문 〗 한때에 박가범께서 여래께서 가지加持하신 광대한 금강법계 궁에 머무르시니, 일체 금강을 지닌 자가 모두 다 모임에 모이시었다. 여래의 신해信解로 유희한 신통변화로부터 나타난 대보배 누각은 높아서 중앙과 끝이 없으며, 온갖 크고도 미묘한 여러 가지 보배로써 사이사이를 장식하였으며, 보살의 몸으로 사자獅子의 자리로 하시었다.

부처님에는 법신부처님, 보신부처님, 응신부처님이 있다. 실지로는 부처님은 법신부처님과 보신부처님 뿐이다. 응신부처님은 법신부처님이 중생을 위하여 방편으로 나타난 부처님이기 때문에 형상을 지닌 법신부처님이다. 법신부처님은 진리부처님이라 이름하나 형상으로 표현할 수 없는 부처님이다. 보신부처님은 수행결과로 부처가 되는 형상과 이름이 있는 부처님이다. 박가범은 진리적인 법신부처님을 일컬은 것으로 하나부처님, 하나법신부처님, 법계부처님, 법계비로자나부

오성취문 • 25

처님, 도솔천부처님, 도솔천비로자나부처님, 법신부처님, 법신비로자나부처님, 법계진각님, 자성부처님 등으로 부르기도 한다. 이러한 부처님을 중생 세계에 나타나면 화신부처님으로서 덕상에 따라 부르기도 한다. 그것이 여래십호이다. 여래십호는 여래如來, 응공應供 정변지正遍知, 명행족明行足, 선서善逝, 세간혜世間慧, 조어장부調御丈夫, 무상사無上士, 천인사天人師, 불세존佛世尊이다.

금강법계궁은 어디에 있는가

비로자나부처님이 일체여래에게 가지를 내리는 곳이 곧 금강법계궁이다. 금강법계궁은 무엇으로 장엄하는가? 마하비로자나불의 가지의 청정법신비로자나불의 가지를 받은 화신불이 여래가 되어 청정성을 담은 신해지로써 오색찬란한 유희의 조화로 신통 변화가 자재하게 나타나게 된다. 손이 움직이고 발이 움직이며 눈동자 하나하나까지도 모두 청정성을 지닌 빛의 작용이다. 이 작용이 사방에 나타나게 된다. 이와 같이 비로자나불의 모습은 금강법계궁의 모든 누각 빛으로 표현되며, 빛으로 장엄되니 그 빛의 아름다움에 견줄만한 보배가 없다. 이 빛의 보배누각은 형상이 없어 만질 수도 없고 그릴 수도 없지만 법계에 충만하다. 그 빛의 종합된 것이 금강 빛이다. 금강은 세상에서 가장 값진 것이며, 영원히 변하지 않는 것이며, 가장 견고하여 파괴되지 않는 것이다. 빛은 부드러우면서도 뚫지 못하는 것이 없고 만짐이 없지만 접촉하지 못하는 것이 없으며, 영원하고 평등하며 변화가 무상하다. 금강의 빛 속에서 오색찬란한 자비의 빛을 발하여 만물을 생성 양육하는 힘이 있다. 이 오색찬란한 빛이 항상 머무는 곳이 금강법계궁이며 법신비로자나불의 공능이 시작되는 성스러운 곳이다. 이러한 빛의 공덕을 마하비로자나불이 중생들에게 나누어주고자 다섯 부분으로 변화한다. 첫째, 부처님이 마하비로자나불로부터 빛을 가지 받은 비로자나불이 청정법신비로자나불이다. 이 청정의 빛으로부터 5색의 빛이 나타난다. 청정성을 지닌 백색 빛이 중앙이 되고, 견고성을 지닌 청색 빛이 동방이 되고, 가치성의 적색 빛이 남방이 되고, 지혜성의 황색 빛이 서방이 되고, 변화성의 녹색 빛이 북방이 된다. 이 부분에 대하여는 《금강정경》에서 5불로 표현하고 있다. 이 다섯 빛을 합한 것이 금강 빛이다. 빛의 중앙에서 사자자리의 법석이 베풀어져 중생을 위하여 부처가 아닌 보살로써 법을 설하는 것이다. 설법의 뜻은 만물은 각각 지혜를 가지고 있다. 바위를 보라. 봄과 여름이면 물을 흡수하지만, 가을이 오면 흡수한 물을 내뱉는다. 이것은 추운 겨울 바위가 얼어서 깨어지는 화를 막기 위함이다. 나무도 마찬가지이다. 물이 적으면 뿌리를 더욱 많이 하여 물을 찾아 나서고 물이 많으면 뿌리의 자람이 약하다. 그리고 봄과 여름에는 가지마다 물을 흡수하여 보관하지만 가을이 되면 물을 내뱉는다. 만일 욕심으로 물을 머금고 있으면 겨울이면 그 가지는 얼어 따뜻한 봄을 맞이하지 못할 것이다. 이와 같이 모든 만물은 각각 생존의 지혜를 지니고 있다. 이것이 비로자나불의 당체로서 정변지이며, 법신비로자나불로부터 가지加持를 받은 일체여래의 공능이며 법신불과 동체인 것이다.

제4화

19집금강
十九執金剛

〖 경문 〗 그 금강의 이름은, 허공무구집금강虛空無垢執金剛과 허공유보집금강虛空遊步執金剛과 허공생집금강虛空生執金剛과 피잡색의집금강被雜色衣執金剛과 선행보집금강善行步執金剛과 주일체법평등집금강住一切法平等執金剛과 애민무량중생계집금강哀愍無量衆生界執金剛과 나라연력집금강那羅延力執金剛과 대나라연력집금강大那羅延力執金剛과 묘집금강妙執金剛과 승신집금강勝迅執金剛과 무구집금강無垢執金剛과 인신집금강刃迅執金剛과 여래갑집금강如來甲執金剛과 여래구생집금강如來句生執金剛과 주무희론집금강住無戲論執金剛과 여래십력생집금강如來十力生執金剛과 무구안집금강無垢眼執金剛과 금강수비밀주金剛手秘密主이시다. 이와 같은 분들이 상수上首가 되며, 무한한 불국토의 티끌처럼 많은 수의 금강을 지닌 대중들과 함께 하시었다.

오색 빛의 작용

　　마하비로자나불로부터 금강수비밀주에게 가지한 우주만물 삼라만상 속에 무한하게 빛나는 금강의 빛, 만물을 생성하고 양육하는 힘을 지닌 금강의 빛을 어찌 멀리하겠는가. 중생심이 지니고 있는 본래 청정성을 찾기 위하여 행동과 말과 생각을 바르게 하여 금강법계궁에서 삼밀선정법을 닦아야 한다. 세상 모든 곳이 마하비로자나불의 금강법계궁이지만 관정과 가지를 받을 수 있는 곳은 심인 전당인 금강법계궁뿐이다. 부처님의 깨달음이나 보살의 깨달음이나 중생의 깨달음의 경지는 같다. 빛도 이와 같이 태양의 빛이나 별들의 빛이나 반사된 달의 빛은 모두 금강에서 나온 빛이다. 다만 밝음의 차이만 있을 뿐이다. 비온 뒤 허공에 걸리는 무지개를 보라. 그 빛도 역시 금강에서 나온 빛이며, 사람의 눈에 서리는 안광도 금강의 빛에서 유출된 것이다. 크게 밝은 것이든 무색의 약한 빛이든 모두 금강에서 유출된 빛임을 알 때, 만물은 곧 마하비로자나불의 당체當體임을 깨달은 것이 된다.

　　마하비로자나불에서 가지加持 출생한 다섯 빛의 부처님은 중생들이 쉽게 접근할 수가 없다. 이에 다시 중생 접근이 쉬운 금강을 가진 보살을 출생을 시켜 마하비로자나불의 5종의 빛을 표현하였다. 빛의 중심은 금강으로 금강수비밀주이다. 마하비로자나불의 청정성 빛이 허공무구집금강과 허공유보집금강과 허공생집금강보살이며, 견고성 빛이 피잡색의집금강과 선행보집금강과 주일체법평등집금강보살이며, 가치성 빛이 애민무량중생계집금강과 나라연집금강과 대나라연집금강보살이며, 지혜성 빛이 묘집금강과 승신집금강과 무구집금강보살과 인신집금강이며, 변화성 빛이 여래집금강과 여래구생집금강보살과 주무

희론집금강과 여래십력생집금강과 무구안집금강보살이다. 이 모든 보살의 중심은 마하비로자나불의 법을 금강수로 가지관정을 받은 금강수비밀주이다. 금강수비밀주는 부처의 경지와 중생들의 경지에서 각각 빛을 탄생시키며 마하비로자나불과 더불어 18존의 빛이 도량을 외호한다. 이곳이 곧 금강법계궁이며 심인당이다. 우리는 항상 심인당을 가까이 하여 관정灌頂의 자비수慈悲水와 가지加持의 공덕력功德力을 받아 속히 이고득락의 해탈을 지나 윤회에서 벗어나야할 것이다.

    마하비로자나불에서 금강수 가지관정을 받은 모습이 비밀주이다. 금강수 비밀주를 상수로 하여 18집금강보살이 윤원구족하게 빛의 조화를 보이고 있다. 이 5색의 빛으로 윤원구족을 이루면서 3가지 활동을 전개한다. 이것이 3부의 활동이다. 앞의 허공무구집금강, 허공유보집금강, 허공생집금강, 피잡색의집금강, 선행보집금강, 주일체법평등집금강 6보살은 모두 허공의 능력을 지닌 보살들로 금강부로써 신심과 발심을 주관하며, 애민무량중생계집금강, 나라연집금강, 대나라연집금강, 묘집금강, 승신집금강, 무구집금강 6보살은 자비의 작용을 지닌 연화부로써 자비심을 일으키게 하며, 인신집금강, 여래갑집금강, 여래구생집금강, 주무희론집금강, 여래십력생집금강, 무구안집금강 6보살은 여래의 공능을 지니고 여래부로서 신통변화의 응신으로 중생을 제도하는 것이다. 앞에 6보살이 근본이 되며 모두 진리를 표현하는 응용의 허공을 상징하기 때문에 허공이란 말을 붙였다. 다음의 보살은 응용변화의 자비의 힘을 지녔으며, 뒤의 6보살은 부처님을 상징하기 때문에 여래라는 말을 붙여야 한다. 여래는 곧 화신으로 중생교화가 그 목적이다. 이와 같이 변함없는 진리를 상징하는 금강부와 화도의 연화부와 본존의 불부로 표현된다.

　　　　금강수 비밀주秘密主는 비로자나불의 근본성을 표현한 것이며, 첫 번째 허공무구집금강은 본유本有의 덕이다. 보리심의 체體로써 일체번뇌를 여읜 금강이며 종자발생의 수행을 말한다. 두 번째 허공유보집금강 수생보리심修生菩提心의 행行으로 발행금강인發行金剛印이 되는 종자種子에 비유하며, 보리심의 수행修行의 덕德으로 정보리심淨菩提心의 동적방면動的方面을 표현한다. 세 번째 허공생집금강은 만행萬行으로 진실생성의 발동을 나타내며, 보리심의 맹아이생萌芽已生에 비유하여 무소득중도관無所得中道觀으로 방편으로 대자만행大慈萬行을 나타낸다. 네 번째 피잡색의집금강은 성대비만다라成大悲曼茶羅며, 맹아증장萌芽增長에 비유하여 만덕개부萬德開敷 백화요란百花繚亂의 미美를 정식하는 입열반入涅槃의 덕德을 나타내는 것이다. 잡雜이라는 것은 나쁘다는 뜻이 아닌 가장 아름다운 꽃은 36색이기 때문에 어느 하나의 색상을 표현하지 못하기 때문에 잡이라 표현하는 것이다. 다섯 번째 선행보집금강은 수순隨順하는 화타化他의 보살이다. 이득과실 부환위종자已得果實 復還爲種子에 비유하여 제불諸佛의 보능위용步能威容을 말하는 것이다. 삼세제불은 시의時宜와 근기에 의하여 제도할 수 있는 자와 못하는 자를 알아 신구의 身口意의 묘방편妙方便을 가지고 대불사大佛事를 이루는 것으로 방편구경의 덕을 표현하는 것이다. 여섯 번째 주일체법평등집금강은 제법諸法의 평등성에 안주함을 나타내어 인과因果, 자타自他, 유위有爲, 무위無爲, 일체 차별법差別法도 여래의 진실지眞實智에서 보면 평등일상平等一相이다. 일곱 번째 애민무량중생계집금강은 동체비민지심同體悲愍之心으로 대자비를 일으켜 중생을 이익케 하고자 평등법성平等法性에 주住하는 여래의 일체덕一切德을 표현하는 것이다. 여덟 번째 나라연력집금강은 대비로 용맹정진하는 금강으로 대비심을 발하여 구족한 대세력으로 능히 중생을 구도救度하는 법계신法界身의 힘을 표현하는 것이다. 아홉 번째 대나라연력집금강은 대자비로서 중생을 화도化度하는 비밀신통력을 표현하는 것이다. 열 번째 묘집금강은 일체 공덕의 무비무상無比無上한 금강의 묘妙는 무등비無等比이며, 무과상의無過上義로서 불가부증不可復增이며, 상불변이常不變易이며 무간무잡無間無雜이다. 열한 번째 승신집금강은 초발심시변성정각初發心時便成正覺하는 것을 표현하는 것으로 본유의 행이 된다. 열두 번째 무구집금강은 수생보리심修生菩提心의 덕인 필경정금강인畢竟淨金剛印이다. 진금眞金의 순정純淨을 나타내는 것으로 진정무구眞淨無垢로써 수행의 시작을 의미한다. 열세 번째 인신집금강은 맹리단혹猛利斷惑의 덕을 나타내며, 금강이지金剛利智로서 일체난단一切難斷의 처處를 끊는 분노중의 분노의 형상이며 이중지리利中之利이다. 열네 번째 여래갑집금강은 화타대자비化他大慈悲의 덕을 나타내며, 여래갑如來甲이란 대자비를 뜻한다. 중생을 받아들여 대자비를 베푸는 것이다. 열다섯 번째 여래구생집금강은 대공생야大空生也이다. 여래성을 따라 생하는 가지신으로 제불의 자증공덕自證功德 주하는 것이다. 열여섯 번째 주무희론집금강은 대공불생大空不生의 지덕智德이다. 생멸단상일이거래生滅斷常一異去來가 무차별적 견해를 지닌 것을 말한다. 열일곱 번째 여래십력생집금강은 여래 섭화이생如來攝化利生의 방편지方便智로써 여래만이 갖춘 10종 지혜와 18불공법 가운데 여래의 십력만을 사용하는 보살이다. 열여덟 번째 무구안집금강은 여래오안如來五眼인 육안肉眼, 천안天眼, 혜안慧眼, 법안法眼, 불안佛眼의 덕德을 표현한다. 열아홉 번째 금강수비밀주는 금강살타는 밀교 부법제이조付法第二祖 여래대지덕如來大智德의 총덕總德이다. 법신자내증法身自內證의 법을 듣는 상수보살이지만, 이 경에서는 비로자나불을 상징하는 보살이다.

　　　　　이상 19집금강은 비로자나불의 내부 권속으로서 지문智門을 말하는 것이고, 지금강중持金剛衆은 비로자나불의 외부 권속으로 비문悲門을 표현하고 있다. 이것은 비로자나불에만 속하는 것이 아니라 비로자나불이 곧 나 자신임을 알아야 한다. 진언을 수행하는 수행자 자신의 내부 권속이 19집금강이 가지고 있는 모든 능력과 공능을 똑같이 지니고 있다. 그리고 주위에는 외부 권속으로 일체지금강자가 외호를 하고 있다. 비로자나법신의 몸과 수행자와의 몸은 한 몸이다. 밀교의 깨달음은 이 이치를 아는 것을 말한다. 즉 내 몸이 법신비로자나불이며 삼라만상이 지금강보살이다. 그러면서도 중생 세계에 나타난 보살들은 화신불인 석가모니불을 중심으로 보현보살과 자씨보살과 묘길상보살과 제일체개장보 등 4대 보살이 출현하여 부처님의 세계를 외호하고 있다.

제5화

4대보살
四大菩薩

〖경문〗 그리고 보현보살普賢菩薩과 자씨보살慈氏菩薩과 묘길상보살妙吉祥菩薩과 제일체개장보살除一切蓋障菩薩 등 많은 대보살들에게 앞뒤로 둘러싸여 법을 연설하시었다.

법신비로자나불을 대신하여 석가모니불이 출현하였다. 화신 석가모니불의 교화를 돕기 위하여 많은 부처님이 부처가 아닌 보살의 몸으로 화현하고 교화를 도우니, 그 대표적인 보살로서 동방에 보현보살, 남방에 자씨보살, 서방에 묘길상보살, 북방에 제일체개장보살이 출현하여 방편법으로써 중생교화문을 도우고 있다.

보현보살Samantabhadra은 보리심의 덕을 상징하는 보살이다. 비로자나불의 좌우보처左右補處보살이면서 아축불의 화현신이다. 석가모니불에서는 문수보살이 좌보처보살이며 보현보살이 우보처보살이 된다. 상아가 여섯 개 있는 흰 코끼리를 타고 합장한 모습은 현교적 보현보살이며, 연화대에 앉은 모습으로 표현하는 것은 밀교적 보현보살로서 금강살타보살로 생각하기도 한다. 밀교의 일승보현一乘普賢 삼승보현三乘普賢으로 표현한다. 보현보살은 중생들의 목숨을 길게 하는 덕을 가졌다 하여 보현연명延命보살이라고도 한다.

자씨보살Maitreya은 미륵보살이라고도 하며, 공덕을 상징하는 보살이다. 현겁천불의 제5불을 말한다. 일생보처보살로서 일생보처보살이란 석가모니불의 다음 부처님으로서 석가모니불의 제자로 수기를 받아 석존 입멸 후 56억 7천만 년 뒤에 세상에 출현하여 용화수아래에서 성불하여 3회 설법으로 석가불이 제도하지 못한 모든 중생들을 제도한다는 보살이다. 이러한 설화 때문에 어려움이 있으면 미륵을 기다렸던 것이다. 이러한 바람을 이용하여 시대가 어려울 때마다 '내가 미륵이다. 이 어려운 세상을 구제할 것이니 나를 믿어라' 하는 혹세무민하는 가짜 미륵불이 신라말, 고려말, 조선조 말엽에 나타났던 것이다. 모두 중생들이 어리석은 탓이다. 미륵보살은 지금은 도솔천에서 수행하면서 천인들을 교화하고 있다.

묘길상보살Mañjuśrī은 문수사리보살이다. 서방의 지혜를 상징하는 보살로서 어려가지 길상의 덕을 가지고 있다. 밀교에서는 대비로자나불의 내증의 덕을 지닌 보살로 표현한다. 진언에 따라 증익增益의 일자문수와 경애敬愛의 오자문수와 조복調服의 육자문수와 식재息災의 팔자문수 등이 있다. 또한 팔자문수는 불부佛部라 하고 육자문수를 연화부蓮華部라 하고 오자문수를 금강부金剛部라 하고 일자문수는 삼부三部의 불이不二를 나타낸다. 비로자나불의 좌보처보살이며 푸른 사자를 타고 있다. 아미타불의 공능의 분신으로 중생 근기 따라 모습을 나타내고 있다. 중국의 청량산이나 오대산과 한국의 오대산에도 500의 문수가 기거하고 있다는 것도 이러한 원리에서 말하는 것이다.

제일체개장보살은 북방의 정진력을 상징하는 보살이다. 수행 중에 일어나는 일체의 번뇌를 제일체개장삼매에 들어 소멸시키는 보살이다. 정진법과 번뇌소멸법을 확실하게 익혀 성불에 이를 때까지 용맹정진할 수 있도록 하며, 구경에는 일체의 마원魔怨을 항복시키는 보살위를 말한다. 불공성취불의 공능의 분신이다. 수행자가 가장 먼저 만나는 보살이 제일체개장보살이다. 보현 문수는 법신비로자나불의 좌우협시보살로서 자비와 지혜를 가지고 있고, 미륵보살은 미래를 관장하고, 제일체개장보살은 현재를 관장하는 보살이기도 하다.

제6화

법설시
法說時

〖 경문 〗 이른바 법문은 삼시三時를 초월한 여래의 빛[日]이 가지加持한 까닭에 몸과 말씀과 뜻이 평등한 구절이다.

금강수비밀주는 비로자나불의 후신이며, 보현보살은 아축불의 후신이며, 자씨보살은 보생불의 후신이며, 묘길상보살은 아미타불의 후신이며, 제일체개장보살은 불공성취불의 후신이다. 이 경의 19집금강보살은《대일경》다음으로 결집되는《금강정경》의 37존의 기본 성을 표현한 것으로 마하비로자나불의 이지덕理智德을 표현한 보살들이다. 18집금강보살은 지덕智德을 나타내고 금강수비밀주는 총덕總德을 나타낸다. 지덕智德을 다시 나누면 앞의 초육初六은 자증自證을 나타내고 7·8·9는 화타化他의 존尊을 나타내며, 나머지 구존九尊은 자증화타自證化他를 함께 나타내는 것이다.

이러한 모든 보살들로부터 전후에 둘러싸여 있는 중에 과거와 현재와 미래를 초월하면서 비로자나불은 자내증의 빛으로 평등한 진실법문을 설하게 된다. 이것이 이 경이 설하는 인연을 말하는 장면이다. 《대비로자나경》은 밀교의 제보살이나 현교의 제보살 등 모든 보살들을 통하여 중생 세계에 법신비로자나불의 자내증의 밀법을 전하고자 하고 있다. 그 중심은 만물에 빛으로 나타나는 자성심의 공능이다. 자내증의 빛은 《화엄경》에서 무언으로 보살들에게 부처님의 세계와 중생들의 세계를 아름답게 장엄하는 것이며, 일체중생들에게 법계는 하나라는 것을 강조하면서 세상에서 하나가 될 수 있는 것 가운데 물도 모이면 하나가 되고 불도 모이면 하나의 불꽃이 되고 바람도 모이는 하나의 바람이 되듯이 가장 큰 것이 빛이다.

이 빛의 세계는 과거도 현재도 미래도 구분할 수 없다. 오로지 하나의 빛일 뿐이다. 중생은 이 빛 중에 마하비로자나불의 빛을 가지 받은 것이다. 부처님으로부터 가지 받은 빛이 나타나는 현상이 몸이며 말씀이며 생각인 것이다. 이 셋은 다른 것이 아니다. 모두 평등하여 허공을 무대로 활동하고 있다. 사람은 직선의 이 빛을 세우고자 하는 모습을 중국인은 한문을 제정할 때 사람을 표현하는 人인 자를 만들었다고 한다. 현상세계에서는 빛을 에너지라고 한다. 무엇이든지 움직이고 만들 수 있는 힘을 지니고 있다. 그 힘은 시간 따라 변하는 것이 아니다. 다만 사용자의 능력에 따라 다를 뿐이다. 이를 평등이라 하며 이 모든 상황들이 모두 마하비로자나불의 중생을 위하여 설법하는 당체법문이다.

제7화
서상
瑞相

〖 경문 〗 그때에 저 보살들은 보현보살이 상수上首가 되고, 모든 집금강에는 비밀주가 상수가 되시었다. 비로자나여래의 가지력을 입은 까닭에 몸으로 무진장엄장을 빠르게 시현하시었다. 이와 같이 말씀과 뜻에서도 평등한 무진장엄장을 빠르게 시현 하신다. 이는 비로자나부처님의 몸과 말씀과 뜻에서만 나타나는 것이 아니라 일체 장소에 일어나고 멸하는 것이 끝이 없어서 가히 얻을 수가 없었다.

부처님이 중생을 제도하기 위한 첫 번째 단계가 금강보좌에 앉아 삼매에서 자수법락 하는 것이다. 자수법락은 부처님과 하나가 되고 중생들과 하나가 되고 일체 만물과 하나가 되어 즐기는 것이다. 이것이 《대방광불화엄경》의 설법이다. 3칠일을 즐기신 후에 고통받는 중생들을 애민하게 생각하고 중생들의 근기에 맞추는 불사를 행하신다. 그것이 녹야원 초전법륜 이후 49년간 보살의 몸이 되어 법륜을 전한 8만 4천의 경전이다. 비로자나불로부터 출생한 화신석가모니불의 2,500년 전의 설법은 1250년 후에 혜능에 의하여 부처님 전법의 신표인 가사와 발우를 태우고 오로지 심인법心印法으로 전수한다는 것을 가르쳐 선종의 법이 더욱 빛을 발하게 되었다. 다시 1,250년 뒤에 진각성존에 의하여 육자진언으로 심인을 깨달아 법신비로자나불의 당체설법을 하였으니, 세월은 각각 다르지만 그 가르침은 모두 법신비로자나불의 자비로운 영원한 가르침이다. 1,250이란 숫자는 부처님 당시 설법의 회상에 항상 1,250인이 함께하였다는 것으로써 사람이 아닌 시간에서도 그렇다는 것을 보여준 당체법문인 것이다.

  2,500년 전의 화신불의 가르침의 과정을 보면, 법신비로자나불로부터 출생한 화신불은 보살지신이 되어 먼저 사자좌에 앉았다. 보살의 몸은 다시 비로법신의 화현신인 금강수보살과 더불어 18분의 금강보살과 큰 원을 세우신 보현보살과 큰 자비를 가진 자씨보살과 큰 지혜를 가진 묘길상보살과 큰 삼매에 들어 장애를 여의는 제일체개장보살 등 4분의 원력보살의 몸으로 나타난다. 4분의 원력보살은 1천의 보현보살과 500의 문수보살과 33존의 관음보살과 천백억의 미륵보살과 500의 아라한 등이 모두 법신비로자나불이 분신한 보살신들이다. 이 보살들은 중생들이 원을 세우면 언제든지 나타나서 근기설법을 하기 때문에 원력보살이라 한다.

  비유하면 선재동자가 문수와 미륵을 만나 법문을 청하는 것이나 무착 스님이 문수보살을 만나고자 청양산에서 팥죽을 끓이는 고행이나 의상 스님이 관음보살을 만나고자 홍련암을 지은 불사들은 모두 수행자의 원력에 따른 현신이다. 법신비로자나불은 보살의 몸 뿐 아니라 다시 자연 속에서 수 없는 색신을 나타내고 있다.

비로법신에 의하여 나타나는 당체의 몸이 곧 삼라만상이다. 땅은 산으로 언덕으로 들로 토굴로 나타나며, 물은 바닷물·강물·시냇물·온천수로 나타나며, 불은 태양·달·별·번갯불·반딧불·아궁이불·촛불 등으로 나타나며, 바람은 건들바람·산들바람이 되며 부채바람이 되고 손바람이 되고 해일이 되고 태풍이 되어 나타나며, 나무는 보리수·무우수·은행나무·계수나무·아카시아·소나무로 나타나며, 백두산·한라산·태백산을 덮고 있다. 심지어 길거리에서 자라나는 발에 밟히는 잡초까지도 모두 비로법신의 몸으로 이 세상을 장엄하고 있다. 이것이 시간적으로는 과거에도 나타났고 현재에도 나타나며 또한 미래에도 영원히 나타날 것이다. 이렇게 나타나는 모든 것은 모두 비로자나불의 빛을 머금고 나타나기 때문에 변화가 무상하다. 한자리에 조용히 머물러 있는 것 같으나 항상 변화하여 무진한 법을 설하고 있다. 이렇게 나타나는 비로자나불의 색신은 어느 하나 상대를 방해하거나 괴롭힘이 없이 서로 상부상조하는 것이다.

땅은 본래 땅이지만 비로자나법신이 가지를 하면 비로자나법신의 당체가 된다. 물은 본래 물이지만 이것 역시 비로자나법신이 가지를 하면 비로자나불의 당체가 된다. 이와 같이 불도 본래 불이요, 바람도 본래 바람이요, 나무도 본래 나무이지만, 비로자나법신이 가지를 하게 되면 불과 바람과 나무는 모두 비로자나불의 몸과 동일한 당체의 몸이 되는 것이다. 만물이 비로법신으로부터 가지를 받은 날은 곧 자성 찾는 날이다. 진각성존께서는 중생 세계의 모든 시간은 모두 자성 찾는 날이다. 이 자성 찾는 날이 곧 여래일이며 여래의 빛이다. 그러나 중생들은 인연의 사슬에 묶여 있어 업을 태우느라 자성을 찾는 날을 무시하기 때문에, 일주일 중에 하루만이라도 인연의 업을 끊고 자성을 찾도록 권장하기 위하여 일요일을 자성 찾는 날로 하였던 것이다.

이 자성 찾는 날에 금강법계궁에서 비로자나불로부터 가지를 받을 수 있다. 비로자나불로부터 가지를 받은 당체의 몸은 삼시를 초월한 시간에 여섯 가지 상서로운 모습으로 설법을 하고 있다. 이것을 중생들은 육종진동이라 한다. 비로자나불이 상근기의 중생들에게는 여섯 종류의 상서로운 모습으로 설법을 하였다. 하나뿐인 담요를 보시 받아 부처님의 가사 위에 두르고 설법장에 나타나 무진장엄의 법문으로 영원히 가난을 해결하는 가섭의 모습 다자탑 앞의 삼매 가운데 부처님이 자리를 양보하는 무진장엄의 법, 하늘에서 떨어지는 꽃을 들어 보여 정법안장의 전법, 부처님을 시해하고자 한 제바달다를 땅의 진동으로 생암지옥을 보인 무진장엄의 설법, 가난한 여인의 한 방울 기름이 밤새워 빛을 밝히는 무진장엄의 설법과 미간백호상의 방광으로 아난에게 지옥과 천상세계를 보이는 무진장엄장의 설법 등 여섯 가지 상서로움으로 깨우치게 하였다. 하지만 이 법을 모르는 일반 대중들에게는 땅의 흔들림으로 물의 용솟음으로 불꽃의 너울로 땅이 벌어지는 지진으로 하늘의 천둥소리로 물건의 가치를 보이는 법을 설하여 자심의 심성을 알게 하였다.

이와 같이 여섯 가지의 근본 움직임으로 여러 가지 모습을 나누어 나타내 보이신다. 이것이 대신통력이다. 이러한 자연 속에서 법신비로자나불의 진리의 몸을 보고 설법을 듣고, 마음으로 비로자나불로부터 가지를 받으면, 가지를 받은 중생의 말과 행동과 마음의 움직임이 모두 비로자나불에서 분신한 몸임을 알게 될 것이다. 법신불의 무진장엄장신이 곧 나 자신이며 법신비로자나불의 가지신이다. 무진은 삼종성불 가운데 이구성불의 경지이며, 장엄장은 가지성불의 경지이다. 이와 같이 내가 곧 법신비로자나불의 분신이며, 자연이 곧 법신비로자나불의 분신인 것이다.

　　　　　비로자나불이 빠르게 나타난 나의 몸은 일상생활에서 불의 생활과 다름이 없다. 이것을 현덕성불이라 한다. 가지성불은 부처님의 가지의 힘을 빌릴 수 있지만 현덕성불만은 수행자가 어떠한 힘을 빌리지 아니하고 스스로 증득해야 한다. 발심하여 용맹정진하게 되면 자연의 만물은 모두 수행자에게 도움을 주기 위하여 나타나고 멸하는 그 변화작용은 무엇으로도 표현할 수 없는 것이다. 실달태자의 탄생이 곧 이구성불의 경지이며, 출가하여 선지식을 찾는 설산고행과 정각산의 6년 고행이 가지성불의 경지이며, 모든 것을 버리고 니련선하 강을 건너 항마하여 성불한 것이 현득성불이며 이것은 곧 자연과 하나가 되는 법신비로자나불의 당체법문을 깨달은 것이다. 이로써 화신보살이 되어 녹야원을 시작으로 쿠시나가라에 이르기까지 중생을 제도하는 모습은 가히 헤아릴 수 없으며, 언어를 가히 헤아릴 수 없으며 서원을 가히 헤아릴 수 없다. 이것이 법신비로자나불의 무진장엄장의 모습이다.

〖 경문 〗 비로자나의 일체의 신업身業과 일체의 어업語業과 일체의 의업意業은 일체장소와 일체시간에 저 유정계에 진언도의 구절 법문을 널리 설하시었다. 또한 집금강과 보현보살과 연화수보살 등의 모습으로 나타내어 널리 시방세계에 진언도의 청정한 구절의 법문을 널리 설하시었다.

비로자나불은 중생을 제도하기 위하여 먼저 부처님의 모습을 나타난다. 다음으로 보살의 모습으로 나타나고, 다음 명왕의 모습으로 나타나며, 또한 삼라만상의 모습으로도 나타난다. 《대일경》의 19집 금강보살이 출생하여 우리의 여섯 감각에 따른 설법을 하고 있으며, 다시 자씨보살과 보현보살과 연화수보살과 제개장보살의 몸으로 나타나서 설법하신다. 19집금강과 4대보살은 비로자나불의 진언도의 구절 법에 의하여 방편으로 시현한 보살들이다. 금강수보살은 금강부의 대표자로서 금강지혜문을 가진 항복방편을 펼치고, 보현보살은 불부의 대표자로서 부처님세계 여여의 법신문을 가진 식재방편을 펼치며, 연화수보살은 연화부의 대표자로서 관세음보살의 연화삼매문에서 증익방편을 펼쳐 중생을 제도하고 있다.

비로자나불의 진언의 공능은 세 가지가 있다. 제암변명除暗遍明과 능성중무能性衆務와 광무생멸光無生滅이다. 제암변명은 태양이 아무리 밝아도 그림자를 비치지는 못하지만, 비로자나불의 진언법의 빛은 그림자까지도 비추는 것을 뜻한다. 능선중무는 태양은 모든 초목들과 유정을 각각의 성품에 의해서 생육시키는 힘이 있지만, 비로자나불의 진언법은 세간뿐만 아니라 출세간의 모든 세계 무정물까지 생육시키는 힘이 있으며 또한 깨달음을 성취시킬 수 있다. 광무생멸은 태양은 구름이나 바람에 따라 나타나기도 하고 숨기도 하지만, 비로자나불의 진언법의 빛은 생멸없이 영원히 비치고 있다. 이 세 가지 공능을 지닌 비로자나불의 진언법이 중생 세계에 나타날 때는 청정성을 바탕으로 작용한다. 그것은 중생 세계는 번뇌의 세계이기 때문이다.

이 번뇌를 제거하려면 청정성이 으뜸이다. 청정성으로 일체 중생의 번뇌를 다스리는 견고성과 복덕성과 지혜성과 변화성을 갖추고 있다. 중생은 마음으로 결정한 것도 삼일을 지탱하지 못하는 변덕스런 마음과 정법을 가볍게 여기는 번뇌의 마음이 있다. 이것을 다스리는 것이 견고성이다. 중생은 욕망과 의욕이 가득하여 항상 부족하다는 생각을 하고 있다. 이것을 다스리는 것이 복덕성이다. 중생은 인과법을 믿지 않고 함부로 행하는 어리석은 마음이 있다. 이 마음을 다스리는 것이 지혜성이다. 또한 중생들은 아집에 빠져 자기의 이익과 자기의 명예만을 생각하는 집착의 고정관념이 있다. 이것을 다스리는 것이 변화성이다. 법신의 진언법에 청정성을 가지 받은 것이 중생의 체성體性이다. 이렇게 가지 받은 중생의 체성은 자성청정自性淸淨만 있는 것이 아니다. 언제든지 깨달음을 얻을 수 있는 이구청정離垢淸淨도 있다. 자성청정은 하나이면서 신청정身淸淨과 구청정口淸淨과 심청정心淸淨의 셋으로 나누어서 받아들이는 활동을 한다. 이것이 이 몸으로 모든 것을 만족하게 하는 법을 받아들이는 성품이다.

비로자나불의 진언도구법은 '소리'로 작용

비로자나불은 진언도구법의 작용에 의하여 부처님의 몸으로, 보살의 몸으로, 명왕의 몸으로 나타난다. 그리고 다시 흙, 물, 불, 바람, 돌, 나무, 꽃, 열매 등 삼라만상으로 나타난다. 법신비로자나불의 진언도구법이 중생 세계에서는 몸의 활동 작용과 입의 소리 작용과 뜻의 느낌 작용을 하는 진언도청정구법이 된다. 삼라만상에도 몸의 작용과 소리의 작용과 뜻의 작용, 이 셋은 나누어지는 것이 아니라 하나가 되어 소리로써 작용한다. 소리는 중생들이 가장 알아듣기 쉽고 또한 깨달음을 얻는 가장 좋은 방편법이기 때문이다. 몸의 동작이나 뜻의 동작은 때로는 거짓된 몸짓과 거짓된 뜻을 표현하기도 하지만 입의 행위인 소리는 거짓이 없다. 예를 들면, 입으로 '사과'라 말하면 '사과'란 소리가 나고 '배'라 말하면 '배'라는 소리를 난다. 입으로 '사과'라 말하면서 그 소리가 '배'가 될 수 없고 입으로 '배'를 말하면서 그 소리가 '사과'라 할 수 없는 것이다. 반드시 말하는 대로 소리가 나는 것이니, 소리는 곧 거짓이 없는 진언이다.

이와 같이 비로자나불의 진언도구법은 흙에 있으면 정화의 작용으로 소리하고, 물에 있으면 흐름의 작용으로 소리하고, 불에 있으면 태움의 작용으로 소리하고, 바람에 있으면 옮김의 작용으로 소리하고, 나무에 있으면 자람의 작용으로 소리하고, 꽃에 있으면 향기의 작용으로 소리하며, 만물에 있으면 만물의 변화성에 따라 소리를 하게 된다. 비로자나불이 어린아이에게 있으면 울음소리를 한다. 이 울음소리를 들은 어머니는 그 소리가 담고 있는 뜻을 알아서 배고픔의 소리에는 젖을 물리고, 잠을 자야겠다는 소리에는 자장가를 불러주고, 자리가 젖었거나 옷이 젖었다는 소리에는 자리를 맑게 해주고 옷을 갈아입힐 것이다. 이 울음소리에는 거짓됨이 없는 진실성이 중심이며, 어머니의 마음 또한 진실성이 중심이기 때문에 울음소리를 듣고 그 뜻을 바르게 알게 되는 것이다. 어머니가 어린아이의 울음의 뜻을 알듯이 비로자나부처님도 중생들의 진언도청정구법의 소리를 듣고 원을 모두 알고 그 원을 이루어지도록 진언도의 법을 설하는 것이다.

시간과 공간 속에 이루어지는 소리의 작용은 대단하다. 윤회의 생사를 벗어나는 길에는 여러 가지 있다. 소리는 거짓이 없을 뿐 아니라 또한 걸림이 없다. 일체처와 일체공간에 걸림이 없이 무애자재하게 활동하는 것이 소리이다. 비로자나부처님이 마음의 언어를 통하여 우리를 장엄한다. 이것이 소리의 장엄이다. 그 중에도 중생들의 근기에 각각 맞는 진언도청정구법이 가장 좋은 것이다. 진언도청정구법은 육도를 벗어나는 제일 좋은 수행법이다. 육도를 윤회하는 중생이 육도윤회에서 벗어나 해탈의 세계에 들어가는 첫 관문이 성문聲門세계이다. 성문은 소리를 통하여 깨달음을 얻은 경지를 말한다. 비로자나불의 화현신인 관세음보살도 중생들의 소리를 관하는 보살이다. 비로자나불의 진실한 말씀은 우리의 일상생활 속에서 인과법칙을 믿고 깨닫게 하기 위한 것이다. 이것을 문자로 표현한 것 중의 하나가 비로자나불의 진언 도청정구법인 육자진언 '옴마니반메훔'이다. 부처님의 진실한 마음을 표현한 진언을 염송하면서 비로자나불처럼 그것을 실행하는 실천의 삶을 살아간다면, 이 세상은 부처님의 세계가 될 것이다.

〖 경문 〗 이른바 초발심으로부터 십지에 이르기까지 차제로 이 생生에서 만족하게 하시며, 인연[緣]과 업業으로 생生하거나 증장한 유정들의 업과 수명壽命의 종자를 제거하고, 다시 보리의 싹과 종자가 있어 생겨나게 하시었다.

밀교의 모든 경은 설법자가 비로자나불이다. 《묘법연화경》과 《열반경》이 석가모니불의 중생 세계에서 최후의 설법경이라면, 《화엄경》은 현교경과 밀교경의 중간의 경으로서 실달태자가 깨달음을 얻은 다음 처음으로 3칠일 동안 자수법락 하는 모습을 표현한 경이다. 이 경을 바탕으로 《대일경》이 성립되고 다시 《금강정경》 계통의 경이 성립되었다. 《화엄경》은 무언설의 경이지만 마지막 품인 〈입법계품〉에서 수행의 모습을 나타낸다. 주인공은 선재동자善財童子이다. 내용은 선재동자의 55인의 선지식kalyāṇamitra을 찾는 구도의 과정을 밝힌 것이다. 이 경에서 선재동자는 과거 모든 부처님이 보살의 인위에서 수행하는 모습들이며, 또한 금생에 실달태자 자신의 모습이기도 하다.

《화엄경》에 이르기를 "초발심이 문득 정각正覺을 이룬다."고 하였다. 이것은 보살이 처음에 보리심을 일으켜 수행의 공을 쌓아 52계위를 지나 불과佛果에 이르는 것을 말한다. 10신信을 외범위外凡位라 하고 10주住 10행行 10회향廻向을 내범위內凡位라 하며, 초지初地 이후를 성위聖位라 한다. 시간으로는 10신 10주 10행 10회향의 40위를 제1아승기겁이 소요되며, 초지로부터 제7지까지 제2아승기겁이 소요되고, 제8지부터 제10지에 이르는 것이 제3아승기겁이 소요된다고 한다. 52계위에 관하여는 《화엄경》뿐 아니라 《인왕경》, 《범망경》, 《수능엄경》, 《보살지지경》, 《성유식론》, 《섭대승론》 등에서도 논하고 있다.

인간 세상에 태어나는 우리는 모두 의식주衣食住에 만족할 인을 지어서 그 과로 태어난다. 의衣와 식食이 만족하고 주住가 부족하면 지옥에 태어나게 되고, 식食과 주住는 만족한데 의衣가 부족하면 축생으로 태어나게 되고, 의衣와 주住는 만족한 데 식食이 부족하면 아귀보를 받게 된다. 의식주가 모두 만족하게 태어나는 것이 인간이다. 육도를 윤회하는 중생들은 의식주를 만족하게 하고자 업을 짓고 있다. 이러한 의식주의 근원이 되는 것이 업業이다. 업은 의식주를 성취하기 위하여 인因을 짓는다. 한평생 살면서 의식주를 만족시키는데 그 차례도 52단계가 있을 것이다. 인은 연緣에 따라 결과가 다르다. 좋은 연을 만나면 결과가 좋게 나타나고 나쁜 연을 만나면 결과가 좋지 못하다.

진각성존은 《실행론》에서 "인因이 아무리 좋아도 그것을 이룩할 연緣을 만나지 못하면 인因은 바르게 성장할 수 없다."고 하였다. 중생의 업業을 벗어나 불보살의 위에 오르고자 한다면, 먼저 업을 없애고 다음으로 연緣을 없애야 한다. 그래도 인因은 남아 있다. 비유하면 나무를 베었다 하여도 뿌리와 그루터기가 남아 있다면 언제든지 합당한 연緣을 만나면 다시 싹이 나오게 되는 것과 같이 중생도 이와 같다. 이 인因은 없앨 수가 없다. 언제든지 싹이 날 준비가 되어 있으며, 연緣의 업력業力에 따라 수명壽命이 정해진다. 수명은 집착執着을 낳는 윤회의 업業이 된다. 그러므로 불교의 수행은 인因을 없애는 것이 아니라 바꾸는 것이다. 이미 지은 인을 어찌 없앨 수 있겠는가? 많은 수행자들이 집착을 끊으려고 하지만, 그것보다는 중생의 인因에서 불보살의 인因으로 바꾸는 것이 올바른 수행이 될 것이다.

제8화

3구발문
三句發問

〖 경문 〗 이때에 집금강 비밀주가 저 대중이 모인 가운데 앉아서 부처님께 여쭈어 말씀하시었다.

"세존이시여! 어떻게 하여 여래 응공 정변지께서는 일체지지一切智智를 얻었습니까?"

《대일경》에 유명한 세 가지 물음이 있다. 이것이 그 중에 하나이다. 부처님에게 법을 질문하고 받는 것이 현교와 밀교가 다르다. 앞아서 법을 받는 것은 밀교이며, 일어서서 법을 받는 것은 현교이다. 현교에서는 질문자가 먼저 가사를 오른편 어깨에 올리고 부처님을 향하여 오른편으로 세 바퀴 돌고 부처님 앞에 호궤합장하고 질문한다. 밀교에서는 삼매 중에 법을 받는다. 이것은 법신부처님과 청법자, 청법자와 설법자가 동등한 위치에 있다는 것을 표현하는 것이다. 자신의 내면에 중생심이 있는가 하면 불성도 있다. 중생심이 활동할 때는 자성중생이라고 하고, 불성이 활동할 때는 자성부처라 한다. 자성불성이 자성중생심을 향해서 법을 전하는 것이 밀교의 전법이다. 석가모니부처님이 보리수 아래서 성불하고 처음으로 삼칠일간 정에 들어 자성부처와 자문자답으로 자수법락을 한다. 이 경이 《화엄경》이다.

여래십호 중에 〈입진언문주심품〉에서 박가범은 여래 응공정변지를 말한다. 첫 번째 여래는 화신부처님을 말한다. 법신비로자나불이 중생을 안락하게 하고 이익하게 하기 위하여 화신의 몸으로 오고 가는 부처님을 말한다. 올 때를 여래라 하고 열반을 여거如去라고도 한다. 진리법대로 오셨다가 진리법대로 가시는 부처님은 일정한 형상이 없다. 다만 중생의 근기와 모습과 원에 따라 오고 갈뿐이다. 중생들이 언제 어느 곳에서나 부처님을 뵙고자 원력만 세우면 부처님은 언제 어디서나 어느 곳에서나 항상 나타나신다. 법신 보신 화신만 부처가 아니라 일체중생들도 모두 불성을 가졌기 때문에 부처님들이다. 그러므로 일체여래라 한다. 그리고 여래는 또한 많은 응신으로 나타난다는 뜻도 된다. 응신은 중생근기에 따라 원하는 대로 각각 그 모습을 나타나는 부처님이다. 이렇게 나타난 부처님은 모두 중생들의 이고득락의 해탈을 얻게하기 위함이다.

두 번째 응공은 공양을 받을만하다는 뜻으로 보신부처님을 말한다. 보신불은 수행결과로 성취자가 된 분이다. 과보신을 말하는 것으로 중생은 누구나 다 보신불이다. 빈부귀천 남녀노소를 막론하고 누구나 보신불인 성취자가 될 수 있다. 법계진리를 수행하면 아라한이 될 것이며, 현실세상의 법을 수행하면 일대종사나 선지식이 될 것이다. 이들도 모두 보신불이다. 보신불의 대표적인 부처님이 법장비구가 48원을 세워 성불한 아미타불, 약왕보살이 12대원을 세워 성불한 약사여래

그리고 다보여래가 보신불이다. 중생들도 모두 불성을 가지고 있기 때문에 모두가 부처이다. 다만 완전하지 않아서 부분적 부처이다. 모두 공양 받을 만한 자격을 갖추고 있다. 그러므로 응공인 것이다. 농사를 짓는 사람은 농사 부분의 성취자로서 응공이며, 기계를 다루는 공학도는 기계 분야의 성취자로서 응공이며, 법을 다루는 법조인은 법 분야의 전문 성취자로서 응공이며, 교육계에 종사하는 분은 교육 분야의 전문성취자로서 응공이며, 상업을 하는 분은 상업 분야의 전문 성취자로서 응공이다. 이와 같이 각각 전문 성취자로서 그 분야에서 존경을 받을 수 있는 선지식들이기 때문에 모두 공양을 받을 자격이 있다. 이것이 보신 부처님인 응공이다.

세 번째 정변지는 법신불을 말한다. 본래부터 갖추어진 지혜라는 뜻이다. 비로자나불은 본래 이치로만 존재한다. 이것을 구분하기 위하여 마하비로자나불이라 한다.《대일경》의 경제가《대비로자나성불신변가지경》이란 말은 곧 '마하비로자나불의 말씀'이라는 것이다. 마하비로자나불은 중생을 교화하기 위하여 청정법신비로자나불로 출생하신다. 이때 마하비로자나불을 이법신理法身이라 하고 청정법신비로자나불을 지법신智法身이라 한다. 다시 지법신인 청병법신비로자나불이 중생을 교화하기 위해 몸을 나타낸 것이 화신불이다.

《대일경》에 여래십호 중에 여래如來 응공應供 정변지正遍知 세 가지만을 나열하고 있다. 이것은 법보화 삼신을 나타내는 것이다. 여래는 화신이며 응공은 보신이며 정변지는 법신불이 된다. 또한 불법승 삼보를 나타내는 것이다. 여래는 인간으로 화현하여 수행의 모습을 보였기에 승보가 되고, 응공은 수행하여 깨달음을 얻을 수 있는 것이기에 법보가 되고, 정변지는 본래의 불이기 때문에 불보가 된다. 법보화 삼신 속에 과거·현재·미래의 모든 부처님이 포함되고 불법승 삼보 속에 교리행과가 모두 포함되어 있다. 여래라는 것은 여거如去와 같이 사용한다. 그러나 여거란 말보다 여래를 즐겨 사용하는 것은 여래가 여거보다 희망적인 말이기 때문이다. 여래란 '법답게 왔다가, 법답게 간다'는 뜻이다. 화신석가모니불이 법신비로자나불로부터 중생 세계에 왔다가 다시 쿠시나가라에서 열반상을 보이는 것이 여래이며 여거이다. 응공은 응수공양應受供養의 준말이다. 부처님의 가르침대로 수행하여 모든 번뇌를 끊고 무상의 진리를 깨달아 아라한의 경지에 오른 분으로, 세간으로부터 존경과 공양을 받을 자격이 있다는 뜻이다. 정변지는 법신부처님의 진실한 지혜를 말한다. 《대일경》에서는 법신비로자나불의 자증의 진지로서 여래자증如來自證의 일체지지를 말한다.

　　　　일체지지는 마하비로자나불의 자증의 진지를 말한다. 성문과 연각과 보살은 일체지一切智라 하며, 마하비로자나불만이 일체지지라 한다. 일체지지는 또한 법계체성지 대원경지 평등성지 묘관찰지 성소작지 등의 5지를 갖추고 있다. 법계체성지는 청정비로자나불의 지혜이며, 대원경지는 아축불의 지혜이며, 평등성지는 보생불의 지혜이며, 묘관찰지는 아미타불의 지혜이며, 성소작지는 불공성취불의 지혜이다. 이 다섯 지혜와 다섯 부처님에 의하여 32존의 보살들이 일체지지를 가지고 출생하게 된다. 금강정37존만다라 세계도 마하비로자나불로부터 일체지지를 가지관정 받아 금강을 근본으로 불보살이 출생하여 만다라 세계를 이루고 있다. 이 만다라 세계는 곧 자성중생 세계이다. 자성부처님이 지니고 있는 금강지의 작용을 보면, 32존 보살의 상수보살인 금강살타는 금강저로 37존의 마지막 보살인 금강령보살은 금강령으로 중생을 제도하는 방편을 보이고 있다. 이것은 처음과 끝을 표현한다. 자성부처님의 금강저와 자성중생의 금강저가 화합을 이룰 때 모든 번뇌가 사라지고 부처님의 자내증의 경지에 일체지지에 올라 금강지성金剛智性을 발휘하게 되는 것이다. 우리 각자가 본래부터 지니고 있는 금강지성이 무엇인가? 그것을 아는 지혜가 비로법신의 일체지지이다. 영원히 변치 않는 금강지성을 찾을 수 있는 수행처가 금강법계궁이며, 금강법계궁의 주불이 마하비로자나불이다.

자성중생심을 자성불성으로 바꾸면 자성부처가 된다

금강지성의 공능을 지닌 자성부처님을 찾기 위하여 금강으로 된 마음의 불구를 찾자. 정진하고 정진하여 윤회의 탈을 벗어던지는 영원하여 변함이 없는 해탈의 법구인 금강지성을 찾자. 중생들은 욕심내고 성내고 어리석고 교만하고 의심하는 근본 다섯 가지 번뇌로 말미암아 8만 4천의 번뇌에 물들어 육도를 윤회하는 업을 짓고 있다. 이 윤회의 근본이 되는 것을 제거하려면 자성부처를 찾아야 한다. 자성부처는 멀리 있는 것이 아니다. 자성중생심을 불성으로 바꾸면 그것이 곧 자성부처이다. 우리는 오욕과 칠정에 물들어 자신의 금강지성을 잊고 살아간다. 이제 자신의 근기와 습성의 금강법구를 찾아 육도윤회의 근본을 없애고 열반의 지혜로 바꾸어 나가자. 한 생각 바꾸는 그 자리가 곧 일체지지를 행하는 자리이다. 지금 우리가 가지고 있고 사용하고 있는 자성중생의 생각과 행위와 언어를 자성부처님의 생각과 언어로 바꾸면 된다. 그것은 어려운 일이 아니다. 쉬운 일이지만 숙세宿世로부터 익혀온 습관과 업 때문에 쉽게 마음의 눈을 뜨려고 하지 않을 뿐이다. 이제 마음의 눈을 뜨고 일체지지의 삶을 살자. 성불이란 일체지지대로 살아가는 것을 말한다. 밖에서 찾지 말라. 내 자신이 곧 성불인 일체지지를 가지고 있다는 것을 어찌 모르는가?

비판의 날카로운 칼날을 자비의 금강칼날로 바꾸자

금강살타보살이 지니고 있는 금강의 법구를 내 것으로 하자. 생명을 해치는 창과 활과 화살촉은 생명을 살리는 금강저 금강활 금강촉으로 바꾸자. 자신만의 부귀영달을 꿈꾸면서 그것의 도구로 삼았던 금은주옥 등의 보배들을 뭇 생명을 살찌우는 금강보주 금강당으로 바꾸자. 인과법을 무시하고 자신의 아만을 높이고 자기주장을 세워 선지식의 가르침을 따르지 않는 비판의 날카로운 칼날을 자비의 금강칼날로 바꾸자. 남의 허물을 보지 않고 자신의 잘못만을 볼 수 있는 금강업경대로 바꾸자. 유혹에 이끌러 살생과 투도와 사음을 즐기는 몸에 금강갑주을 입자. 망어하고 기어하고 양설하고 악구하기를 즐기는 구업을 진실된 진언을 외우는 금강상아로 바꾸자. 당당하지 못하면서도 힘없는 중생에게 휘두르던 주먹을 정법을 수호하는 금강권으로 바꾸자. 더럽고 추하고 냄새나는 몸을 불법의 법향이 가득하도록 금강분향과 금강도향으로 분장하자. 인과를 가벼이 여기는 어리석고 어두운 마음을 삼세의 인과를 밝히는 금강등으로 바꾸자. 오욕칠정에 묶인 번뇌의 마음을 정법의 진리로 이끄는 금강수갑과 금강끈으로 바꾸고, 본성을 잃게 하는 8만 4천의 마군들을 잠재우는 해탈의 금강령으로 바꾸어 나가자. 이것이 일체지지를 실현하는 금강지성의 삶이다. 일체지지는 중생들은 누구나 다 가지고 있지만 다만 번뇌의 업 때문에 보지 못하고 알지 못할 뿐이다. 삼밀관행으로 정진하여 본래의 면목을 되찾아야할 것이다. 이것이 일체지지를 깨달아가는 수행이다.

〖 경문 〗 "저 일체지지를 얻어서 무량중생을 위하여 광연분포廣演分布 하셨습니까? 세존이시여! 어떻게 하여 가지가지의 취趣와 가지가지의 성욕에 따라 가지가지의 방편도로써 일체지지를 선설하십니까?"

광연분포하는 것은 교화방편을 의미한다. 무량중생은 육도에 윤회하는 모든 중생들의 근기를 말하는 것이다. 일체지지는 법신비로자나불의 지혜로서 불생불멸不生不滅, 불구부정不垢不淨, 부증불감不增不減한 진리가 어느 하나에도 미치지 않는 곳이 없다. 불생불멸은 생명 있는 모든 것의 변천하는 작용을 뜻하는 것이며, 불구부정은 눈에 보이지 않는 일체중생의 심성이나 삼라만상의 시간적 본질의 변천과정을 뜻하는 것이며, 부증불감은 삼라만상의 모든 물질의 본체를 뜻하는 것이다. 이것이 삼간三間의 본의를 말하는 것이다. 즉 일체지지는 모든 생명체와 모든 사물과 모든 시간에 통하지 않은 것이 없다. 부처는 부처대로 보살은 보살대로 명왕은 명왕대로 천룡팔부는 천룡팔부대로 다 통하는 법이며, 산은 산대로 물은 물대로 불은 불대로 바람은 바람대로 허공은 허공대로 모두 통하며, 과거에도 통하였고 현재에도 통하며 미래에도 통하는 법이 일체지지이다. 이와 같이 개개만 통하는 것이 아니라 부처와 보살과 명왕과 천룡팔부가 서로 섞이어도 서로 통하며, 산과 물과 불과 바람이 서로 존재하여도 서로 통하며, 과거와 현재와 미래도 모두 한 순간으로 통한다. 어찌 이것뿐이겠는가? 불보살·명왕·천룡팔부와 산·물·불·바람, 과거·현재·미래 모두가 하나의 만다라로 원융무애하게 작용함을 아는 지혜가 일체지지이다. "부처님은 이 원융무애한 일체지지를 얻어서 어떻게 근기가 낮은 중생들에게 널리 자비를 베풀어 해탈시키고 열반케 하며 성불하는 자비를 베풀었습니까?" 금강수비밀주가 중생근기 낮음에 과연 이러한 높은 진리를 알 수 있을지 심히 염려스럽다는 뜻으로 물은 것이다. 이하의 물음은 계속된다. 모두 중생근기 얕음을 염려하는 생각에서의 물음이다.

　　　　　불성이든 만물이든 시간이든 모든 것에 원융무애함을 간직한 일체지지인 금강지성을 중생들을 위하여 베풀려면 먼저 중생들의 근기와 원을 알아야 한다. 그 원이 적합한 법으로 인도하여 차츰차츰 일체지를 증득하게 해야 한다. 중생들은 많은 원을 가지고 있는 것 같지만 실상은 두 가지뿐이다. 그것은 이익과 안락이다. 사람은 누구나 다 이익만을 생각하고 조그마한 손해도 보지 않으려고 한다. 그러나 지혜 없는 중생은 이익만을 추구하면서도 손해 보는 행위를 더 많이 행한다. 안락도 마찬가지이다. 항상 즐거운 삶을 살려고 하지만, 탐심과 진심과 어리석은 생각 때문에 안락인 줄 알고 행하는 모든 일이 결과적으로는 고통과 슬픔을 가져다주는 원인이 된다. 진정한 이익과 안락은 남을 생각하는 자비심이라는 것을 알아야 한다. 부처님이 중생들에게 가르치는 일체지지도 그 중심은 이익과 안락을 얻게 하는 것이다. 중생 생활에서 이익과 안락을 얻지 못하면 고통에서 벗어나는 해탈을 얻지 못하며, 윤회를 뛰어 넘는 열반도 얻지 못한다. 성불은 더더욱 얻지 못한다. 대비로자나불이 중생 세계에 많은 불보살을 출생시키는 것은 중생의 근기에 맞는 이익과 안락을 얻게 하고자 함이다. 여러 종류의 중생들[種種趣]을 여러 가지 적성에 맞추어[種種性欲] 여러 가지 방편의 가르침[種種方便道]을 펼쳐서 남김없이 제도코자 하는 것이다.

중생의 본래의 습성은 불성

'종종취種種趣'는 시방일체 세계의 중생들을 말한다. 즉 육도를 윤회하는 중생들을 육취중생이라 한다. 과거생의 인연의 업으로 금생에 건강한 사람, 병든 사람, 몸이 원만하지 못한 사람이 생겨나며, 물질도 넉넉한 사람, 부족한 사람, 명예도 높은 사람, 천한사람, 칭찬 받는 사람, 비방 받는 사람 등의 차등이 생기는 것이다. 성별로는 남자·여자, 시간적으로는 어린이·어른 등이 모두 종종취에 속한다.

'종종성욕種種性欲'은 성품과 욕심이다. 성품은 타고나는 것이며 욕심은 진행되는 행위를 뜻한다. 또한 성욕은 중생들의 성질과 습관과 하고자 하는 마음을 말한다. 육도에 윤회하는 중생들은 업과에 의하여 몸을 받았기 때문에 가지가지의 성욕이 있다. 같은 날 같은 시에 태어난 사람이라도 성욕이 다르다. 과거 훈습에 의해서 타고난 성품에 금생의 욕망과 습관에 따라서 그 사람들의 삶이 바뀌지는 것이다. 이 가운데 욕망을 바꿀 수는 있으나 습관은 쉽게 바꾸지 못한다. 습관은 긴 시간 동안에 자신도 모르게 익혀온 것으로 금생에 만들어진 것 아닌 것도 있다. 비유하면, 왼손잡이는 어릴 때부터 왼손 사용하기를 즐긴다. 이것은 숙세의 익힌 습관을 버리지 못하고 그대로 간직하고 태어난 것이다. 이러한 숙세의 습관에 의하여 금생의 욕망이 다를 수도 있다. 그러나 우리는 숙세의 습관과 능한 것이 무엇인지 알지 못하며, 삶의 방향도 또한 제대로 찾지 못하여 우왕좌왕하는 것이다. 숙세에 익혀온 능한 것을 알면 욕망의 측도도 달라질 것이다. 부처님의 십대제자들은 각각의 성욕을 지니고 있다. 이 성욕은 자신의 능한 것으로 나타난다. 가섭존자는 두타제일이요 사리불은 지혜제일이며, 목건련은 신통제일이요 우바리는 지계제일이며, 라후라는 밀행제일이요 아난은 다문제일이며, 아나율은 천안제일이요 수보리는 해공제일이며, 부루나는 설법제일이요 가전연은 논의제일이다.

우리도 자신의 능한 것을 빨리 발견하여 허송세월하는 것을 막아야 할 것이다. 자성중생이 가장 능한 것은 자성불의 행동일 것이다. 우리 중생들은 본래의 습성이 불성이기 때문이다. 이러한 불성이 많은 세월을 지나면서 고통의 습성으로 바꾸어진 것이다. 그 고통의 습성을 버리려면 익혀온 세월만큼 보내야 하지만 바로 가는 지름길이 있다. 화신불은 중생이 성불하려면 중생으로 익힌 습관을 익힌 세월만큼 보내야하기 때문에 삼아승기겁이 필요하다. 하지만 비로자나불은 금생에 모든 습관을 몰로 버리고 즉신성불 하는 직로를 가르치고 있다. 이것이 화신불의 방편과 법신불의 진실법과의 차이이다.

부처님은 다양한 방편으로 중생을 제도함

'종종방편種種方便'이란 이익과 안락을 구하기 위하여 장소와 시간에 따라 삶의 방편이 달라진다. 이것은 곧 환경에 따라 방편을 사용한다는 것이다. 물이 없는 곳에서는 식물들도 물을 찾기 위하여 많은 잔뿌리를 내지만 물이 넉넉한 곳에서는 잔뿌리를 만들지 않는다. 나무를 분재하는 것은 나무의 자람을 억제하여 작은 것으로서 고목처럼 보이게 하는 작업이다. 가지를 더디게 자라게 하기 위하여 그 뿌리를 잘라주는 것이다. 가지는 뿌리의 모양을 닮기 때문이다. 비유하면 바위를 안고 자라는 향나무 뿌리는 물을 찾아 바위 틈새를 구불구불 뻗어 나간다. 이렇게 자란 향나무 가지는 뿌리를 닮아 구불구불 울퉁불퉁 자라고 있는 것을 볼 수 있다.

이것이 방편이다. 모든 식물들은 열매를 맺는 것이 목적이다. 동물도 역시 마찬가지로 종족을 번식하는 것이 목적이다. 이 목적을 달성하기 위하여 환경에 적응하는 다양한 방편법을 사용한다. 꽃이 열매 맺는 방법을 보면, 꽃은 스스로 번식을 하지 못한다. 벌이나 나비의 도움이 필요하다. 물론 바람의 도움으로도 부화하여 열매를 맺기도 하지만 주로 벌과 나비를 의지한다. 벌이 암꽃의 꿀을 먹으면 갈증이 생기게 된다. 그 갈증을 푸는 데는 수꽃의 꿀이 필요하다. 이에 수꽃은 그 향기를 뿜어 벌을 유인한다. 벌이 수꽃의 꿀을 먹어도 마찬가지로 갈증이 생긴다. 그 갈증은 또한 암꽃의 꿀을 먹어야 풀린다. 이에 암꽃은 수꽃의 꿀을 먹은 벌을 향기로 유인한다. 이러한 원리로 암꽃에 앉은 벌은 다시 수꽃으로 수꽃에 앉은 벌은 다시 암꽃으로 이동을 하면서 꿀을 채취한다. 그러는 사이에 암꽃과 수꽃은 서로서로 부화하여 열매를 맺게 된다. 다시 비유하면 짠 것을 먹은 자는 물을 찾을 것이며 싱거운 것은 먹은 자는 짠 것을 찾을 것이다. 이것이 자연법칙이며 자연 방편이다. 부처님의 가르침도 중생들에게 이익과 안락을 주기 위하여 중생근기에 따른 다양한 방편법을 사용한다.

〖 경문 〗 "혹은 성문승도와 혹은 연각승도와 혹은 대승도와 혹은 오통지도五通智道와 혹은 천상에 나기를 원하는 도와 혹은 인간 가운데 태어나는 도를 설하시며, 그리고 용과 야차와 건달바와 내지 마후라가에 생하는 법을 설하셨습니까? 만약 어떤 중생이 부처님을 응대하여 제도되기를 바란다면, 곧 부처님의 몸으로 나타나시며, 혹은 성문신聲聞身으로 나타나시며, 혹은 연각신緣覺身으로 나타나시며, 혹은 보살신菩薩身으로, 혹은 범천신梵天身으로, 나라연비사문신那羅延毘沙門身으로 나타나시며, 내지 마후라가摩睺羅伽와 인비인人非人 등의 몸으로 나타나시어, 각각 저들과 같은 음성으로 말씀하십니까?"

법신비로자나불이 중생을 제도하기 위하여 나타나는 방편의 모습을 말하는 부분이다. "일체지지를 가진 부처님이 중생근기를 어떻게 알고 여러 종류의 형태와 각각의 음성의 소리로 제도하시려고 하였습니까? 역시 부처님은 대단한 방편을 지녔으며, 역시 방편의 대가이시니 방편이 구경이 될 만합니다." 경탄하면서 경악스런 물음을 계속한다. 비로자나불은 빛으로만 존재하는 부처님이다. 북인도 타보사의 대비로자나법당의 45존상의 조각품이 있다. 1,000여 년 전에 조각한 불보살상이다. 제1실은 만다라도상실이며, 제2실은 통로이다. 제3실에 36존상이 있고, 제4실에 아미타불상과 협시보살 그리고 돌아가는 사면 벽에 천불의 부처님이 오색찬란한 단청으로 그려져 있다. 제3실의 36존상도 모두 아름다운 자연의 오색으로 되어 있다. 법당 입구는 1m정도의 낮은 문 하나뿐이다. 제2실과 제4실의 천정에는 같은 크기의 빛이 들어오는 창이 있다. 주실인 제3실에는 제2실과 제4실보다 큰 빛이 들어오는 창이 한가운데 있다. 이것이 비로자나불을 상징하는 것이다. 제3실의 36존상은 금강계만다라의 37존을 뜻하는 것으로 비로자나불의 상은 없다. 이것은 비로자나불은 중앙 천정에 뚫려 있는 빛의 창이 곧 비로자나불의 본체임을 나타내고 있다. 비로자나불은 빛으로만이 표현할 수밖에 없다. 비로자나불은 중생들이 원력이 있으면, 그 원력에 따라 방편으로 몸을 나타낸다. 이 빛이 일체지지를 품고 있는 방편의 빛을 현상화한 것이다. 빛이 사바세계에 나타날 때 청정성의 빛으로 법계체성지가 된다. 이 법계체성지에서 대원경지 평등성지 묘관찰지 성소작지의 4바라밀보살이 출생하는 것이다. 이것을 가장 잘 표현한 것이 타보사Tabo Gompa의 대비로자나 법당 제3실 중앙의 안치한 사방보살상이다. 비로자나불의 4지의 응현인 4바라밀보살상이다. 결인의 모습을 보아도 비로자나불의 금강지권인이 아니다. 중생을 교화하기 위하여 전법륜인을 결하고 있다. 수행자가 대비로자나 법당의 중앙에 앉으면 자연히 마하비로자나불의 일체지지의 금강빛으로 가지관정을 한다. 36존의 불보살과 모든 만다라제존이 증명하는 가운데 금강관정을 받는 것이다. 1,000여 년의 세월을 보내면서 지금도 이곳에서는 금강관정 도량이 베풀어지는 것도 이러한 뜻을 반영하는 것이다. 이것이 삼시를 초월한 4바라밀이 중생을 위한 대자비의 설법관정인 것이다.

지법신인 청정법신비로자나불이 중생을 위하여 4바라밀보살로 화현한다. 비로자나불로부터 가지를 받은 아축불은 전법륜상輪法輪相[智]을 결하고 보생불은 관정륜인灌頂輪印[智]을 결하고 아미타불은 연화륜인蓮華輪印[智]을 결하고 불공성취불은 갈마륜인羯磨輪印[智]을 결하고 있다. 이것은 비로자나불이 중생을 위하여 여러 가지 방법으로 출현하는 가운데 4불의 출현 모습이다. 이를 시작으로 제보살들이 출현하며 다음으로 명왕 등 일체 권속들을 출현시킨 것이다. 이것은 모두 비로자나불의 가지력에 의한 출현이다. 지금도 중생들이 언제 어디서나 중생들의 원력이 있으면, 그 원력에 따라 각각의 모양과 각각의 언어와 각각의 성품을 닮은 모습으로 화현하게 된다.

금강수 비밀주가 비로자나불에게 질문하는 것은, 이미 비로자나불로부터 가지 받은 공능이 있기 때문에 중생들의 대신하여 그 의심의 뭉치를 풀어주고자 하는 행위이다. 그러면서 한 걸음 더 나아가 부처님께서는 보살과 명왕뿐 아니라 수행하여 깨달음을 얻은 연각승·성문승·대승·오통지도五通智道 등 여러 가지 그들과 같이 환생하며, 천상세계나 인간세계에 태어나는 것과 혹은 용과 야차와 건달바와 내지 마후라가 등으로도 태어나는 것에 대하여 원인을 질문한 것이다. 이에 부처님은 답하기를, 이 모든 것은 모두 비로자나불이 임의로 출현하는 것이 아니다. 모두 중생들의 원력으로 의하여 그 중생을 제도하기 위하여 그들을 닮은 모습으로 나타나는 것이다.

무정물의 모습으로 나타나는 비로자나불

비로자나불의 가지에 의하여 모든 불과 보살과 명왕들이, 중생이 마음으로 부처님을 응대하여 제도되기를 바라면 부처로 나타나고, 보살의 몸을 응대하여 제도되기를 바라면 보살의 몸으로 나타나고, 성문이나 연각신의 몸을 응대하여 제도되기를 바라면 성문신과 연각신의 모습으로 나타나고, 명왕의 몸이나 범천신이나 나라연비사문신 등 천룡야차건달바 등의 응대하여 제도되기를 바라면 명왕 범천신 나라연비사문신 천룡야차건달바의 몸으로 나타나고, 인비인등의 모습을 응대하여 제도되기를 바라면 인비인 등 모습으로 나타나고, 무정물의 모습을 응대하여 제도되기를 바라면 무정물의 모습으로 나타나는 것이다. 무정물은 곧 삼라만상이다.

중생들의 근기에 따라 들리는 부처님의 설법

"밀교에는 본래부터 삼륜신이 있는지라.

자성신自性身은 부처위라. 지비이덕智悲二德 갖췄으며

정법신正法身은 보살위라. 대비大悲로써 섭수攝授하며

교령신教令身은 명왕위明王位라 대지大智로써 절복折伏한다."

상근기는 자성륜신自性輪身의 법을 받을 수 있고, 중근기는 정법륜신正法輪身의 법문을 들을 수 있고, 하근기는 교령륜신教令輪身의 법문을 듣고서야 깨달음을 얻는다는 것과 같은 것이다. 여기서 근기라는 말은 믿음의 측도를 말하는 것이다. 이외에도 지혜의 측도로 중생들의 근기를 말할 수도 있다. 중생들은 누구나 보살도 명왕도 아닌 부처님의 모습을 응대하여 제도되기를 바랄 것이다. 이것이 최고의 믿음이다. 그러나 부처님의 모습을 뵙지 못하는 것은 중생들의 믿음의 근기가 부처님의 모습을 응대할 근기가 없기 때문이다. 보살신을 응대할 수 있는 상의 중근기로서 법을 듣게 된다. 《화엄경》의 53선지식을 찾는 선재동자의 근기가 이에 해당된다. 성문신이나 연각신을 응대할 수 있는 근기는 상의 하근기이다. 명왕신이나 천왕이나 인왕이나 천룡·야차·건달바를 응대할 수 있는 근기는 중의 상근기이며, 부모나 선지식이나 사람을 응대할 수 있는 근기는 중의 중근기이며, 축생신 등을 응대할 수 있는 근기는 중의 하근기이다. 비인 등의 몸을 응대할 수 있는 근기는 하근기이다.

이것은 모두 유정물을 응대하여 제도받을 수 있는 근기를 말한 것이다. 이 외에도 생명체가 아닌 무정물의 모습을 만나서 제도될 수 있다. 이것은 어떤 근기인가 하는 측도를 말할 수 없는 근기이다. 이와 같이 중생들의 근기에 따라 비로자나불이 불보살신과 성문신과 연각신과 명왕신 등의 모습을 나타내어 모든 중생들을 제도하는 것이다. 우리 모두는 부처님을 응대하여 제도될 수 있는 것은 굳건한 믿음으로 바라문교의 성자로 있던 사리불·목건련 같은 제자들이며, 중국에서는 달마 스님을 만난 혜가 스님이다.

이와 같이 모습으로만 나타나는 것이 아니다. 형상 없이 음성으로 중생들의 각각 근기에 맞는 설법을 하신다. 부처님은 많은 회상에서 법을 설하시되 단 한 번을 하신다. 부처님은 일음설법一音說法 또는 원음설법原音說法으로 일체의 법을 설한다. 중생들은 근기에 따라 각각 이해함을 얻게 된다. 법의 경지가 높으면 높은 경지로 들리고 법의 경지가 낮으면 낮은 경지로 들리는 것이 부처님의 말씀이다. 부처님은 현교니, 밀교니, 대승이니, 소승이니 별도로 말씀하시는 것이 아니다. 한 말씀 속에 밀교와 현교와 대승교와 소승교의 가르침이 모두 포함되어 있다. 받아들이는 중생에 따라 분리가 되는 것이다. 《금강경》의 말씀에도 밀교적인 것과 현교적인 것과 대승적인 것과 소승적인 것이 있으며, 《대일경》의 말씀에도 소승적인 것과 대승적인 것과 현교적인 것과 밀교적인 말씀이 있다. 부처님이 어디에서나 누구에게나 법을 설하는 것은 모두 해탈과 열반과 아뇩다라삼막삼보리를 얻게 하고자 할 뿐인데 받아들이는 근기 따라 구분 지어 이고득락의 해탈만을 얻기도 하고 윤회에서 벗어나는 열반을 얻기도 하며, 구경에 성불의 경지에 이르기도 하는 것이다. 이 모든 것은 모두 중생들의 근기 차별에서 나오는 것일 뿐이다.

〚 경문 〛 "가지가지의 위의威儀로 머무르시지만, 그러나 이 일체지지도는 한 맛[一味]이며, 이른바 여래의 해탈미解脫味이옵니다."

세상에서 참으로 소중한 것을 아는 것이 일체지지이다. 부처님은 중생들에게 이것을 알게 하기 위하여 가지가지 방편법을 전하였다. 방편법은 공덕장이다. 공덕은 한 맛이며 그것이 여래의 해탈의 맛이며, 그것은 자연의 현상을 통하여 얻을 수 있음을 말씀하신다. 중생 세계에서 윤회의 근본 틀을 없앨 때까지 우리에게 가장 필요한 것은 자연이다. 자연의 근원이란 땅과 물과 불과 바람과 허공의 오대이다. 위의 이 말씀은 일체지지를 알게 하기 위하여 다섯 가지 근원에 비유하여 중생들에게 소중함을 알리고 있는 장면이다.

부처님의 말씀은 한 맛으로 해탈의 맛이다. 땅은 모든 만물이 성장하지만 다시 조락凋落하여 모두 땅으로 돌아가 흙이 되는 것이다. 줄기와 잎사귀와 꽃과 열매들도 땅으로 돌아가면 모두 흙이 되는 것이다. 모든 것이 땅으로 돌아가 땅과 한 맛인 것이다. 물은 하늘에서 내리는 빗물, 땅에서 솟아나는 샘물이 흐르고 흐르면 무미한 맛으로 흘러 계곡이 되고 강물이 되며 바다로 흘러들어간다. 흐르는 중에 동식물의 체내에 들어갔다가 다시 나와 흘러 바다로 들어간다. 바다에 들어가기 전까지는 각각의 색상과 각각의 맛을 지녔지만, 한번 바다에 들어가면 모든 색상이나 맛은 없어지고 바다 빛의 물로 그리고 짠맛으로 변한다. 모두 한 맛이 되는 것이다. 불은 어떠한가? 여러 곳에서 여러 가지의 불이 타고 있지만 그 불이 전체가 모이면 역시 한 불꽃이 된다. 이것이 불꽃의 한 모양의 맛이다. 이와 같이 바람도 그러하다. 땅과 물과 불과 바람이 각각 다른 듯하나 모두 각각의 하나를 이룬다. 중생도 부처, 보살, 성문, 연각, 명왕, 천룡팔부, 육도중생이 각각 다른 것 같지만 지니고 있는 불성은 같다. 이것이 여래의 해탈의 맛으로 모두 한 맛이다.

사람이 살아가는데, 먹는 것이 삼분의 일을 차지하고 잠자는 것이 삼분의 일을 차지하고 일하고 활동하는 것이 삼분의 일을 차지하고 있다. 삼분의 일의 먹는 것 중에 중요한 몇 가지를 말하면 빛이 그 하나이며, 허공의 공기가 그 하나이며, 물이 그 하나이다. 이 중에 빛을 법신비로자나불의 일체지지라 하는 것이다. 빛에 의하여 만물이 성장하며, 성장만 한다면 법계에 만물이 가득하여 운신의 폭이 없을 터인데 다시 빛은 조락도 시키는 것이다. 바람의 작용도 불의 작용도 물의 작용도 모두 빛에 의하여 각각의 작용을 할 수 있다. 그러므로 일체의 근본은 곧 비로자나불의 빛으로 일체지지가 되는 것이다. 허공은 이 모든 것이 활동하는 공간이다. 땅과 물과 불과 바람의 사대로 구성된 몸이 숨을 쉴 수 있는 공간이 허공이며, 성장의 공간이 허공이다.

지수화풍공의 덕성을 깨닫는 것이 진리를 깨닫는 것

세상 사람은 이익과 안락을 추구하면서 살아간다. 이것을 얻기 위하여 갖은 죄업을 짓고 있다. 비로자나불은 중생의 이익과 안락을 위하여 죄업을 짓지 않고 그것을 얻을 수 있도록 하는 것이다. 이것이 일체지지를 얻게 하는 방편법이다. 지수화풍공의 근본체는 모든 만물을 생성시켜 살아가게 하면서도 죄업을 짓지 아니하고 모든 작용들이 이루어지고 있다. 우리 중생들도 지수화풍공의 근본성처럼 이익과 안락을 구하되, 죄업을 짓지 않고 자연스럽게 그것을 얻을 수 있다면 곧 윤회의 틀을 벗어날 수 있을 텐데 중생들은 어리석어 비로자나불의 일체지지의 법을 알지 못하고 있다.

〖경문〗 "세존이시여! 비유하면 허공계가 일체의 분별과 분별없음과 분별없음도 없음을 떠나듯이, 이와 같이 일체지지도 일체의 분별과 분별없음과 분별없음도 없음을 떠나옵니다. 세존이시여! 비유하면 대지에 일체중생들이 의지하듯이, 이와 같이 일체지지도 천인 아수라가 의지하옵니다. 세존이시여! 비유하면 불의 경계[火界]가 일체의 섶을 태우지만 싫어하거나 만족함이 없듯이, 이와 같이 일체지지도 일체무지의 섶을 태우지만 싫어하거나 만족함이 없사옵니다. 세존이시여! 비유하면 바람의 경계가 일체의 티끌을 제거하듯이, 이와 같이 일체지지도 일체의 모든 번뇌의 티끌을 제거하옵니다. 세존이시여! 비유하면 물의 경계가 일체의 중생이 그것을 의지하여 환희하고 즐기듯이, 이와 같이 일체지지도 제천과 세상 사람들을 이익되고 즐거웁게 하옵니다. 세존이시여! 이와 같은 지혜는 무엇을 인因을 하고, 무엇을 근본[根]을 하며, 무엇을 구경究竟으로 하옵니까?"

중생 세계를 이루는 근본체는 지수화풍공의 성이며, 이것을 거느리는 것이 식의 성품이다. 비로자나불은 다섯 가지의 근본체성에 비유하여 일체지지를 얻는 방편법을 말씀하였다.

먼저 허공세계를 비유하여 방편법을 말씀하였다. 허공은 하나이다. 그러면서도 무한의 세계가 펼쳐지고 있다. 차별도 분별도 하지 않고 일체의 모든 것이 허공의 빈 공간이 있기에 활동하며 자라날 수 있다. 이와 같이 일체지지도 무한하며 가득한 듯하면서 또한 비어 있어 일체의 선근종자가 자유로이 활동하며 생성할 수가 있는 것이다. 이러한 허공의 가득한 듯 비어 있는 이치를 깨닫는다면 그것이 곧 부처님의 진리를 깨달은 것이다. 이로부터 영원히 부처님의 세계에서 부처님처럼 살 수 있을 것이다.

두 번째 땅이다. 땅은 만물의 의지처이다. 천상세계 수라도 인간세계와 축생세계 아귀와 지옥세계 등 중생들이 업연에 의하여 머물고 있는 모든 세계가 곧 땅이다. 땅이 일체 만물을 의지시키되 싫어하거나 차별하지 않으면서 언제나 같은 양을 유지하고 있다. 이러한 성품을 배우고 익혀 윤회의 원리를 깨닫는다면 그것이 곧 일제시시를 얻은 것이 된다. 일체 만물을 싫어하지 아니하면서 항상 같은 양을 유지하는 것이 땅이 지닌 일체지지의 묘의이다.

세 번째는 불에 비유를 하였다. 불의 습성은 일체를 차별 없이 태우는 것이다. 불이 일체의 섶을 태우는 성품은 무엇을 싫어하거나 또는 일체를 태웠다 하여 만족하거나 하는 것이 아니다. 비로자나불이 가지고 있는 일체지지도 중생들의 무지의 일체번뇌를 태우되 싫어하거나 다 태웠다 하여 만족함을 느끼는 것은 아니다. 중생이 일체의 번뇌를 태워 부처님처럼 살아갈 때까지 중생의 곁에서 불퇴전의 용맹심을 일깨우는 방편법을 베풀고 있는 것이다. 이것이 당체법문이다.

　　　　네 번째 바람에 비유하였다. 바람은 모든 것을 옮겨 놓고 모든 것을 제거하는 능력이 있다. 이것이 바람의 성품이다. 이와 같이 비로자나불의 일체지지도 중생들이 가지고 있는 일체의 번뇌티끌을 제거하는 것이다. 중생들로 하여금 일체의 업식종자의 근원이 되는 집착의 번뇌를 벗어버리고 부처님처럼 살아갈 수 있을 때까지 항상 우리와 함께 작용하고 있는 것이다.

　　　　끝으로 물에 비유하였다. 물은 모든 만물을 환희하게 하고 즐겁게 하는 능력을 지녔다. 일체중생이 물을 의지하여 갈증을 달래고 때를 씻어 환희하고 즐겁게 한다. 이와 같이 비로자나불의 일체지지도 제천과 및 일체중생들로 하여금 환희하고 즐겁게 부처님처럼 살아갈 수 있도록 항상 우리 곁에서 흐르고 있는 것이다.

지구촌이 바로 부처님 세계라는 것을 깨달아야

　　　　비로자나불은 중생들에게 땅의 의지와 불의 태움과 물의 정화와 바람의 움직임 등의 자연을 통하여 일체지지를 말씀하였다. 중생들이 추구하는 오욕과 칠정보다 더 소중한 것이 자연인데도 우리는 자연을 소홀히 대하고 있다. 중생들의 본성은 부처님의 본성과 같다. 본래부터 중생의 자성에 비로자나불의 일체지지가 그대로 존재하는 것이다. 이것을 알지 못하기 때문에 비로자나불이 중생들을 위하여 이와 같은 비유법으로 법을 설하시는 것이다. 이제 우리도 비로자나불의 가르침대로 실천한다면 대 자유를 얻을 수 있는 것이다. 그 방법을 일상생활 속에서 찾아보면 다음과 같다. 일주일을 진각성존께서는 한 자성이라고 하였다. 이 말씀은 자성이란 성품을 말하는 것으로 일주일간 자신의 본래성품으로 살아가게 하고자 하는 방편의 말이다. 이것을 보다 구체적으로 말하면, 일요일과 월요일은 해와 달이 노니는 날이니 허공의 성품을 생각하고, 화요일은 불의 성품을 생각하며 수요일은 물의 성품을 생각하고, 목요일은 바람의 성품을 생각하며 금요일과 토요일은 땅의 성품을 생각한다면 한 자성 일주일이 모두 자연을 통하여 자성을 찾는 날이 될 것이다. 다섯 가지를 잠시 빌려 사용하다가 다시 제자리에 돌려놓아야 한다. 생각한다는 것은 먼저 고마움을 느끼는 것이다. 이로부터 나날이 허공처럼 불처럼 물처럼 바람처럼 땅처럼 살아갈 수 있다면 이것이 비로자나불의 일체지지를 바르게 깨달은 경지이다. 우리는 이제 자연의 주인공이다. 지구촌에 살고 있으면서 지구촌의 고마움을 모른다면 어느 세상에 가서 부귀영화를 누리겠는가? 지금 이 세상이 부처님의 국토가 아니라면 어느 세상이 부처님의 국토이겠는가? 이것은 전체를 보면서 나를 보는 방법이며, 지구촌을 보면서 부처님의 세계를 즐기는 일체지지의 법이며, 그 속에서 여래의 해탈의 법열을 맛볼 수 있는 것이다.

《대일경》의 대의에 해당되는 3구 질문이다. 이제 금강수비밀주가 마음으로 질문한 이 내용은 비로자나불이 대답한 내용과 같은 것이다. 이것은 마음과 마음이 서로 통하는 질문이며 대답이다. 비로자나불이 금강수비밀주가 되어 묻고 금강수비밀주가 비로자나불이 되어 답하는 것이다. 본래 금강수비밀주란 별도의 인물이 있는 것이 아니다. 이치로 계시는 이理의 비로자나불이 중생을 제도하기 위하여 지智 비로자나불로 나타나는 모습이 금강수비밀주이다. 중생들도 이와 같이 수 없는 화신의 몸을 나타내고 있다. 예를 들면, 나 하나의 몸이 가정에서는 아버지로, 학교에서는 선생님으로, 회사에서는 과장이나 부장이나 사장님으로, 길거리에서는 아저씨로 바뀌는 것이다. 그러나 몸은 같은 몸이다. 불성도 이와 같다. 부처에 있으면 불이 되고 보살에 있으면 보살이 되고, 성문과 연각에 있으면 성문과 연각의 마음이 되고, 마음이 삼라만상에 있으면 삼라만상의 마음이 된다. 그러므로 불성에는 빈부귀천이 없다. 윤회하는 중생은 업에 의하여 부귀영화 빈부귀천을 만들어 고와 낙을 받는 것이다. 이제 이 고락에서 벗어나 해탈을 하려면 부처님의 본래의 마음을 찾아 그 자성의 빛으로 살아가면 된다. 이것이 이고득락하는 해탈이다.

제9화

3구답설
三句答說

〖 경문 〗 이와 같이 말씀하여 마치시니, 비로자나부처님께서 지금강비밀주에게 대답하여 말씀하시었다.

"착하고 착하도다. 집금강이여! 착하도다. 금강수야! 네가 나에게 이와 같은 뜻을 묻는구나. 너는 마땅히 자세하게 살펴서 듣고 지극히 잘 지어가야 하느니라. 내가 이제 그것을 설하리라."

금강수가 말씀하시었다.

"그렇게 하겠습니다. 세존이시여! 듣기를 간절히 바라고 원하옵니다."

상대방을 인증하는 것이 소중한 마음

비로자나불은 먼저 금강수비밀주의 물음에 대한 칭찬의 말씀으로 "착하고 착하도다. 집금강이여! 착한 금강수야, 네가 나에게 이와 같은 뜻을 물으니, 너는 마땅히 자세하게 살펴서 듣고, 지극한 선의 뜻을 지어라. 내가 이제 그것을 설하리라." 하였다. '선재 선재'란 부처님의 첫 말씀은 질문자로 하여금 첫째 편안한 마음을 갖게 하는 것이며, 둘째 자신에 대한 만족감과 용기를 주는 것이며, 셋째 환희심을 내어 신심을 일으키게 하는 것이다. 그러므로 '선재 선재'란 부처님의 이 한 말씀은 대자비의 말씀이 되는 것이다. 이러한 장면은 8만 4천 모든 경전에서도 볼 수 있다. 우리가 일상생활에서 누군가로부터 질문을 받거나 대화를 청할 때 부처님처럼 질문자를 대해야 한다. '선재 선재라'란 말은 하지 않아도 질문에 대한 감사함을 표해야 한다. '말씀 잘 들었습니다', '말씀을 참 잘 하셨습니다'는 말을 하여 상대로 하여금 마음을 편안하게 해주어야 하며, 자신의 인증하는 마음과 자신감을 심어주어야 한다. 질문은 누구나 쉽게 할 수 있는 것 같으나 용기가 없으면 못하는 것이다. 질문의 내용이 천박하고 우둔한 질문일지라도 용기가 있어야 가능하다. 그러므로 질문하는 그 자체만으로도 칭찬받을 만하다.

  우리는 자신들의 수준에 따라 모든 것을 평가하고 있다. 이것은 상대방을 인증하지 않으려는 마음에서 생겨나는 것이다. 지금의 우리는 상대를 배려하는 마음이 적다. 자신의 아는 부분과 상반되거나 자신보다 무게 있고 높은 말이면 조건 없이 가벼이 여기는 마음들이 있다. 특히 물질을 가졌거나 명예를 가졌거나 직위가 높은 자일수록 이러한 현상은 더욱 심하게 나타난다. 남의 말을 끝까지 들어주는 습관과 상대방의 말을 인증하는 자세는 대중생활에 소중한 것 중에 하나이다. 자신의 이기적 생각을 버릴 때 비로소 자비심이 일어나며 세상은 보다 밝고 명랑한 세상이 될 것이다.

〖 경문 〗 부처님께서 말씀하시었다.

"보리심을 인因으로 하고 대비[悲]를 근본根本으로 하며 방편을 구경究竟으로 하느니라. 비밀주야! 보리菩提란 무엇인가? 곧 실상實相과 같이 자심을 아는 것이다. 비밀주야! 이 아뇩다라삼먁삼보리와 내지 저 법은 조금도 얻을 것이 없느니라."

비로자나불의 일체지지의 활동을 자연에 비유하여 설법하는 것도 중생의 소견으로 세상을 살아가기 보다는 자연의 가르침을 스승 삼도록 하기 위한 설법이다. 설법을 들은 금강수비밀주는 일체지지에 관하여 보다 구체적으로 알고자 "일체지지는 무엇으로 인을 삼고 무엇으로 근을 삼고 무엇으로 방편을 삼았습니까?" 여쭈었다. 금강수비밀주가 말하는 인은 본래 가지고 있는 바탕을 말하는 것이며 근은 활동의 부분을 말하는 것이며, 구경은 결과를 뜻하는 것이다. 비로자나불의 답은 금강수비밀주가 생각하고 있는 것을 그대로 "보리심을 인으로 하고 대자비심을 근으로 하고 방편을 구경으로 한다."라고 답하였다.

첫째 보리심이란? 깨달은 마음, 부처님의 성품, 깨달음을 찾는 마음 이렇게 여러 가지로 구분한다. 부처님이나 보살이나 중생들이 본래부터 가지고 있는 깨달음의 본 성품을 말한다. 깨달은 마음과 깨달음을 찾는 마음을 보리자성심이라 한다. 이것은 모두 부처가 될 수 있는 마음이다. 이 본래의 본 성품을 중생들은 무시광대겁을 지나오면서 오욕과 칠정에 물들어 생활하면서 감추어두고 있었다. 특히 인간은 의식주에 집착하여 자성을 잃어버리고 살고 있는 것이다. 부처님은 감추고 잃어버린 본래의 성품을 나타내어 그것에 따른 행동과 말과 생각을 하도록 수행의 문을 연 것이다. 수행을 하지 않고는 본래의 보리자성을 찾을 수 없다. 예를 들면, 금강이 광석에 들어 있는 것과 같이 제련을 거쳐 금강석으로 나타나게 되는 이치이다. 둘째 자비심이란 대자비심이며 수행을 뜻한다. 자비심을 수행이라 하는 것은 밀교경전에서 흔히 볼 수 있는 부분이다. 어찌 수행이 자비심이 되는가? 밀교는 우리가 말하고 생각하고 행동하는 모든 것을 수행이라 한다.

정법의 수행이 아니면 올바른 공덕이 일어나지 않음

자성을 찾는 데는 올바른 수행이 아니면 찾을 수 없다. 진언을 수행하는 정법의 심밀관행도 마찬가지이다. 정법의 수행이 아니면 공덕은 일어나지 않는다. 예를 들면, 만일 놀음을 하는 중에 진언을 외우면서 놀음에서 금전을 따도록 한다거나 도둑이 남의 담을 넘으면서 무사히 도둑질을 잘하도록 해달라고 하는 것이나, 사기꾼이 남이 잘 속아 넘어가라는 원을 세워 염송을 한다면 그것은 옳은 수행이 아니다. 그러므로 그 원은 이루어지지 않는다. 자비가 수행이라는 것은 일체중생을 이익하게 하고 안락하게 하기 위하는 것에 목적을 두고 깨달음을 얻고자 하기 때문이다. 그러므로 불교에서는 중생을 생각하는 대자비행 그 자체가 곧 수행이 되는 것이다. 대자비를 행하는 수행에는 용맹심이 있어야 한다. 이것이 자비로운 용맹심이다. 용맹심에는 또한 분심이 있어야 한다. 분심忿心은 중생이 본성을 잃어버리고 오욕과 칠정에서 헤어나지 못하는 것에 대한 분노심을 말한다. 나는 어찌하여 몸의 구성도 부처님과 같은 육대로 이루어졌으며, 이목구비도 부처님과 다를 바가 없거늘 어찌하여 즐거운 시간보다 고통의 시간이 많으며, 만족한 삶보다 부족한 삶이 많아서 부처님처럼 되지 못한 것인가 하는 분노심이다. 이 분노심이 곧 용맹정진심이 되는 것이다.

보리심을 인으로 하고 자비심을 근본으로 하는 수행을 지나 중생을 교화하는 회향의 세 번째 답이 방편이다. 방편은 수행의 결과로서 나타난 것을 베푸는 것이다. 이때 회향방편심이 된다. 일반적으로는 방편은 수행의 종류를 말하는 것 같으나 방편은 수행이 아니다. 방편을 구경으로 한다는 것은, 구경이란 수행의 결과를 말하는 것이다. 일체종지는 다섯 지혜를 뜻하는 것이며, 일체지지는 일체종지의 근본지를 말하는 것이다. 법을 질문하는 것은 보리심이며 부처님의 답인 '선재 선재'는 대자비심이며 수행하여 얻은 경지를 일체지지로 활동상이 회향방편심이다. 중생들은 일상생활 속에 일어나는 모든 일들 가운데에 부처처럼 보살처럼 살고자 노력하여야 한다. 그것이 중생들의 본래의 삶의 모습이다. 진각성존의 "생활 중에 각할지라."는 말씀도 이에 속한다. 부처님의 마음[佛心=보리심]으로 부처님의 몸[佛身=대자비]으로 부처님의 말씀[佛言=회향방편]대로 실천하는 생활이 생활 중에 각하는 것이며,《대일경》3구의 답을 실천하는 것이다.

보리라는 것은 깨달음이다. 깨달음이란 우리의 마음 작용이며, 부처를 이루는 것을 말한다. 중생들은 부처를 이루는 마음 작용과 더불어 8만 4천의 무한한 중생의 마음 작용이 있다. 이러한 마음 작용을 명과 무명으로 나누어 볼 수 있다. 밝음이라는 것은 최고의 이상인 불타의 지혜를 얻을 수 있는 마음 작용이며, 어두움이라는 것은 마왕 파순이가 될 수 있는 마음 작용을 말한다. 부처가 될 수 있는 마음 작용은 보리자성심이라 하고, 마왕 파순이가 될 수 있는 마음은 무명 중생심이라 한다. 진각성존은 〈자성법신〉 편에

"비로자나부처님은 시방삼세 하나이라.
온 우주에 충만하여 없는 곳이 없으므로
가까이 곧 내 마음에 있는 것을 먼저 알라."

이 말씀을 중생의 입장에서 보면,

"대마왕파순이는 시방삼세 하나이라.
온 우주에 충만하여 없는 곳이 없으므로
가까이 곧 내 마음에 있는 것을 먼저 알라."

양면성을 지닌 무한한 중생의 마음 작용은 부처를 이루는 것을 제외하고는 모두 번뇌의 마음 작용이다. 이 번뇌의 마음 작용은 때로는 즐거움을 주기도 하고 때로는 고통을 주기도 한다. 그러나 어리석은 중생들은 즐거움과 고통의 원인이 마음 작용인 줄을 알지 못하고 있다. 우주만유의 운행은 모두 인과법칙으로 운용될 때, 이 인과법칙을 알지 못하기 때문에 즐거움과 고통의 원인으로 나타나게 되는 것이다.

먼지를 쓸지 않으면 먼지는 계속 쌓임

즐거움과 고통의 원인을 알기 위하여 마음 다스리는 공부를 해야 한다. 만일 중생들이 마음을 다스리지 아니하고 하고 싶은 대로 한다면 그것은 모두 번뇌의 업을 지을 뿐이다. 마음 다스리는 수행을 통하여 영원불변의 비로법신의 마음을 증득하게 될 것이다. 무명 중생심을 그대로 방치하면 자연히 마왕 파순이의 마음으로 돌아가게 된다. 중생 세계는 부처님의 세계와 달라서 선을 행하기는 어렵고 악은 가만히 있어도 저절로 행해지게 되는 세계이다. 그러므로 선은 행하려면 노력이 필요하지만 악은 노력할 필요 없이 가만히 있으면 저절로 행해지게 된다. 비유하면 어떤 사람이 새로 집을 건축하여 깨끗하게 청소하여 문을 잠그고 며칠 뒤에 열어보면 집안에는 먼지가 가득하게 쌓여 있는 것을 보게 될 것이다. 중생 세계의 업의 작용도 이와 같다. 하루라고 털고 쓸지 않으면 쌓이는 이것이 먼지뿐이듯 중생의 업도 이와 같다. 선업을 지으려고 노력하지 않고 조금이라도 소홀하게 보내면 우리의 마음은 곧바로 악업을 짓게 된다. 밀교는 중생은 본래부터 성불이 되어 있다. 이것을 이구성불이라 한다. 그러나 자세히 관찰해보면 8만 4천의 업 번뇌로 뭉쳐져 있다. 그러므로 이 업 번뇌를 소멸시키기 위하여 삼밀수행법을 전하는 것이다.

쉬지 않는 수행정진으로 업 번뇌가 사라질 때 비로소 비로법신의 본래면목을 얻게 된다. 이것이 가지성불이다. 먼지와 맑음이 섞인 것에서 먼지가 깨끗하게 제거되었다는 것이다. 그러나 가지성불은 영원한 것이 아니다. 비록 가지성불을 하였다 하여 방일하면 도로 원점으로 돌아가게 된다. 이것을 막기 위하여 행주좌와 어묵동정에 부처님처럼 행동하고, 부처님처럼 말하며, 부처님처럼 생각하는 삶을 살고자 노력하는 것이다. 이것이 일상생활 그 자체가 현덕성불인 것이다.

중생들 본래의 마음인 보리자성심은 곧 비로자나불심이 근본심이다. 이 보리자성심은 일체 모든 현상을 진리 그대로 보고자 하는 마음이다. 더하거나 뺄 수도 없는 자연 현상을 있는 그대로 관찰하는 것이다. 이것을 《대일경》에서 '여실지자심'이라 한다. 이 여실지자심을 진각성존은 '당체법문을 보는 마음'이라 하였다. 당체법문은 또한 《화엄경》에

"만일 사람이 삼세의 모든 부처를 알고자 한다면 마땅히 법계의 성품을 관해야 한다. 일체 모든 것은 오직 마음이 지은 것이라[若人欲了知 三世一切佛 應觀法界性 一切唯心造]."

중생은 무시광대겁을 지내오면서 진실성을 망각하고 오욕과 칠정에 물이 들어 오늘의 결과를 얻은 것이다. 이러한 모든 것이 모

두 자신의 마음 작용에 의한 것인 줄 알아야 한다. 이것을 밝히기 위하여 불보살들은 수행의 문을 열어 가르침을 펴고 있다. 수행의 결과는 모두 인과법칙을 깨닫게 하는 것이다. 인과법칙을 깨달을 때 우리는 다시 부처님의 세계로 돌아가게 된다. 인과법칙을 깨닫게 하는 수행에는 많은 방편법이 있다. 그 중에 하나가 진언을 염송하는 삼밀수행법이다.

좋은 인을 지어 좋은 연을 만나는 것이 수행

진각성존께서 개창한 진언문 수행에는 단계가 있다. 첫째 좋은 인을 짓게 하는 것이며, 둘째 과거에 지은 악인을 소멸시키는 것이며, 셋째 좋은 연을 만나게 하는 것이며, 넷째 과거의 악연을 소멸시키는 것이다. 이것이 성취되면 좋은 결과가 나타나게 된다. 좋은 인을 짓게 한다는 것은 진언을 염송함으로써 일상생활 중에 자성을 찾게 하는 것이다. 자성을 찾았을 때 지금 받고 있는 고락의 원인을 알게 된다. 둘째 지난 과거의 악인을 알게 되어 고통의 싹이 나기 전에 소멸시키고자 참회를 하게 한다. 진각종의 초창기에 교단명을 '참회원'이라 한 것도 이러한 의미이다. 진실된 마음으로 참회를 하면 숙세의 악인이 소멸하게 된다. 셋째 좋은 연을 만난다는 것은 참회가 되고 난 다음에 찾아오는 공덕 중에 하나이다. 연이라는 것은 공간적인 것과 시간적인 것과 인간적인 것이 있다. 공간적인 것은 물건과 장소를 말하는 것이며, 시간적인 것은 세월을 뜻하는 것이며, 인간적인 것은 사람을 뜻하는 것이다. 좋은 장소에서 좋은 시간에 좋은 사람을 만난다는 것은 흔한 일이 아니다. 사람이 아무리 지혜가 총명하고 재주가 있다하여도 장소와 물건이 좋지 못하고 시간이 맞지 않으며, 그 일들은 성사되지 못할 것이다. 지혜가 조금 부족하고 재주가 조금 모자라더라도 알맞은 시간과 좋은 장소와 좋은 사람을 만나게 되면 어떠한 어려운 일일지라도 쉽게 성사될 것이다. 그러므로 좋은 연을 만나야 한다. 넷째 악연이 소멸된다는 것은 숙세에 원수 맺고 빚진 이가 이 세상에 태어났다하여도 진언을 염송하여 인연이 맑아지면 그 과보가 나타나기 이전에 자연 소멸하게 된다. 이것이 진언염송으로 참회한 공덕이다.

좋은 인을 짓고 지난 날의 악인을 소멸시키며, 좋은 연을 만나고 지난 날의 악연을 소멸시키는 것이 곧 수행이다. 수행의 이 네 단계는 정도에 따라 제1 단계에 머물러 있는 자도 있고, 제2 단계에 머무는 자도 있으며, 제3·제4의 단계를 초월하여 대자유인이 되는 자도 있다. 이러한 것은 모두 법에 있는 것이 아니라 수행자의 마음 작용에 있는 것이다. 마음의 자세에 따르고, 근기에 따라서 쉽게 여의는 사람도 있고 어렵게 여의는 사람도 있으며, 때로는 여의지 못하는 사람도 있다. 그러므로 자신의 마음부터 먼저 알아야할 것이다. 자신이 마음을 안다는 것이 곧 여실지자심이다.

제10화

보리심무상
菩提心無相

〚 경문 〛 "무슨 까닭인가? 허공의 모습[相]이 보리이어서 알고 이해하는 자도 없으며, 또한 열어 밝히지도 못하는 것이니라. 무슨 까닭인가? 보리는 모습[相]이 없기 때문이니라. 비밀주야! 모든 법도 모습[相]이 없어서 허공의 모습[相]이라 하느니라."

비로법신의 본래진면목은 청정성이다. 몸으로 결인을 하는 것은 몸의 청정성을 찾는 것이며, 입으로 진언을 염송하는 것은 구밀의 청정성을 찾는 것이며, 뜻으로 부처님을 관하는 것은 마음의 청정성을 찾는 것이다. 수행자가 이와 같이 삼밀수행을 하였을 때 청청비로자나불로부터 응답이 있다. 이 응답을 당체법문이라 한다. 응답은 크게 견고성·윤활성·변화성·조화성·아는 성 등의 다섯으로 작용한다. 이 다섯 작용을 통하여 윤원구족한 만다라 세계가 이루어진다. 비로법신의 다섯 작용의 응답은 눈에 보이거나 손에 잡히는 것이 아니다. 다만 허공 중에 존재할 뿐이다.

무상은 무한의 상

비로법신의 청정성은 알음알이로는 알지 못한다. 그리고 일정한 형상이나 모양도 없다. 허공의 상과 같아서 무상이라 한다. 보리·제법·본성청정심·여실지자심 등도 모두 무상이다. 보리는 진리적인 것이고, 제법은 삼라만상이며, 본성청정은 비로법신의 본심이며, 여실지자심은 중생의 본심이다. 진리적인 보리든, 삼라만상인 제법이든, 비로법신의 본심이든, 중생들의 본심이든 모두가 허공상과 같은 무상이다. 여기서 무상이라 하면 상이 없다는 뜻이 아니다. 무한의 상을 뜻하는 것이다. 허공은 텅 비어 있는 듯하지만 가득 차 있다. 텅 비어야 비로소 무한의 상들을 흡입할 수 있기 때문이다. 부처님의 가르침도 허공의 상에 비유하여 공도空道라 한다. 이 허공의 상을 깨달음은 선지식들은 일원상으로 표현하기도 한다. 부처님의 32상과 80종호와 3천 위의와 8만 세행이 모두 일원상으로 표현하며, 8만 4천의 경법도 일원상 하나로 표현을 하며, 법계의 만다라도 일원상으로부터 전개된다. 이 일원상은 중생의 경지에서는 하나로 보이고 부처님의 경지에서는 무한의 상으로 보이는 것이다.

비로법신의 일원상

육자관념도도 일원상이 기본상이다. 밀교수행의 관법 중에 월륜관법이 있다. 이 월륜관도 일원상을 관하는 것이다. 삼라만상의 가운데 풀 한 포기, 돌멩이 하나, 떨어지는 물 한 방울에서도 비로법신의 일원상으로 볼 수 있으며, 항하의 모래알 하나에서도 법계의 일원상을 볼 수 있다. 일원상에 관해 잘 나타낸 것 중에 하나가 심우도尋牛圖이다.

소를 찾는다는 심우도는 첫째 소를 찾아 길을 떠나는 장면[尋牛]에서 손에는 소의 고삐를 쥐고 있다. 이것은 부처님의 법을 구하고자 하는 마음을 일으키는 발심을 뜻한다. 둘째 소의 발자취를 발견하는 장면[見跡]에서 소의 발자국을 나타내는 것은 선지식들의 가르침의 자취를 보고 자신의 마음을 찾아 수행한다는 것을 뜻한다. 셋째 소를 보는 장면[見牛]은 자신의 마음을 일차적으로 찾았다는 것을 뜻한다. 넷째 소를 붙잡은 장면[得牛]에서 소가 억지를 부리는 것은 오욕과 칠정에 물들어 습관되어 있는 마음에 본성이 나타나니 서로가 서로를 거부하는 장면을 뜻하는 것이다. 다섯째 소를 먹이는 장면[牧牛]에서 앞은 희고 뒤를 검게 표현한 것은 중생의 습관을 서서히 버리고 본래의 불성품으로 돌아간다는 것을 뜻한다. 여섯째 소를 타고 집으로 돌아오는 장면[騎牛歸家]은 잘 길들여진 마음에 잡념이 일지 않은 모습을 뜻하는 것이다. 이것은 제행무상의 경지에서 한가로움을 표현하였다. 일곱째 소는 없고 사람만 있는 장면[忘牛存시]은 본성을 찾았다는 생각을 버리라는 뜻이다. 우리의 본성은 본래부터 내 속이 있었다는 것을 표현한 것이다. 여덟째 사람도 소도 없는 장면[人牛俱忘]에서 일원상을 나타낸 것은 이것은 허공의 상을 표현한 것이다. 일원상은 좋고 나쁨도 없으며, 옳고 그름도 없으며, 모자람도 남음도 없으며, 길지도 짧지도 않으며, 크지도 작지도 않으며, 높고 낮음도 없으며, 옛도 지금도 없는 경지를 뜻한다. 텅 비었다면 텅 빈 것이며 가득하다면 가득한 것이다. 보는 사람의 근기 따라 그 모습이 나타난다. 텅텅 비어서 허허롭고 가득하여 만족스러운 모습이다. 자체가 모두 불법승이며 8만 4천 경전이다. 아홉째 근원으로 돌아가는 장면[近本還源]에서 자연은 자연 그대로 존재한다는 뜻이다. 사람은 사람으로, 축생은 축생으로 변함이 없다. 십법계가 온전히 그대로이다. 깨닫기 이전에는 선악시비 선후본말의 차별이 있었지만 깨닫고 보면 본래모습 그대로 불성이며, 중생심이다. 봄이 되면 개나리가 피고 가을이면 국화꽃이 핀다. 여름에는 비가 오고 겨울이면 눈이 오는 것이 자연의 본래의 모습이다. 이것을 아는 것이 진실한 깨달음의 경지이다. 성불이 무엇인가? 본래부터 존재하는 것이 아닌 것을……. 이것을 아뇩다라삼먁삼보리의 경지에 이르는 것으로 표현한 것뿐이다. 본래는 얻어지고 버려지고 사라지고 생기고 하는 것이 없는 자리임을 말한다. 열째 저자에 들어가 손을 드리우는 장면[入廛垂手]은 회향의 뜻으로서, 처음 잡고 있던 소의 고삐는 사라지고 법의 죽비만을 가슴에 품은 채 일체중생들과 더불어 일상생활의 터전으로 돌아가는 것이다. 밀교에는 이것을 현득성불이라 한다.

내면의 일원상을 찾아야

우리 일상생활의 터전인 이 세상도 모두 허공 중에 존재하는 세계이다. 다만 허공을 보지 못하고 사물을 기준점으로 보고 있기 때문에 허공상의 본체를 알지 못하고 있다. 무상의 허공상은 진공眞空의 상이다. 진공의 모양 속에 무한의 세계가 존재하고 있다. 불보살의 세계도 허공 가운데에 있고, 성문 연각세계도 허공 가운데 있으며, 천상세계와 수라세계도 허공에 있으며, 지옥과 아귀도 허공에 있으며, 인간세계와 축생세계도 허공 가운데 있다. 그러나 중생들의 육안肉眼으로는 인간세계와 축생세계만 볼 수 있다. 천안天眼을 얻으면 육도를 볼 수 있고, 법안法眼을 얻으면 성문과 연각세계를 볼 수 있고, 불안佛眼을 얻으면 보살의 세계를 볼 수 있으며, 십법계를 다 볼 수 있는 것이 심안心眼이다. 허공 중에 존재하는 십법계의 작용 중에 천둥과 번개가 불보살 세계에서는 사자후일 수도 있고, 천상세계와 수라도에서는 전쟁 중에 무기가 부딪쳐서 나는 소리일 수도 있고, 지옥중생과 아귀중생계에서는 고통의 울부짖음일 수도 있다. 그러나 인간세계와 축생세계에서는 음양의 조화로 비바람을 몰고 오는 소리로 들을 뿐이다. 중생들이 귀 기울여 그 소리를 들어보자. 무슨 소리로 들리는지? 육도를 벗어나는 육범사성 중에 사성의 첫 경지인 성문승은 허공 중에 나는 소리를 깨달았기 때문에 얻은 경지이다.

다시 무지개에 비유하면, 무지개를 모든 세계에서 각각의 육안으로 본다면, 천상세계에 놓인 구름다리인지? 비로법신 금강법계궁의 보루각인지 뉘가 알겠는가? 아름다운 무지개를 지옥아귀중생들은 염라대왕이 나찰들을 거느리고 내려오는 공포의 다리일 수도 있다. 천상세계와 수라세계는 전쟁 중에 무지개가 뜨면 휴전을 알리는 신호로 사용하고 있을 수도 있다. 인간세계에서는 역시 비 온 뒤에 나타나는 일곱 빛깔의 무지개일 뿐이다. 이 허공의 세계를 중생의 우둔한 눈으로 보면 아무것도 보이지 않는다. 다만 텅 비어있는 허공일 뿐이다. 가만히 허공의 일원상을 관하면서 나의 자심 속에 일원상이 존재함을 깨달아야 할 것이다. 이것이 아뇩다라삼먁삼보리를 증득한 경지이다. 멀리서 찾지 말고 자신의 내면에서 일원상을 찾는다면 모든 법도 무상이며, 허공의 상임을 알게 될 것이다.

제11화

일체지자심
一切智自心

〚 경문 〛 이때에 금강수가 다시 부처님께 여쭈어 말씀하시었다.

"세존이시여! 무엇이(누가) 일체지지를 찾아 구하며, 무엇이(누가) 보리가 되어 정각을 이루는 것이며, 무엇이(누가) 저 일체지지를 발기하옵니까?"

부처님께서 말씀하시었다.

"비밀주야! 자심이 보리와 및 일체지를 찾아 구하느니라. 무슨 까닭인가? 본성이 청정하기 때문이니라."

본성이 청정한 것을 밝히는 부분이다. 청정에는 자심도 청정하고, 보리도 청정하고, 허공도 청정하다. 청정한 자심을 여실지자심이라 한다. 자심과 보리와 허공이 청정하다는 것은 형체가 없이 비로자나 불성으로 이루어졌기 때문이다. 이 셋이 형체가 없지만 육대와 사만과 삼밀을 빌려서 비로소 형체를 만들어 작용하고 있다. 때문에 근본이 청정하면 만들어진 형체도 그 본성을 닮아 청정할 것이다. 즉 활동의 광장인 허공도 청정하며, 지니고 있는 보리도 청정하며 그것을 얻는 자심도 청정할 수밖에 없다. 그러나 무시광대겁으로부터 염오성染汚性에 물들은 중생은 청정성을 잊고 살아가고 있다. 그러므로 중생심인 자심은 본래의 청정성과 물들은 염오성을 동시에 갖추고 있다. 자심이 불심이 되면 보리자성심이 되고, 자심이 중생심이 되면 자성중생심이 된다. 보리자성과 자성중생의 차이는 청정淸淨과 염오染汚이다. 청정성은 자비에서 생겨나고, 염오성은 견물생심에서 생긴다. 견물생심인 중생이 수행하여 보리와 허공이 하나임을 깨달을 때 비로소 비로자나불의 자성청정심으로 돌아가게 된다. 중생은 선악시비 선후본말의 팔풍八風을 진리로 일상생활을 하고 있다. 비로자나불의 진실한 청정성의 진리를 깨달으려면 중생 세계의 모든 희론과 분별, 그리고 일체의 소유가 염오가 중생번뇌의 근원이 됨을 알게 될 것이다. 하루속히 마음을 깨달아 버려야 할 것이다.

본래의 청정성을 깨달아야 해탈

진각성존은 삼라만상을 통하여 비로법신이 가진 청정성의 당체법문을 들을 수 있다고 하였다. 청정한 마음을 얻으면 현상세계에 나타나는 일체 사실들을 모두 비로자나불의 당체법문임을 알게 되어 법신불의 전법상승자가 될 것이다. 중국의 혜능 스님이 홍인 스님의 법을 이은 것도 청정성을 깨달았기 때문이다. 혜능은 홍인의 문하에서 가벼운 몸으로 돌을 짊어지고 방아를 찧으면서 법을 구하고 있었다.

어느 날 홍인 스님이 대중들에게 말하였다. "지금까지 공부한 것을 게송으로 적어내어라. 경지를 보아 부처님의 정법안장을 전수하리라."

이때에 홍인 스님의 문하에서 30년이 넘도록 수행하던 신수 스님이 게송을 지어 법당옆 벽에 붙였다.

몸은 깨달음의 나무 같고 身是菩提樹
마음은 밝은 거울 바탕 같은 것 心如明鏡臺
틈틈이 부지런히 닦아야 하리. 時時勤拂拭
때 묻고 먼지 앉지 않도록 勿使惹塵埃

이것을 본 혜능은 신수는 아직 청정성의 마음을 알지도 보지도 못하였다는 것을 알고, 게송을 지어 그 옆에 붙였다.

깨달음은 본래 나무가 아니요 菩提本無樹
마음 거울 또한 틀 위에 놓인 것이 아니다. 明鏡亦非臺
본래 한 물건도 없는데 本來無一物
어디에 때가 묻고 먼지가 앉는단 말인가. 何處惹塵埃

홍인 스님은 혜능이 삼라만상이 본래 청정성이라는 것을 깨달은 줄 알고, 대중으로부터 시기와 질투의 분쟁을 막기 위하여 짚신을 벗어 혜능의 게송을 박박 문질렀다. 대중들은 그러면 그렇지 하는 마음으로 흩어졌다. 그러나 그날 밤 삼경에 홍인 스님은 혜능에게 정법안장의 법을 전수하였다. 이로써 부처님으로부터 시작하여 전해진 선법 禪法

의 전법자로서 제33조 조사가 된 것이다.

수행의 목적도 본래의 청정성을 찾는 것

불법수행의 목적은 본래의 청정성을 찾는 것이다. 비로자나불이 중생을 제도하기 위하여 화신불로 나타나신다. 그 비로자나불의 명칭이 청정법신이라고 한 것은 청정을 근본으로 하고 있다는 것을 나타낸 방편법이다. 화신뿐 아니라 일체 만물도 법계도 청정을 근본으로 하여 허공에 충만하게 전개되고 있다. 다만 중생은 오탁에 젖은 육안肉眼으로 그것을 보지 못할 뿐이다. 불안佛眼과 법안法眼과 혜안慧眼을 가지게 되면, 우리의 성품도 법신비로자나불성과 같고 삼라만상도 비로자나불성의 청정성에서 출생한 것임을 알게 될 것이다. 그리고 허공 또한 청정성을 받아 영원히 비어있다는 것도 알게 된다. 이것은 부처의 성품은 허공과 같고, 허공의 성품은 자심과 같고, 자심의 성품은 불의 성품과 같다. 그러므로 이 셋은 하나이다. 이것은 손으로 잡을 수도 없고 무엇으로도 표현할 수 없는 비로법신의 청정성이다. 화신불의 8만 4천 법문도 청정성을 근본으로 하고 있다. 비로자나불로부터 출생한 삼라만상도 근본은 청정성이다. 우리의 마음속에 청정한 부처가 있고 청정한 허공이 있으며, 허공에도 청정한 우리의 마음이 있고 청정한 부처가 있으며, 부처의 마음에도 청정한 허공이 있고 청정한 중생이 있다. 청정법신에서 청정한 중생심에서 청정한 허공에서 4불이 출생하고 37존이 출생하며, 나아가 1,061존의 제존상이 출생하여 무수한 만다라 세계를 형성하게 된다.

청정성이 곧 불생불멸 불구부정 부증불감

8만 4천 경전 중에 《반야심경》의 불생불멸不生不滅 불구부정不垢不淨 부증불감不增不減의 6불사상도 그 근본은 청정성이다. 이것을 자심과 보리와 허공에 배대하면, 불생불멸은 육근청정으로 자심청정을 말하는 것이며, 불구부정은 육대청정으로 허공청정을 말하는 것이며, 부증불감은 법계청정으로 보리청정을 말하는 것이다. 불구부정의 육대청정은 땅의 '견고 청정성', 물의 '윤활 청정성', 불의 '따뜻한 청정성', 바람의 '변화 청정성', 허공의 '조화 청정성', 식의 '아는 청정성'이다. 이것이 1차적 만다라 세계의 청정이다. 부증불감의 법계청정은 생명 있는 모든 것의 대만다라청정과 생명이 없는 모든 것의 삼매야만다라청정과 명칭·성명·그림·문자의 법만다라청정과 변천동작의 갈마만다라청정이다. 이것이 2차적 만다라 세계의 청정이다. 불생불멸의 육근청정은 몸의 활동인 신밀의 청정과 소리의 활동인 구밀의 청정과 생각의 활동인 의밀의 청정이다. 이것이 3차적 만다라 세계의 청정이다.

육대근원의 청정

육대근원의 청정에서 우리는 수행의 본을 찾아야 한다. 지수地水는 유위有爲이며, 화풍火風은 무위無爲이며, 공식空識은 합일성이다. 지수가 유위라는 것은 땅과 물은 형체가 있어 유위라 하고, 불과 바람은 형체가 없어 무위라 하며, 공과 식은 땅과 물과 불과 바람의 활동하는 공간이며 주인공 역할을 하기 때문에 합일성이라 한다. 그 공능을 보면, 땅은 모든 만물을 자기에게 끌어들여 자기와 같도록 동화同和

시키는 힘이 있고, 물은 땅과 반대로 자기를 타他에 주입시켜 다른 물질을 만들어 자신의 존재의 소중함만을 가르치는 힘이 있다. 불은 타他를 희생시켜 자신의 형상을 나타내며, 바람은 불과 반대로 타他에 의지하여 자신의 형체를 나타내고자 한다. 중생은 이러한 힘을 지닌 4대로 몸을 이루었기 때문에 4대의 성격을 다 가지고 있다. 즉 땅의 성품처럼 모든 것을 내 것으로 하고자 하는 마음이 있고, 물과 같이 내 것을 희생하면서 자신의 소중함을 강조하는 마음이 있다 이것에서 아인중생수자我人衆生壽者의 4상이 나온다. 불과 같이 타를 희생시켜 자기 것으로 만드는 마음이 있고, 바람과 같이 타에 의지하여 자기의 욕망을 나타내고자 하는 마음이 있다. 이것이 의뢰심依賴心이며 기복祈福으로 흐르는 마음이다. 이러한 마음을 비로자나불은 중생으로 하여금 육대가 지닌 땅의 동화업同和業과 불의 희생업犧牲業과 물의 존재업存在業과 바람의 의뢰업依賴業을 버리고 땅과 물과 불과 바람이 지닌 본래청정성을 깨달도록 수행문을 열은 것이다. 부처님은 자심으로 하여금 허공의 무한함을 가르치고 보리의 청정성을 가르쳐 영원히 해탈의 진미를 맛보게 하였다.

제12화

심불가득
心不可得

〖 경문 〗 "마음은 안에 있지 아니하고 밖에도 있지 아니하며, 양 중간에도 마음은 가히 얻지 못하느니라. 비밀주야! 여래 응정각은 청靑도 아니요 황黃도 아니며, 적赤도 아니요 백白도 아니며, 홍자紅紫도 아니요 수정색水精色도 아니며, 장長도 아니요 단短도 아니며, 원圓도 아니요 방方도 아니며, 밝음도 아니요 어두움도 아니며, 남자도 아니요 여자도 아니며, 남녀 아님도 아니니라. 비밀주야! 마음은 욕계와 같은 성품[性]도 아니며, 색계와 같은 성품[性]도 아니며, 무색계와 같은 성품[性]도 아니며, 천과 용과 야차와 건달바와 아수라와 가루라와 긴나라와 마후라가와 인비인의 것들과도 같은 성품도 아니니라. 비밀주야! 마음은 눈의 경계에 주住하지도 아니하며, 귀 코 혀 몸 뜻의 경계에도 주하지 아니하며, 보이지도 아니하며 나타나지도 아니하느니라. 무슨 까닭인가? 허공상의 마음은 모든 분별과 무분별을 떠났기 때문이니라. 무슨 까닭인가 하면, 성품[性]은 허공과 같아서 곧 저 마음과도 같으며, 성품은

저 마음과 같아서 곧 보리와도 같으니라. 이와 같이 비밀주야! 마음과 허공계와 보리, 이 세 종류는 둘이 아니니라. 이와 같은 것은 대비大悲를 근본으로 하고 방편바라밀方便波羅密로 만족케 하느니라."

부처님의 가르침은 법을 듣고 생활하는 것이 아니라, 법의 말씀대로 수행하여 깨달음을 얻게 하여 부처와 동등한 경지에 오르게 하는 것이다. 이것이 부처님 가르침의 목적이다. 그러나 말씀을 듣기만 한다면 믿음의 대상인 신神과 믿는 자와의 관계로 수직형을 이루어 영원히 신의 경지에 오르지 못한다. 다만 종속적인 관계만을 유지하게 되며, 이것이 기복이 되는 것이다. 수행자는 부처님의 본성을 알아야 한다. 그 본성이 청정이다. 이 청정의 근본성을 얻기 위한 수행에서 먼저 마음이 어디에 있는가를 찾아야 할 것이다. 이 마음은 이대로가 불심임을 알게 될 때 이것이 성불이다.

경전에서 무無와 비非를 사용하여 분명하게 자심을 밝히고자 하였다. '없다'는 뜻의 무無와 '아니다'는 뜻의 비非를 사용하여 자심을 찾아본다. 어떤 사람이 어떤 것을 좋아하여 그것에 잠시 마음을 머물고 때로는 마음을 빼앗기기도 한다 하지만, 그것에는 마음이 없으며[無] 그것 또한 마음이 아니다[非]. 중생들의 일상인 행주좌와 어묵동정行住坐臥語黙動靜에서도 마음은 있지도 않으며, 그것이 또한 마음은 아니다. 다만 잠시 그것에 머무는 것이지, 어찌 그것을 마음이라 하겠는가? 만일 잠시 머문 것이 마음이라 한다면 비로자나불의 청정성과는 거리가 멀다.

이것은 중생들의 행주좌와 어묵동정에는 희노애락喜怒哀樂과 5욕五慾과 7정七情으로 가득하여 청정성과는 거리가 멀기 때문이다.

일체 만물에 마음이 있다

본성청정 질문의 답으로서 회향부분이다. 본성청정심은 불심이다. 불심을 알기 위하여 수행한다. 이것을 성불이라 한다. 본성청정성은 어디에 있으며 성불은 무엇인가? 본성청정성과 성불은 같은 것이다. 모두 부처를 이루었다고 한다. 그것이 무엇인가? 부처는 이룰 수 있는 것인가? 본성청정성인 자심은 어디에 있겠는가? 그 존재하는 장소를 찾아보는 부분이다. 먼저 일체의 모든 것은 마음에 있다는 것을 밝힌다. 마음에 일체의 모든 것이 있다면 일체 만물에도 마음이 있을 것이다. 일체 만물을 다섯 단계로 나누어 설명하고 있다.

첫째 마음이 안에 머물렀다 하여도 맞지 않으며, 마음이 밖에 머물렀다 하여도 맞지 않으며, 마음이 양 중간에 머무르고 있다 하여도 그것은 마음이 아니다. 그러므로 마음을 가히 얻을 수 없다.

둘째 들어내어 볼 수 있는 색을 증거 들어 마음을 밝힌다. 우리가 푸른색을 좋아하기도 하고, 노란색을 좋아하기도 하고, 붉은색을 좋아하기도 하고, 흰색을 좋아하기도 하고, 홍자색을 좋아하기도 하고, 수정을 좋아하기도 하지만 마음은 청색도 아니고 황색도 아니며, 적색도 아니고 백색도 아니며, 흑색도 아니고 홍자색도 아니며 수정색도 아니다. 그러면서 밝은 것을 좋아하기도 하고 어두운 것을 좋아하기도 하지만, 그것 역시 마음은 아니다. 청·황·적·백·흑은 현색의 근본 5종 색이며, 그 외에 구름·연기·티끌·안개·그림자·햇빛·밝은 것·어두운 것 등 현색의 차별 8색이다. 이 모든 것에도 마음은 아니다.

셋째 눈으로 보고, 몸으로 느끼는 형색으로 마음을 밝힌 우리는 긴 것을 좋아하는 마음도 있고, 짧은 것을 좋아하는 마음도 있으며, 둥근 것을 좋아하는 마음이 있고, 네모난 것을 좋아하는 마음도 있으며, 남자를 좋아하기도 하고, 여자를 좋아하는 마음도 있고, 남도 아니고 여도 아닌 것을 좋아하는 마음도 있지만, 그것을 마음이라 할 수 없다. 길고 짧고 네모나고 둥글고 높고 낮고 곧고 굽은 것이 형색의 근본 8색이다. 이것도 마음은 아니다. 그러므로 그것에서 마음을 얻을 수는 없다.

넷째 마음은 욕계에 살고 있다 하여 욕계의 성품과 같지 아니하며, 색계에 살고 있다 하여 색계와 마음이 같지 아니하며, 무색계에 태어났다 하여 무색계와 마음이 같은 것은 아니다. 또한 천상에 태어나도 용으로 태어나도 야차로 태어나도 건달바로 태어나도 아수라로 태어나도 가루라로 태어나도 마후라가로 태어나도 사람으로 태어나도 사람 아닌 것으로 태어나도 마음은 그와 같은 것이 아니며, 그 속에도 없다. 그러므로 속에서도 마음을 얻을 수 없다고 하는 것이다.

다섯째 마음은 눈으로 보아도 눈이나 보는 것에 마음이 머물지 아니하며, 귀로 들어도 귀나 듣는 것에 마음이 머물러 있지 아니하며, 코로 냄새를 맡아도 코나 냄새에 마음이 머물러 있지 아니하며, 혀로 맛을 보아도 혀나 맛에 마음이 머물러 있지 아니하며, 몸으로 감촉을 느껴도 몸이나 감촉에 마음이 머물러 있지 아니하며, 생각한다 하여 생각에 마음이 머물러 있지 않은 것이다. 역시 그것으로부터는 마음을 얻을 수 없다. 마음을 얻을 수 없다는 것은 성불도 청정성도 어디에서도 얻어지는 것이 아니라는 뜻이다. 잘 생각해 볼 것이다.

청정성의 마음이 비로법신의 중생을 위한 방편바라밀이 원만하게 성취될 때 마땅히 모든 불보살과 함께 머물게 된다. 그리고 5신통을 일으켜 무량한 진언을 얻어 중생들이 행하는 마음자리를 알고 모든 부처님으로부터 가지를 받게 되면, 비로소 생사에 유전하여도 오욕과 7정에 물들지 않으며, 무위의 청정계를 성취하여 사견을 여의고 정견에 통달하게 될 것이다. 이와 같이 믿음과 해탈의 힘으로 오랫동안 수행하지 않고도 곧바로 일체부처님의 법을 만족하게 깨닫게 되며, 나를 보는 모든 사람들도 무량한 공덕을 성취하게 될 것이다.

선종의 마음 찾는 공부는 어떠한가? 당나라 때 선종의 거장이며 방棒으로 유명한 덕산 스님은 어느 날 조실마당에 대중을 모아놓고 주장자로 마당에 원圓을 그리고 대중에게 말하기를, "대중들은 이 원안에 들어와도 30방을 칠 것이요, 들어오지 않아도 30방을 칠 것이다. 어떻게 할 것인가?" 재촉하였다. 이 말을 들은 대중은 어찌할 바를 몰라 하였다. 이것이 마음을 찾는 법거량이다. 반드시 30방을 때리겠다는 덕산 스님과 맞지 않겠다는 대중들과의 한판 싸움이다. 마음이 어디에 있는지, 그 마음이 어떠한 형태이며 어떠한 작용을 하는지를 알면 때려도 때리는 것이 아니며 맞아도 맞는 것이다. 그러나 몸의 집착과 애착으로 마음에 머물러 있는 중생은 법을 전수받지 못할 것이다. 법신 비로자나불의 청정성[三間圓融]이 곧 자심[인간]이요, 보리[시간]이며, 허공[공간]이라는 것도 이와 같은 것이다.

〖경문〗 "이런 까닭으로 비밀주야! 내가 설하는 모든 법도 이와 같으니라. 저 모든 보살대중으로 하여금 보리심은 청정이라는 그 마음을 알게 함이니라. 비밀주야! 만약 족성族姓의 남자나 족성의 여자도 보리를 알고자 한다면 마땅히 이와 같이 자기의 마음을 알아야 하느니라. 비밀주야! 어떻게 자기의 마음을 알아야 하는가? 이른바 분단分段으로도 혹은 현색顯色으로도 혹은 형색으로도 혹은 경계로도 혹은 색과 또는 수상행식으로도, 또는 아我와 또는 아소我所로도, 또는 능집과 또는 소집으로도, 또는 청정과 또는 계界와 또는 처와 내지 일체의 분단分段 중에서는 구하여도 얻을 수가 없는 것이니라."

부처님의 가르침은 여러 가지가 있다 그 중에 '보리심은 청정성이다'는 가르침이 있다. 보리심의 청정성을 세워 중생들의 갈애의 무명을 다스리고자 하는 가르침이다. 경에 "그 마음을 알게 함이라."

심불가득 • 119

고 설하고 있다. 《반야심경》의 육불사상六不思想 중에 불구부정不垢不淨의 도리도 보리청정심을 말한다. 중생 세계에서 고통의 근원인 욕망의 만족을 추구하는 갈애渴愛가 있다. 갈애는 욕망, 탐욕, 성애性愛 등의 뜻이 있다. 갈애를 비유하면, 목마른 사람이 아지랑이를 물이라고 생각하는 강렬한 애착을 갖는 것을 말한다. 또한 갈애는 1차적으로 무엇을 구하고자 하는 마음이며, 2차적으로는 아끼고 사랑하는 마음이며, 3차적으로는 집착하는 마음이다. 구하고자 하는 마음에서 탐심이 생기고, 아끼고 사랑하는 마음에서 시기와 질투가 생기고 집착하는 마음에서 축적하고자 하는 마음이 생긴다. 이러한 마음이 한량없는 업 번뇌를 쌓게 된다. 모든 것이 갈애가 원인이다. 갈애에서 오욕칠정의 탐욕심이 생기며, 억겁의 선을 태우는 진심이 생기고, 육도를 윤회하는 어리석음이 나오게 된다. 중생이 갈애에 빠지는 것이 어리석음의 무지無智가 원인이다. 무지는 곧 무명無明이다. 그러므로 부처님은 갈애를 없애고 무명을 밝히는 수행의 법을 말씀하였다. 육도에 윤회하는 원인의 출발점도 무명이다.

육도윤회의 근본은 무명과 갈애

이 무명과 갈애에서 벗어나는 것이 지혜智慧이다. 지혜를 얻기 위하여 수행한다. 고행정진 결과 깨달음을 얻게 되면 해탈의 길이 열리게 된다. 《아함경》에 "연기를 보는 자는 법을 보고 법을 보는 자는 연기를 보고 연기를 보는 자는 부처를 본다."고 하였다. 연기緣起는 법法과 동일한 것으로 불교의 중심사상이다. 윤회의 12연기설에 청정성을 잃고 무시광대겁을 지나게 된다. 이 무시광대겁을 지나는 중에 무명을 얻게 된다. 무명無明에서 행行이 생긴다. 이때의 행은 인因이면서도 연緣이 된다. 다음 행에서 식識이 생긴다. 식은 알음알이이다. 정도의 지혜가 아닌 추측의 지혜이다. 이 추측의 지혜는 많은 악업을 낳을 수도 있다. 식의 기본적 모양이 갈애渴愛이다. 갈애인 식에서 명색名色이 생긴다. 명색은 중생들의 육안에 보이는 모든 만물을 말한다. 다음 명색에서 육처六處가 생긴다. 육처는 안이비설신의이다. 다음 육처에서 촉觸이 생긴다. 촉은 또 하나의 육처이다. 이때 촉은 안이비설신의에서 나타나는 빛깔, 소리, 냄새, 맛, 닿임, 법 등을 말한다. 다음 촉에서 수受가 생긴다. 수는 받아들인다는 뜻으로 육근과 육처로 인하여 느끼는 것을 말한다. 다음 수에서 애愛가 생긴다. 애愛는 갈애의 발전적인 모양이다. 다음 애에서 취取가 생긴다. 취는 집착하는 모양이다. 집착하는 모양의 취에서 유有가 생긴다. 유는 존재를 인정하는 축적을 말한다. 축적을 인정하는 유에서 생生이 나고, 생이란 만물의 형성을 뜻한다. 생에서 노사우비고뇌老死憂悲苦惱가 생긴다. 노사우비고뇌가 모든 고苦의 덩어리다. 이 고의 덩어리로 인하여 다시 무명이 되며, 육도六道를 윤회하게 되는 것이다.

부처님은 중생들의 무명을 다스리고자 지혜의 문을 열었다

지智는 혜慧와 하나이다. 혜慧의 작용은 미루어 헤아리는 견見과 옳다고 인정하는 인忍을 말한다. 그러므로 지智는 혜慧에서 한 걸음 더 나아가 의심 없이 명료明瞭하게 단정斷定하는 것을 뜻한다. 지智에 많은 종류가 있다. 4성제四聖諦가 지智이며, 8정도八正道가 '지'이며, 12연기가 '지'이며, 6바라밀도 '지'이다. 이와 같이 화신불의 8만 4천 방편법이 모두 지智가 근본이다. 모든 지중智中에 가장 최고 지혜가 법신비로자나불의 일체지지一切智智이다. 일체지지는 청정성을 바탕으로 하고 있다. 법신비로자나불을 청정법신이라고 하는 것도 청정성이 근원임을 밝히는 것을 뜻한다. 청정성을 바탕으로 청정한 빛이 생한다[法界體性智]. 법계체성지의 빛은 원만성圓滿性만을 모은 빛[大圓鏡智]과, 평등한 것만을 모은 빛[平等性智]과, 미묘하고 불가사의한 것만을 모은 빛[妙觀察智]과, 무엇이든지 만들어 내는 힘을 지닌 빛[成所作智]으로 나누어서 작용한다. 이러한 모든 것을 총괄하는 것이 일체지지이다. 이 일체지지의 빛은 온 우주에 충만하여 없는 곳이 없으며, 가까이로는 내 마음 가운데 있다. 진각성존의 〈자성법신〉의 가르침도 이것을 말씀한 것이며, 육조혜능의 '본래무일물 하처야진애本來無一物 何處惹塵埃'의 오도송도 이 뜻이다.

무자성無自性의 청정

대승불교에서 연기는 무자성으로 무자성은 공空으로 발전하였다. 무자성은 자성청정심自性清淨心을 말하는 것이며, 공 또한 청정성을 말하는 것이다. 경에 '족성남자 족성여자'라는 것은 선남자와 선여인을 말한다. 현실적으로는 명문 출신이나 예절 바른 집안이나 선량한 바른 신앙을 가진 사람을 말한다. 불교에서는 명문 출신이란 가문이 아닌 청정성을 지닌 진실한 몸을 말하는 것이며, 예절 바른 집안은 청정성을 지닌 진실한 말을 이르는 것이며, 바른 신앙이란 청정성을 지닌 정도의 마음을 말한다. 이 세 가지를 갖춘 자가 상상근기의 중생들이다. 부처님이 중생들에게 강요하는 것 중에 가장 우선적인 것이 청정성이다. 계율을 제정하게 된 것도 청정성을 원만하게 하기 위한 가르침이다. 청정śuddha에는 본래 자성이 없다. 다만 중생이 갈애로부터 시작된 무명업식에서 생긴 것이다. 다시 갈애의 무명을 버리고 청정으로 나아가야 한다. 중생청정의 본 뜻이 나쁜 짓으로 지은 허물이나 번뇌의 더러움에서 벗어난 깨끗함으로 크게는 자성청정自性淸淨과 이구청정離垢淸淨의 두 가지가 있다. 자성청정이란 우리의 본래 마음은 그 바탕이 청정하다는 것을 말하는 것이다. 이구청정이란 중생의 마음은 본래 청정하지만 현실적으로는 번뇌에 덮여서 오염되어 있다. 오염된 것을 깨끗하게 여의는 것이 이구청정이다. 자성청정은 본성으로 부처님의 마음이며, 이구청정은 중생심이 다시 불심으로 돌아가는 과정을 뜻하는 것이다. 중생 세계는 본래부터 번뇌는 없는 것이다. 무시광대겁을 흘러오는 중에 무명에 의하여 번뇌가 생긴다. 앞에서 말했듯이 번뇌는 갈애이며 무지에서 생기는 것이다. 이것이 주인인 불심에 나그네가 들어와서 주인 노릇을 한다는 것이다. 객이 주인 노릇을 한다는 의미로 객진번뇌라고도 한다. 부처님의 말씀은 중생으로 하여금 이 객진번뇌를 끊고 본성인 자성을 찾도록 가르침을 내리는 것이다.

법신비로자나불의 청정성

　　이와 같이 마음은 분단을 말한다 하여 분단이 마음이 없으며, 현색을 말한다 하여 현색이 마음이 아니며, 형색을 말한다 하여도 형색이 마음이 아니며, 어떠한 경계를 말한다 하여도 그 경계가 마음이 아니며, 색수상행식色受想行識의 오온으로 이루어진 우리의 몸도 그 오온이 마음은 아니며, 나라고 하는 것이나 남이라고 하는 것도 마음이 아니며, 어디에 집착하거나 집착하는 대상도 마음이 아니며, 6근과 6경과 6식 등도 그 속에는 마음이 없으며, 그 어떤 것을 분별하거나 판단하여도 그것이 마음은 아니다. 그 속에는 없다. 그리고 이 모든 것에서 마음을 얻을 수도 없다. 부처님이 설한 모든 말씀도 그것이 마음이 아니며, 또한 찾을 수도 없다. 허공의 모양과 같아서 지식의 알음알이와 같아서 분별하거나 분별하지 않거나 볼 수 없는 것이 마음이다. 수행하여 마음이 어디에도 없고 어느 것도 마음이 아님을 안다면, 이것이 곧 정보리심문에서 처음으로 법을 밝힌 것이 된다. 이 정보리심은 곧 청정이다. 그러므로 자심과 보리와 허공계는 둘이 아니며 하나의 청정 그 자체이다. 이로 인하여 중생 세계에 비로자나불의 정법을 방편의 도구로 사용하여 차별 없이 자비로 나타나게 되어 방편바라밀법이 만족하게 된다.

화신석가모니불은 중생 세계의 청정을 말하기를 자성청정과 국토청정으로 삼라만상이 부처님의 국토가 되기를 바라는 것이며, 법신비로자나불은 빛의 청정을 말씀하였다. 빛의 청정이 곧 만물청정이다. 먼저 삼밀을 수행하여 삼업을 정화하여야 한다. 삼업정화는 자신의 실상을 바로 보아 참회할 것은 참회하고 장려할 것을 말한다. 이 중에도 참회가 으뜸이다. 그러므로 진각성존은 참회를 중심으로 진각종문을 열었다. 즉 법신비로자나불의 진리를 근본으로 가르침을 펴신 것이다.

제13화

초지정보리심문
初地淨菩提心門

〖 경문 〗 "비밀주야! 이 보살의 정淨보리심문을 이름하여 초법명도初
法明道라 하느니라."

　　　　　　진언문에서는 여러 가지 수행의 차제가 있으나 보통은 돈오
점수頓悟漸修의 수행법이다. 그러나 《대비로자나경》에서는 점수돈오漸修
頓悟를 밝히고 있다. 현교의 교주인 실달다는 점수돈오법을 따랐고, 밀
교의 진각성존은 돈오점수법을 따랐다. 진각성존은 처음 제반불교의
교리와 수행을 모두 섭렵한 연후에 깨달음을 얻었다. 그 깨달음에서 금
생 병고의 원인을 깨달았다. 이것이 점수돈오의 수행방법이다. 다시 육
자진언의 묘리를 알고 수행하여 숙세의 병고 원인을 깨달았다. 1년을
보림保任하면서 진각종문을 세웠다. 이것이 돈오점수의 수행방법이다.
　　　　　　앞에서 이 부분에 대해 이미 밝혔다. 초법명도의 뜻을 밝히
면서 다시 반복하여 설하는 것이다. 문장은 초법명도에 숨겨져 있다. 법
신비로자나부처님의 법계체성지는 중생 세계에는 없다. 설혹 있다 하

여도 부분적이다. 비로자나불이 중생을 교화하기 위하여 부처님의 모습으로 출현한다. 대원경지의 아축불, 평등성지의 보생불, 묘관찰지의 아미타불, 성소작지의 불공성취불을 출생시킨다. 4불은 비로자나불이 가진 법계체성지의 공능을 나누어서 출현하는 것이다. 이것을 분단이라 한다. 이것이 초지입심初地入心의 전반찰나前半刹那에 일어나는 심안心眼을 얻는 정보리심문의 초법명도初法明道이다. 마음의 눈은 자연스레 열리고, 이때 모든 법의 실상實相을 밝게 볼 수 있다.

초법명도에 숨겨져 있는 것을 현실에서 다시 찾아보자. 현실의 형상은 본심이 아니다. 업에 의하여 나타난 형상일 뿐이다. 만물의 형상은 업業에 의하여 형성된 것이라 그 속에는 마음이 있을 수 없다. 설혹 마음이 머물 수 있다 하여도 영원하지 못하며, 잠시 잠깐 머무를 뿐이다. 그러면 본심은 어디에 있는 것일까? 먼저 비로자나불로부터 화현한 부처님을 통하여 본심을 찾아 여행을 떠나보자.

먼저 공능에서 본심을 찾아보면, 비로자나불이 가진 청정법신의 공능 중에 아축불은 보리심의 공능, 보생불은 공덕취의 공능, 아미타불은 지혜문의 공능, 불공성취불은 대정진의 공능으로 중생을 교화한다. 4불이 가진 공능 하나하나에서는 자성청정심을 찾을 수 없다. 각각의 공능에는 자성청정심의 일부분만 있을 뿐이다. 그러므로 여기에서는 본심을 찾을 수 없다. 4불의 출현으로 다시 출현하는 모든 보살의 변신이나 자연법계의 변신에서 자성청정심을 찾아보자.

먼저 출현의 분단에서 찾아보자

육취三界六趣의 몸을 받는 입태入胎와 출생出生과 노사老死 등 부분 부분에 나타나는, 차별의 과보를 받는 분단신分段身에서는 마음은 찾을 수 없다. 이것은 모두 업業의 소산물일 뿐이다.

다음 현색에서 찾아보자

비로자나불의 자성청정 빛 중에 아축불은 청색 빛, 보생불은 붉은 빛, 아미타불은 황색 빛, 불공성취불은 녹색흑 빛을 가지고 있다. 이것 역시 각각의 빛일 뿐이다. 각각의 빛에서는 마음을 찾을 수 없으며, 모든 색을 합한 색에서도 마음은 찾을 수 없다.

다음 형색에서 찾아보자

긴 것, 짧은 것, 둥근 모양, 사각 모양, 삼각 모양, 별 모양, 오각형, 반달형, 보주형 등 각각의 모양에도 마음을 찾을 수 없으며, 모든 모양이 합한 모양에서도 마음은 찾을 수 없다. 이것 역시 각각의 모양일 뿐이다.

다시 경계에서 마음을 찾아보자

육근인 눈, 귀, 코, 입, 몸, 의식 등 각각에서도 마음은 찾을 수 없으며, 그것이 합한 육근 자체에서도 마음은 찾을 수 없다. 이것 역시 부분적인 업의 작용일 뿐이다. 다시 우리의 몸을 구성하고 있는 오온五蘊에서 마음을 찾아보자. 몸인 색, 받아들이는 수, 생각의 상, 행위의 행, 알음알이의 식 등 각각에서도 마음은 찾을 수 없으며, 오온이 모두 합해진 것에서도 마음을 찾을 수 없다. 이것 역시 업의 소산물일 뿐이다.

다시 나에게서 마음을 찾아보자

'나'라는 것에서도 마음은 찾을 수 없다. 모두 업의 작용일 뿐이다. 다시 '나'의 근본이 되는 바탕에서도 마음은 찾을 수 없다. 근본이라는 것도 업의 소산물일 뿐이다. 다시 존재하지는 않지만 존재한다고 집착되는 능집能執에서도 마음은 찾을 수 없다. 집착하는 그 자체가 번뇌의 업이기 때문이다. 다시 실재로 존재하지는 않지만 실재로 존재한다고 집착되는 인식의 대상인 소집所執에서도 본심은 찾을 수 없다. 집착의 대상도 근본업의 소산물이기 때문이다. 다시 오염된 만물을 청정하게 한 연후에도 그것에서도 마음을 찾을 수 없다. 영원한 청정이 아니기 때문이다.

다시 육근의 대상인 색성향미촉법色聲香味觸法에서도 각각 마음을 찾을 수 없으며, 육처를 다 합하여도 그것에는 마음을 찾을 수 없다. 육근은 무명의 업에서 생겨난 것이다. 다시 육근과 육처의 중심인 안이비설신의식眼耳鼻舌身意識 등 육식에서도 마음을 찾을 수 없으며, 육식을 모두 합하여도 마음을 찾을 수 없다. 이것도 또한 윤회의 업인 무명에서 생긴 것이기 때문이다. 이와 같이 일체의 나누어진 경계에서도 마음을 찾을 수 없으며, 다 합하여진 것에서도 마음은 찾을 수 없다. 나누어진 것은 부분이기 때문이다.

이 장에서 밝히고자 하는 청정성의 정보리심의 초법명도初法明道를 밝히면, 모든 부처님의 법을 자연스럽게 열어가는 것 중에 가장 먼저 열리는 문이 정보리심이다. 이것을 수행자가 가장 먼저 만난 상태가 초법명도 위位이다. 법이란 능집能執과 소집所執을 떠난 열반을 말하는 것이며, 명명은 지知의 의義로서 보리장성菩提藏性을 말하는 것이다. 《화엄경》에서의 '초발심시변성정각初發心時便成正覺'과 같은 원리이다. 비록 "처음 마음을 일으킨 때가 곧 정각을 이루는 것이다." 그러나 이것은 원만한 정각이 아니다. 선종禪宗에서 말하는 칠대돈점七對頓漸의 돈오와 같은 것이다. 중생들은 상근기가 적고 중근기가 많다. 중근기는 점오점수의 수행을 한다. 그러나 진언수행 자는 돈오점수이다. 먼저 법신비로자나불과 같은 마음임을 깨닫는 것이 돈오이며, 이로부터 숙세의 잘못을 낱낱이 참회하는 것이 점수이다.

우리의 본심은 어디에서 찾아도 원만한 본심을 찾을 수 없다. 다만 부분적인 본심을 엿볼 수 있을 뿐이다. 이것이 돈오점수로서 초법명도이며, 밀교密敎의 교지敎旨 중의 하나이다.

즉신성불의 수행법을 전하는 밀교에서는 중생들의 근기에 관하여 굳이 나누지 않는다. "처음 마음을 일으키는 그 순간에 이미 부처님의 법을 깨달을 수 있다." 《화엄경》에서도 근기를 논하지 않는다. 특히 진각종을 창종한 진각성존의 가르침에서도 근기를 논하지 않는다. "누구나 다 심인心印 깨쳐 경經을 믿고 그 스승의 말을 믿고 인因지어서 과果 받음을 굳게 믿고 행하는데 모든 고통 물러가고 서원대로 이루어지며 구경에는 해탈 한다." 이것이 해탈법이기 때문이다. 해탈법을 성취하면 그 자리가 곧 깨달음의 길로 나아갈 수 있는 상상근기上上根機가 되는 것이다. 어찌 하근기下根機니 중근기中根機니 상근기上根機니 하는 근기를 논하겠는가? 차별 없는 자성중생을 밝히는 공부가 곧 밀교 수행공부이다. 그리고 이것이 보살의 정淨보리심문이며, 초법명도初法明道이다.

〖경문〗 "보살이 이에 주하여서 닦고 배운다면, 부지런히 고행한지 오래지 않아 문득 제일체개장삼매除一切蓋障三昧를 얻을 것이니라. 만약 이것을 얻으면 곧 모든 불보살과 더불어 동등하게 주하여 당연히 오신통을 발하고, 무량한 말씀과 언음言音의 다라니를 획득하여 중생들의 심행心行을 알며, 모든 부처님에 호지되어서 비록 생사에 처한다 하더라도 물들고 집착함이 없으며, 법계중생을 위하여 노권勞惓을 버리지 아니하며, 무위계無爲戒에 주함을 성취하여 사견을 여의고 정견에 통달하느니라."

중생은 부처님을 만나서 제도되는 것보다 보살을 대하여 교화 받는 것이 편하다. 그것은 중생의 근기가 부처의 근기보다 보살의 근기에 가깝기 때문이다. 그러므로 중생 세계의 교화자는 부처님이 아닌 보살이다. 보살이 중생을 교화하기 위하여 먼저 중생으로 하여금 일체번뇌를 제거케 하여야 한다. 일체번뇌를 제거하기 위하여 제일체개장삼매에 들어가게 한다. 개장蓋障은 무명번뇌無明煩惱의 다른 이름으로 번뇌장煩惱障 업장業障 생장生障 법장法障 소지장所知障에 덮힌 것을 말한다. 자심실상實相을 덮고 있는 모든 번뇌를 정제淨除하기 위하여 삼매에 들어간다. 삼매에서 번뇌의 속성을 알고 그 번뇌를 정화시킨다. 번뇌가 정제되면 정심에 머물 수 있고 대비념大悲念을 가지며, 부처님과 같은 동일한 행화行化를 하게 된다. 이것이 지혜를 얻는 초지입심初地入心의 경지이며, 제일체개장보살의 경지이다.

초지입심은 환희지에 들어간다

　　　　환희지는 소승보살위를 지나 대승보살위에 들어가는 초문이다. 중생이 수행하여 성불에 이르기까지 삼아승기겁이 소요된다. 보살수행 50위 중 10신信 10주住 10행行 10회향廻向의 경지를 얻는 시간이 제1아승기겁이 소요된다. 다시 보살 10지중에 초지로부터 제7지까지 이르는데 제2아승기겁이 소요된다. 제8부동지로부터 등각等覺에 이르는데 제3아승기겁이 소요된다. 입심入心은 마음의 경계에 들어가는 것으로 삼승이 수행하는 지위마다 각각의 삼심三心이 있다. 초지입심의 삼심은 직심直心과 심심深心과 대비심大悲心이다. 직심은 곧은 마음으로 진여眞如를 생각하는 마음이며, 심심은 깊은 마음으로 모든 선행을 몸에 붙이려고 하는 마음이며, 대비심은 자비한 마음으로 모든 중생을 구하려고 하는 마음을 말한다. 제1아승기겁에 들어가는 10신의 제1심은 직심直心이 되는 것이며, 제2아승기겁 수행에 들어가는 10지 중에 제1

지는 심심深心이 되는 것이며, 제3아승기겁 수행에 들어가는 제7지 부동지는 대비심이 되는 것이다. 그러나 밀교는 삼심을 곧바로 들어가는 것이라 한다. 이것이 일체개장삼매에 들어가는 것으로 초법명도라 하는 것이다.

육신통이란

일체개장삼매에서 보살과 동등한 위치에 오르게 되면 5신통을 얻어 무량한 진언의 마음을 얻게 된다. 중생들의 본심은 이미 이 능력을 가지고 있다. 다만 무명번뇌의 집착으로 몸도 마음도 어두워 신통의 묘미를 활용할 수 없게 되었을 뿐이다. 신통에는 6신통이 있다. 지금 5신통만을 얻는다는 것은 아직 미세한 작용의 마음이 남았다는 것이다. 그 미세한 마음의 작용은 누진통을 얻지 못하였다는 것이다. 6신통의 작용범위를 보면, 육도 중에 천상과 인간 세상에서는 천안통天眼通, 천이통天耳通, 신족통神足通까지 얻을 수 있고, 성문과 연각은 천안통, 천이통, 신족통, 타심통他心通까지 얻을 수 있고, 보살은 천안통, 천이통, 신족통, 타심통, 숙명통宿命通까지 얻을 수 있다. 부처님만이 누진통漏盡通을 포함한 6신통을 얻게 된다. 6신통을 얻었을 때 비로소 32상과 80종호와 3,000위의와 8만세행이 갖추어지게 되는 된다.

중생을 교화하는 데는 5신통이면 족하다

현밀대소승의 보살들은 모두 5신통을 얻었다. 다만 발휘하는 차이가 다를 뿐이다. 일반 보살은 비로자나불의 자내증의 경지를 보지 못한다. 다시 보림保任기간을 통하여 무량어언음다라니無量語言音陀羅尼의 힘을 빌려야 비로소 비로자나불의 자내증의 경지에 오를 수 있다. 실달태자가 설산과 정각산에서의 수행으로 5신통을 얻고 강을 건너 보리수 아래에서 무량어언음다라니의 공덕으로 누진통을 얻어 비로소 마원을 항복시키고 정견正見의 깨달음을 얻어 일체의성취보살이 되었다. 그리고 3칠일간 비로자나불의 자내증의 경지에서 자수법락을 누리었다. 이 과정에서 설한 경이 《화엄경》이다. 실달태자는 일체의성취보살이 되어 4칠일을 보림한 연후에 바라나시의 녹야원에서 5비구를 시작으로 법륜을 굴리셨다. 45년간 일체중생을 위하여 피로함을 잊은 채 전법활동을 하는 것도 또 하나의 보림保任의 시간으로, 사바세계와의 인연이 다함을 알고 쿠시나가라에서 상락아정의 대열반의 법락을 누리면서 법신의 자리로 환지본처還地本處하여 비로소 마하비로자나불과 동체가 되었다.

깨달음을 얻는다는 것은 지혜와 무명無明의 싸움이다

지혜의 힘이 크지만 무명의 힘도 불가사의할 정도로 크다. 그러므로 깨달음의 지혜를 얻은 뒤에도 오래도록 그것을 지키고 보호하는 보림保任이 필요하다. 보림은 보호임지保護任持를 말한다. 발음상 '보임'이지만 '보림'으로 표기한다. 진리를 깨달은 후 그것을 잘 함양하여 운용하여야 한다. 이것을 회광반조廻光返照의 작용이라고도 한다. 깨달음을 얻은 후 회광반조의 뜻을 얻게 되며, 믿음의 뿌리가 더욱 튼튼

하게 된다. 그리고 용맹심을 발휘하게 된다면 얻지 못할 것이 없을 것이다. 그러므로 깨달음을 얻은 후 잘 지키고 보호하여야 한다. 한순간이라도 놓으면 곧바로 무명에 물들게 된다. 성문승과 연각승은 5신통을 얻지 못하고 4신통만을 얻게 된다. 그것은 자기만을 위하여 수행하였으며, 깨달음을 얻은 후에도 자기만을 위하여 안주하는 보림을 하고 있기 때문이다. 이것이 소승이며 소승보살이다. 대승보살은 이와 다르다. 곧은 마음과 넓은 마음과 중생을 위하는 자비한 마음으로 보림을 하면서 생사에 윤회하는 중생들과 같이 생활한다. 그러나 중생처럼 생사에 집착하거나 물들지는 않고 무위의 세상에 머물고 있다. 이것이 보림保林의 공덕이다.

어언음다라니는
어語다라니, 언言다라니, 음音다라니를 말한다

어다라니語陀羅尼는 문자다라니를 말하며, 문지다라니聞持陀羅尼라고도 한다. 언다라니言陀羅尼은 문자가 아닌 마음을 담은 행동적다라니를 말하며, 분별지다라니分別知陀羅尼라고도 한다. 음다라니音陀羅尼는 소리로서 음성다라니를 말한다. 이 세 가지 각각의 다라니는 외도外道, 성문聲聞, 벽지불辟支佛, 소승보살들이 얻을 수 있다. 이 세 가지를 모두 합한 것이 무량진실의 총지다라니이며, 무애다라니無碍陀羅尼라고 하여 무량복덕지혜無量福德智慧의 대력보살大力菩薩만이 얻을 수 있는 것을 말한다. 중생 세계는 삼종다라니가 다 필요하지만 어다라니와 언다라니보다 음성다라니를 더 소중하게 생각한다. 중생들의 심행心行을 가장 쉽게 알 수 있는 것이 육근 중에 이근耳根으로 들려오는 소리이다. 그것은 소리에 의하여 깨달음을 얻기가 쉬운 것이 사바세계이기 때문이다. 그러므로 세간의 소리를 관한다는 관세음보살이 중생들의 고통을 여의게 하여 해탈의 길로 인도하는 가장 으뜸 되는 보살인 것이다. 육도윤회를 벗어난 해탈의 첫 경지가 성문聲聞인 것도 이를 뜻한다.

　　　　수행과 깨달음에 관하여 말하면, 앞에서도 밝혔듯이 현교의 교주인 실달다는 점수돈오법漸修頓悟法을 따랐고, 밀교의 진각성존은 돈오점수법頓悟漸修法을 따랐다. 밀교의 즉신성불도 돈오점수이다. 현교 교리는 수행을 우선으로 하기 때문에 점수漸修가 되던 돈수頓修가 되던 수修를 앞세고 깨달음의 오悟를 뒤세우게 된다. 밀교는 즉신성불로서 깨달음을 앞세우고 수修를 뒤세운다. 이때의 수는 보림保任이다. 보살의 지위에서 중생들의 심행을 알아가는 것이 보림이다. 보살의 정견은 모든 실천법을 배워 중생을 구제하는 도종지道種智를 얻은 것이며, 화신불의 정견은 일체지一切智를 얻은 것이며, 비로자나불의 정견은 일체지지一切智智를 얻은 것을 말한다. 일체지지를 일체지지답게 활용할 수 있는 것이 보림의 단계이다. 보림의 단계를 거치지 않고는 중생의 마음을 읽을 수 없기 때문이다. 교화라는 것은 중생의 마음자리를 밝게 아는 것을 말한다. 중생의 마음자리는 나의 마음자리와 다를 바가 없다. 나 자신의 마음을 알기 위하여 수행정진하는 것이다.

〖경문〗 "다시 또 비밀주야! 이 제일체개장보살은 신해력信解力에 주하는 까닭에 부지런히 닦은 지 오래지 않아 일체의 불법을 만족하게 되느니라. 비밀주야! 요약하여 그것을 말한다면, 이 선남자 선여인은 무량한 공덕을 모두 다 성취함을 얻을 것이니라."

이 부분은 신해력을 밝히는 장이다. 신해는 수행계위 중에 믿음을 바탕으로 하여 생겨나는 확실한 지혜를 뜻한다. 신해력은 또한 부처님의 오력을 합한 지혜이다. 5력五力은 첫 번째 신앙信仰, 두 번째 노력努力, 세 번째 억념憶念, 네 번째 선정禪定, 다섯 번째 혜력[智慧]까지를 모두 이해하는 힘을 말한다. 신해력이 있어야 올바른 수행을 할 수 있다. 이것은 모든 번민이나 마군들을 쳐부술 수 있는 힘이기 때문이다. 모든 수행자는 신해력을 얻지 않고는 증과를 얻기가 어렵다. 혜통존자가 선무외삼장의 법을 믿었기[信] 때문에 허드렛일을 하면서[努力] 3

년을 보내다가[憶念] 불화로를 머리에 이고[禪定] 마당 앞에 서 있을 수 있었던 것이다. 그로 인하여 선무외삼장으로부터 인증을 받아[智慧] 밀법을 전수받고 신라로 돌아와 신라 해동종의 원조가 되었던 것이다. 또한 솥을 아홉 번 걸면서 법을 얻은 구정선사도 신해력에 의한 것이며, 중국 선종의 제2조인 혜가선사의 구법도 마찬가지이다. 천릿길을 달려와 밤사이 내리는 눈을 턱까지 올라오도록 맞으면서 신심을 보였으나 달마 스님은 법을 허락하지 않았다. 이것이 믿음만을 가지고는 깨달음을 얻을 수 없다는 것이다. 혜가는 다시 팔을 잘라 흰 눈을 붉게 만들어 부족한 신해력인 억념과 선정을 보였다. 이로부터 부처님의 전법의 골수를 받아 제2조가 된 것이다.

    수행자가 수행하여도 깨달음을 얻지 못하는 것은 다섯 가지를 갖추지 못한 탓이다. 믿음이 있으나 노력이 없을 수도 있고, 노력은 하지만 억념이 없을 수도 있기 때문이다. 단순한 믿음만으로는 위대한 성불의 뜻을 이룩할 수 없다. 노력이나 억념이나 선정이 없는 믿음은 맹신盲信이 되기 쉽다. 맹신은 올바른 믿음이 아니며 미신迷信이다. 정도와 정법을 믿었을 때, 올바른 생각으로 올바른 노력과 올바른 선정을 할 수 있다. 이러한 신해력으로 깨달음을 방해하는 모든 마원을 항복시킬 수 있는 힘이 된다. 수행자와 가장 가까이 머물고 있으면서 언제든지 나타날 수 있는 무명의 번뇌를 이기는 것이 신해력이다. 선남자와 선여인이 완전한 공덕을 얻을 수 있는 것도 신해력이다. 신해력에 의하여 비로소 부처의 열 가지 지혜의 힘을 얻게 된다.

여래십력

여래만이 지니고 있는 열 가지 지혜의 힘을 말한다. 여실히 모든 이치[理]와 비리非理를 아는 힘[處非處智力], 여실히 삼세의 업과 그 보의 인과관계를 아는 힘[業異熟智力], 여실히 모든 선정이나 삼매의 순서나 천심淺深을 아는 힘[靜慮解脫等持等至智力], 여실히 중생의 능력이나 성질의 승렬 등을 아는 힘[根上下智力], 여실히 중생의 요해단정了解斷定을 아는 힘[種種勝解智力], 여실히 중생의 소성素性 소질素質이나 그 행위 등을 아는 힘[種種界智力], 여실히 인천 등의 모든 세계에 태어나는 행의 인과를 아는 힘[遍趣行智力], 여실히 과거세의 여러 가지의 일을 기억해 내어 다 아는 힘[宿住隨念智力], 여실히 천안을 가지고 중생의 사생死生의 때나 미래생의 선악의 세계 등을 아는 힘[死生智力], 스스로 모든 번뇌가 다하여 다음의 생존을 받지 않는 것을 알고, 또 다른 사람이 번뇌를 끊는 것을 틀림없이 아는 힘[漏盡智力] 이것이 여실지자심이다.

제14화

보리심출생
菩提心出生

〖 경문 〗 이때에 집금강 비밀주가 다시 게송으로써 부처님께 여쭈어 말씀하시었다.

"어떻게 하여야 세존이시여! 이 마음에 보리가 생하옵니까? 다시 어떠한 모습[相]으로 보리심이 발發함을 아옵니까? 원하옵건대 식심識心과 마음과 수승한 자연지가 생하는 것을 설하여 주시옵소서.

대근용大勤勇이시여! 얼마의 차제로 마음이 이어져 생[心續生]하는지 마음의 온갖 모습[諸相]과 때[時]는 어떠한지 원하옵건대 부처님께서 널리 설하여 주시옵소서.

공덕취도 또한 그러하여 저 행을 수행함에 미쳐서 마음과 마음에 다름이 있는 것을 오직 대모니께옵서 설하여 주시옵소서."

금강수비밀주가 다시 게송으로써 부처님께 아홉 부분을 질문하는 장면이다. 보리심이 생하는 이유와 보리심이 생하였을 때의 모양과 보리심을 일으키는 방법을 중심으로 질문하였다. 첫 번째 어찌하여 부처님께서는 마음에 보리가 생한다는 것을 말씀하십니까? 부처님께서 항상 말씀하시기를, "보리라는 것은 본래 있는 것이라 생함이 없다."라고 하셨는데, 이제 무슨 이유로 보리심이 생한다고 하는 것인지에 관한 것이다. 두 번째는 보리심의 모양에 관한 질문이다. 보리심은 깨달음의 마음인데 그 마음은 모양이 없다. 모양이 없는데 모양에 대하여 질문하는 것은 무슨 의미일까? 이와 같이 두 가지 근본 질문을 하고 난 다음 '보리심을 일으킨 연후에 마음의 작용을 낱낱이 나누어 제6식의 마음과 제7식의 마음과 제8식의 마음과 그리고 수승한 자연지가 생한다'는 것에 관하여 설법하여 줄 것을 원하였다. 금강수는 질문을 이에 그치지 않고 다시 세분하여 묻는다. 세 번째 마하비로자나불의 사자분신하는 힘에 비유하여 대근용이라 한 것이다. 대근용에 관하여 질문하면서 '차제로 마음이 계속하여 생한다는 것이 무엇입니까? 부처님께서는 "마음은 생하고 멸하고 하는 것이 아니라 본래 있는 것이라." 하였는데, 생할 마음이 어디 있습니까?'라고 질문한다. 네 번째 그렇게 생한 모든 마음은 어떠한 모양을 하고 있습니까? 부처님의 말씀을 따르면 생멸이 없는 마음은 모양이 있을 수 없는 것이다. 다섯 번째 시간에 관한 것을 질문이다. 시간속에서 마음의 작용을 말하는 것을 알고자 하는 것이다. 즉 과거의 마음과 현재의 마음과 미래의 마음을 나누어 볼 수 있는 것인가? 무시광대겁으로부터 지금까지는 과거와 현재를 의미하는 것이며 과거와 현재가 있다면 미래도 있을 것이다. 여섯 번째 보리심을 일으킨 연후의 모이는 공덕은 어떠한 것인가를 묻고, 일곱 번째는 깨달음을 얻은 연후에 행하는 수행은 무엇이며, 이것은 곧 보리심의 실천 행위가 수행과는 어떠한 차별이 있는가를 묻는다. 여덟 번째는 수행으로 인하여 얻은 마음이 보리심과 무슨 차별이 있으며, 그 작용 또한 어떻게 나타나는지를 묻는다. 아홉 번째는 특별하게 다른 마음이 있는가에 대하여 질문하는 것이다. 이와 같이 마음을 깨달은 부처라면 일체 만물에도 마음이 있으니 부처 아닌 것은 세상에 없다. 모두가 부처인데 굳이 모양이나 행위나 공덕을 나누어 중생이니 부처니 하고 구별할 수 있는 것이 아니다. 중생들의 평상심이나 만물의 모든 작용들은 모두 부처의 마음을 지니고 있다 그러므로 일체가 화신불의 공능을 물으면서 법신비로자나불의 진신과 진심과 진정한 행동을 밝히고자 중생들을 대신하여 금강수비밀주가 마하비로자나불에게 질문하는 것이다.

중생심은 끊임없이 변해

이 아홉 가지 질문은 《대비로자나경》 전반에 나타난다. 여섯 번째의 공덕취는 제20품 〈백자과상응품〉에 있고, 일곱 번째의 행과 행위에 관한 답은 제2품 〈구연품〉에 있고, 여덟 번째와 아홉 번째 질문은 〈제1주심품〉에 나오며, 그 외의 것도 모두 경전에 설하고 있다. 이 많은 질문 중에 제일 중요한 것은, 첫 번째 두 번째의 질문을 하면서 마음이 계속적으로 일어난다는 심속생의 질문이다. 심속생은 중생의 마음이다. 이 심속생을 구체적으로 나타낸 것이 60심이며 160심이다. 부처 마음은 본래 깨달은 마음으로 부동하고 적정하여 변함이 없지만 중생 마음은 오욕칠정에 의하여 시시로 변하고 장소에 따라 변하는 것이다.

그리고 한번 변하기 시작하면 계속하여 꼬리를 물고 변하는 것이 중생심이다. 앞에 변한 마음에 의하여 뒤의 마음이 다시 또 변하는 것이다. 이렇게 변하는 중생의 마음은 안이비설신眼耳鼻舌身의 오관五官을 통하여 변한다. 눈으로 봄으로 인하여 마음이 변하고 코로 냄새 맡으므로 인하여 마음이 변하며, 귀로 들으므로 인하여 마음이 변하고 맛을 봄으로 인하여 마음이 변하며, 몸에 닿는 촉감에 의하여 마음이 변한다. 이렇게 변하는 것은 그 중심이 욕심내고 성내고 어리석은 마음 때문이다. 이러한 중생심은 또한 시간과 장소에 따라 변하는 것이다. 이렇게 변하는 마음이 보리심을 일으킨다고 변하지 않는 것은 아니다. 보리심을 일으켜도 또한 언제 변할지 모른다. 그러므로 대 용맹심이 필요하다. 그것을 대근용이라 하였다. 《대일경》은 법신비로자나불의 경지에서 설하는 경이기 때문에 본래 적정한 하나뿐인 마음을 전제로 하고 있다. 이러한 마음을 바로 아는 것이 곧 법신의 위에 오르는 것으로서 비로자나불과의 하나가 되는 경지이다. 이 경지를 일상생활에서 느낄 수 있다. 이 느끼는 것을 이심전심以心傳心이라 한다.

일체가 부처

　　　　　　이심전심을 현상세계에 비유하면, 설악산의 아름다운 가을 단풍을 감상해 보자. 그림을 그리는 사람은 자기가 보고 느낀 부분을 화폭에 담아 표현하고자 할 것이다. 글을 쓰는 사람은 미사여구美辭麗句를 인용하여 시로 또는 작문으로 표현하고자 할 것이다. 그러나 그림이나 작품의 글을 보았을 때, 이것은 그림을 그리는 그 사람과 글을 쓰는 그 사람에 해당되는 느낌이고 표현일 뿐이며, 누구나 다 화가나 작가가 느끼는 당시의 느낌을 갖는 것은 아닐 것이다. 설악산의 아름다운 단풍을 가장 잘 표현하는 것은 그것을 바라보는 순간 '아~' 하는 한 마디의 감탄사일 것이다. 이 '아~'의 감탄사는 어느 그림보다도 어느 시작보다도 그 아름다움을 가장 잘 표현한 것이 될 것이다. 이것이 자연의 단풍과 나와의 사이에 이루어지는 이심전심以心傳心의 경지이다.

부처님의 말씀도 마찬가지이다. 부처님의 말씀을 문자로 익히고 의미로 분석하고 이해하려 한다면, 부처님이 우리에게 가르치고자 하는 본의를 바로 알지 못할 것이다. 부처님은 중생들의 일상생활을 떠나 출세간의 법을 설하신 것이 아니다. 그러므로 부처님의 가르침을 바로 아는 것은 삼라만상 자연 그대로를 마음으로 바로 느끼듯이 우리로 하여금 이러한 경지에 오르게 하기 위하여 수행을 말씀하신 것이다. 수행한 마음이 부처님의 경지에서 있으면 부처님과 이심전심이 되고 보살의 경지에 있으면 보살과 이심전심이 되며, 연각의 경지에 있으면 연각과 이심전심이 되고 성문에 경지에 오르면 성문과 이심전심이 될 것이며, 하늘과 같으면 천상과 이심전심이 될 것이고 수라의 경지에 있으면 수라와 이심전심이 될 것이며, 마음이 축생과 아귀와 지옥의 경지에 있으면 축생과 아귀와 지옥과 이심전심이 될 것이다.

중생은 본래의 마음을 깨닫지 않고 세상 만물을 바라본다면, 그것은 생멸生滅이 있고 구정垢淨이 있고 증감增減이 있는 것으로 보일 것이다. 이 여섯 가지가 있으면 몸과 입과 마음은 삼업을 짓는 것이 되고, 이 여섯 가지가 반대로 보일 때 몸과 입과 마음의 행위는 삼밀이 될 것이다. 중생들로 하여금 일상생활에서 삼밀 작용을 할 수 있도록 하기 위하여 금강수비밀주가 마하비로자나불에게 질문하여 그 가르침대로 수행케 하는 것이다. 과거의 모든 부처님도 선업을 닦고 악업을 짓지 않도록 가르쳤다. 그러므로 중생은 보리심을 일으키고 수행하여 부처님의 경지에 올라야 한다. 그렇게 되면 우리가 사는 이 세상은 부처님과 같은 생활을 영위할 수 있는 불국토가 될 것이다. "마음이 부처라면 일체 만물이 부처 아닌 것이 없다. 모두 소중하여 내가 공경하고 존중할 것뿐이다."

〚 경문 〛 이와 같이 말씀하여 마치니, 마하비로자나세존께서 금강수에게 대답하여 말씀하시었다.

"착하도다. 부처님의 참된 제자佛眞子여! 광대한 마음으로서 이익함이로다."

금강수의 질문에 비로자나불이 게송으로 답하는 장면이다. 부처님은 질문을 받으면 먼저 칭찬을 하신다. 이것은 질문자로 하여금 자기의 질문이 잘못되지나 않을까 하는 불안의 마음을 평안한 마음으로 바꾸어 주는 부처님의 자비심 중에 하나이다. 답변의 중심 내용은 심속생心續生이다. 중생은 심속생을 가지고 있기 때문에 한시도 마음을 가만히 두지 않는다. 무엇인가를 항상 생각한다. 이 심속생을 제거하면 그 자리가 곧 화신의 자리며 보신을 자리며 법신을 성취한 본원의 자리이다. 그런데 우리는 이 심속생으로 말미암아 지옥에도 태어나고 천상에도 태어나면서 육도를 윤회하게 된다. 부처님께서 답하면서 "불진 자여!"는 진언수행을 강조한 말이다. 그리고 답을 하기 전에 "이제 수승한 대승구로써 질문을 하니 크고 큰 이익을 얻은 것이다." 결론을 먼저 말씀하였다. 이것은 심속생에 머물지 말고 대승의 넓은 마음으로 돌아가라는 강조의 의미가 담겨 있다. 부처님의 진정한 대승구는 사자상승으로 전법되는 이심전심의 법이다. 외도는 이 법을 가히 알지 못하며 성문도 연각도 알지 못할 것이다. 오로지 심속생을 버린 보살과 불만이 이 경지를 알게 될 것이다.

대승의 일곱 가지

수승한 대승구에서는 모든 부처님의 비밀법을 심속생의 상相을 통하여 밝힌다. 대승구大乘句의 대승에는 일곱 가지가 있다.

첫 번째 법신대法身大이다. 법신의 몸과 같은 가장 큰 우리의 몸속에는 광대한 제불의 본심이 들어 있다. 이 본심의 몸은 우주자연법계와 수미산을 덮고도 남지만 업연에 의하여 160cm이니 180cm이니 그 한계가 만들어진다. 마음의 그릇도 마찬가지이다. 우리는 수미산처럼 무량무수의 복락을 지닐 수 있는 큰 그릇의 마음을 가지고 있지만, 각각의 지은 업에 의하여 천석꾼이 되기도 하고 만석꾼이 되기도 한다. 이것이 부처님의 무한한 법신대의 법문이다.

두 번째가 발심대發心大이다. 일체중생에게 법의 이익을 주기 위하여 일으키는 대서원심을 말한다. 개인의 어떤 염욕과 개인의 이익을 위해서 서원을 세우면 그것은 발심대가 아니다. 보리심을 일으키는 발심은 일체중생이 모두 부처가 되는 그날까지 지속해서 일으켜야 한다. 이것이 부처님의 무한한 발심대 법문이다.

세 번째 신해대信解大이다. 일체중생들이 법신부처님의 무량공덕을 구족하여 불국정토에 이를 때까지 믿음을 주고 섭수하는 것을 말한다. 중생들의 일대사인연의 궁극 목적은 성불에 있다. 성불에 이르기까지 여섯 단계가 있다. 첫째 입태요 둘째 출생이며, 셋째 늙음이요 넷째 병이며, 다섯째 죽음이요 여섯째 환생이다. 부처님의 팔상성도도 이에 속한다. 마지막 올바른 환생은 열반이며 해탈이며 성불이다. 이것이 중생심을 섭취하여 불심으로 환원하는 부처님의 일대사인연인 신해대의 법문이다.

네 번째 성대性大이다. 성품은 부처님의 청정심과 같다. 자연청정심은 금강보장金剛寶藏에 모자람이 없으며 일체중생을 모두 섭수하는 큰 자리이다. 수행자가 부처를 이루고자 할 때 나타나는 마왕 파순이의 성품도 이와 같다. 부처님의 성품과 다르다면 마왕파순이는 수행자에게 법문을 보이지 못한다. 우리는 부처님의 마음과 마왕파순이의 마음이 다른 것으로 보고 있다. 부처님의 성품과 마왕의 성품은 같다. 중생이 오욕칠정을 버리면 부처의 성품이 되고, 그것에 집착하면 마왕 파순이의 성품이 되는 것이다. 이것이 부처님의 성대 법문이다.

다섯 번째 의지대依止大이다. 법신불의 대승구는 미묘하여 법계중생의 대의지처大依止處가 된다. 큰 의지처는 허공이다. 허공보다 더 큰 세상은 없다. 허공은 모든 만물을 흡수하여도 모자람이 없다. 허공 속에 무한의 법이 있고 보리가 있다. 그리고 깨달음의 진리가 있다. 그러므로 깨달음을 얻으려는 중생은 허공을 의지처로 삼아야 한다. 허공은 만물을 담고 있어도 싫어하는 생각이 없으며 또한 친소親疎를 구분하지 아니한다. 유마힐 거사가 병문안 온 문수보살과 500명의 대중을 십홀 방장실에 들게 한 것도 허공의 세계이다. 허공법계의 무한함을 보이는 것이 부처님의 의지대 법문이다.

여섯 번째 시대時大이다. 과거 현재 미래의 삼시三時를 초월한 비밀법을 시현하여 중생제도를 하는 것을 말한다. 비유하면, 부처님이 미간백호상을 통하여 아난의 미래세상인 지옥과 천상세계를 보여주는 것이 삼시를 초월한 시대의 법문이다. 허공계[空間]가 한량이 없으면 중생계[人間]도 한량이 없고 그 속에서 변화하는 시간時間도 한량이 없다. 수행자는 큰 허공에서 자유자재하고 시간 속에서 자유자재하도록 가르치는 것이다 이것이 부처님의 시대의 법문이다.

일곱 번째 지대智大이다. 지대는 제법에 걸림 없이 자유자재하는 것을 말한다. 허공심과 같은 지대는 법륜으로 표현한다. 법륜은 부처님의 법을 전하는 여덟 가지 보배 중의 하나이다. 전륜성왕도 이것을 가지고 있다. 인간의 수레바퀴는 땅을 의지하여 구르기 때문에 표면이 매끄럽지만 부처님의 법륜은 허공을 굴러가기 때문에 표면이 매끄럽지 않다. 이것이 부처님의 지대법문이다.

일곱 번째 지대智大이다. 지대는 제법에 걸림 없이 자유자재하는 것을 말한다. 허공심과 같은 지대는 법륜으로 표현한다. 법륜은 부처님의 법을 전하는 여덟 가지 보배 중에 하나이다. 전륜성왕도 이것을 가지고 있다. 인간의 수레바퀴는 땅을 의지하여 구르기 때문에 표면이 매끄럽지만 부처님의 법륜은 허공을 굴러가기 때문에 표면이 매끄럽지 않다. 이것이 부처님의 지대법문이다.

깨달음을 얻자 주위는 모두 불국정토로 변해

　　대승구에 따라 깨달음의 경지를 말하면 이 경지는 외도나 이승은 알지 못한다. 실달다가 깨달음을 얻을 당시를 보자. 새벽까지 남아 있는 샛별을 보고 깨달음을 얻는다. 잠시 후에 샛별이 사라진 자리에 아침 태양이 솟아오른다. 그 빛은 실달다의 몸을 감싼다. 실달타의 몸은 투명함으로 그림자조차 생기지 않았다. 몸의 빛은 투시되어 등지고 앉은 나무도 그림자 없이 투명하게 빛나고 있었다. 나무도 깨달음을 얻어 필발라수가 보리수가 되었다. 주위는 온통 깨달음의 빛으로 물들어 불국정토가 된 것이다. 실달다는 77일을 지난 뒤에 깨달은 법을 전하기 위하여 시간여행을 한다. 태어날 때 자신이 부처가 될 것이라고 예언한 아지타선인은 이미 열반에 들었다. 젊은 나이에 학문과 무예를 가르쳐 준 스승들도 열반하였다. 출가한 연후에 수행의 길을 인도한 설산과 정각산의 모든 스승도 열반하였다. 이제 가까운 인연으로는 아버지가 보낸 재상의 아들 5명뿐이다. 설산과 정각산에서 함께 수행하다가 니련선하강에서 목욕하고 우유죽을 먹는 모습에서 파계승이라 하고 바라나시로 떠난 5비구이다. 믿음을 가지고 곁을 떠나지만 않았어도 보리수처럼 함께 깨달음을 얻었을 텐데 안타까운 일이다. 훗날 5비구는 실달다태자 곁을 떠난 것을 후회하지만 이미 늦었다. 그러나 설산과 정각산의 함께 수행한 공덕으로 첫 법문을 듣는 공덕은 있었다. 그러나 아라한이 되는 것은 상당한 수행을 한 연후에 비로소 얻게 된다.

　　깨달음을 얻은 보리수는 보통나무와 다르다. 지금도 보리수 잎은 녹색 입자가 사라지면 잎은 속 줄기를 투명하게 보전하여 나타내고 있는 것을 불 수 있다. 이러한 보리수는 스리랑카를 비롯하여 남방

불교에서 부처님처럼 공양공경을 받게 되는 원인이 되었던 것이다. 스리랑카는 사원에 들어가면 중심에 보리수가 있다. 불당보다도 법당보다도 승당보다도 중앙에 있다. 마하보리사는 건물이 없다. 보리수 자체가 곧 법당 역할을 하는 사원이다. 아쇼카 공주가 인도에서 처음으로 가져온 보리수이다. 중앙의 보리수를 중심으로 8방에 8그루의 대 부리수가 있고 다시 사이사이에 8그루의 소 보리수가 심어져 있다. 보리수 잎은 따지 않는다. 땅에 떨어진 것을 건조시켜 불자들이 부처님을 모시듯이 간직하고 있다. 어느 해 스리랑카 대통령을 만나면서 대통령궁에 들렸을 때의 이야기다. 마당 정원 한쪽에 심어진 보리수가 아름다워서 가까이 가서 보리수 가지를 만져보려 하였다. 팔을 올리는 순간 비서 겸 경호원이 나의 팔을 잡으면서 화를 낼 듯이 하는 것이다. 나는 왜 그런지를 몰라 어리둥절하고 있으니, 스님이 설명해준다. 보리수 잎을 따면 안 된다는 것이다. 나는 잎을 따려는 것이 아니라 가지를 만져보고자 하였다고 말을 하니, 그때야 비서가 얼굴을 풀면서 웃으면서 나에게 사과하는 것이다. 이처럼 보리수가 어디에 심어져 있던 부처님 몸을 보호하듯이 소중하게 다루는 나라가 스리랑카이다. 보리수는 곧 부처님이다. 이것은 그 자리에 함께하여 실달다태자의 깨달음의 빛을 받을 수 있는 인연공덕을 짓는 수행이다. 이것이 진정한 부처님의 대승구의 법문의 공덕이다.

〖 경문 〗 "수승하고 높은 대승의 구절이라
마음이 계속하여 생기는 모습은
모든 부처님의 큰 비밀이라,
외도는 능히 알지 못하는지라.

내가 이제 모두 열어 보이리니,
일심으로 마땅히 자세하게 들을지어다.
백육십심을 초월하여야
광대한 공덕이 생하게 되는데
그 성품이 항상 견고하니
저 보리에서 생한 것인 줄을 알지니라.

무량하기는 허공과 같아서
물들지 아니하고 상주함이니라.
모든 법으로도 능히 움직일 수 없으니,

본래 적정하여 무상無相이로다.

무량한 지혜를 성취하고
정등각이 현현하게 되니
공양행을 수행하여
이로부터 비로소 발심하느니라."

아홉 가지 질문 중에 "심속이 어디에서 생합니까?" 답은 심속생지상心續生之相이며, "보리심이 어디에서 생합니까?" 답은 월백육십심越百六十心이며, "보리심의 모양은 어떤 것입니까?" 답은 무량여허공無量如虛空이며, "수행은 어떻게 합니까?" 답은 공양행수행供養行修行이다. 자연과 진리와 부처님의 대의를 지닌 심속생의 모양은 대비밀이지만, 밀교에서 점차심漸次心에 선정심善淨心의 전개展開하는 과정으로 처음 이생저양심異生羝羊心에서부터 최고 차원인 비밀장엄秘密莊嚴까지 상태를 말하고 있다. 비밀장엄심은 성문과 연각과 외도뿐만 아니라 비밀주를 제외한 모든 경지의 보살들까지도 쉽게 알지 못하는 마음모양이다. 비밀장엄심의 부처님은 중생과 같이 밥을 먹는 듯하지만 밥을 먹는 것이 아니며, 잠을 자는 것 같으나 잠자는 것이 아니다. 중생은 오욕락과 칠정에 물드는 마음 때문에 집착하는 마음이 생기고 갈애渴愛가 생겨 밥을 먹으면서 세상일을 논하고, 일하면서 이해득실을 생각하고 있다. 부처님은 이제 마음의 모습을 하나하나 열어 보인다. 그것도 중생세계에서 있을 수 있는 마음들이다. 중생衆生들의 망심妄心인 탐진치만의貪瞋癡慢疑에서 160심을 열어 보이고, 다시 160심이 8만 4천의 마음의 근본임을 8만 4천 경전으로 열어보이었다. 근본 5심을 비롯하여 160심을 초월할 때 광대한 무량공덕이 일어난다. 많은 공덕 중에 가장 으뜸가는 공덕이 보리가 어디에서 생하는 것인지를 아는 것이다. 이 마음은 영원하면서도 견고하며, 무량하기가 허공과 같다. 영원히 중생 세계와 함께하면서 물들지 않으며, 어떠한 법으로도 움직일 수 없는 법이다. 본래 가장 고요하고 가장 맑으면서도 무량한 지혜가 성취되며, 이것 역시 육안으로는 볼 수 없다. 이러한 마음이 중생 세계에 나타날 때 진정한 공양처가 생기고 지혜로운 자는 그곳에 진정한 공양을 행하게 된다. 진정한 공양행은 밀교의 수행이다. 밀교수행의 최고수행법이 삼밀묘행三密妙行이다. 삼밀묘행에 의하여 행자의 삼업三業을 삼세제불三世諸佛에 공양供養함을 말한다. 그 뜻은 행자가 아집망념我執妄念을 비울 때 삼세제불三世諸佛은 행자의 염송念誦에 의하여 그 신身에 들며 본존本尊과 행자行者와 일체一切를 이룬다. 본존은 행자의 삼밀三密을 통하여 본존자체本尊自體의 삼밀三密을 현현顯現하기에 이르며, 행자의 삼밀은 제불에 위임하는 이것이 진정한 공양행이 된다. 이것이 초발심의 법이며, 보살의 정보리심문의 초법명도이다. 앞에서 밝힌 초법명도를 이 부분에서 끝을 맺는다.

  무량한 지혜를 성취하여 정등각이 현현하게 된 연후에 공양행을 수행하도록 말씀한 부분이다. "부처님의 가르침에 따라 어떤 행을 어떻게 수행해서 무상의 실지를 획득할 수 있을까?" 답으로 공양행이다. 공양에는 향화등촉을 받치는 사공양事供養과 참된 진리를 깨달아가는 이공양理供養이 있다. 초기불교에는 사공양인 보시를 주로 하였고,

대승불교에서 이공양을 주로 하였다. 그 후 밀교가 성립되면서 공양도 수행의 일부분임을 강조하면서 사공양과 이공양을 융합하여 행공양수행行供養修行으로 승화시켰다. 행공양수행법은 부처와 중생이 서로서로 공양하는 상호공양의 수행법이다.

행공양수행 이후 발심

발심에는 두 가지가 있다. 무상정등정각을 얻기 위하여 수행의 첫 단계의 발심이 있고, 무상정등각을 이룬 후에 중생을 제도하기 위하여 발심하는 것이 있다. 뒤의 발심이 밀교의 발심이다. 밀교의 발심을 일으키게 하는 것이 공양행이다. 밀교의 공양행은 보시행과는 다르다. 보시는 베푸는 자는 이익하지만 받는 자는 이익이 없다. 베푸는 자와 받는 자가 함께 이익되는 보시행이 법시이며, 이것이 행공양수행이다. 행공양수행법을 통하여 깨달음을 얻은 연후에 발심하여 일체중생들로 하여금 생사열반의 두려움에서 벗어나게 하는 진실한 무외시를 행할 수 있다. 즉 행공양수행을 통하여 깨달음을 얻은 불보살은 무외시로써 일체중생들을 모든 고통의 두려움에서 해탈시키는 것이다. 수행자가 행공양수행을 한 연후에 비로소 진정한 발심이 이루어진다.

행공양수행법을 보면, 자성을 찾아 고행하는 행위뿐 아니라 사원을 건립하고 불탑을 세우고 불상을 조성하는 모든 행위도, 일체중생의 이익을 위하여 행한다면 이것이 행공양수행이 된다. 북인도의 밀교사원인 타보사의 대비로당의 37존상 만다라 조성이 행공양수행이며, 알치사 3층 대비로당의 만다라화도 행공양수행도이며, 일본 우지의 평등원 본당 아미타당의 36 운중공양상도 행공양수행상이며, 중국 법문사 지하궁전에 부처님의 지사리指舍利를 봉안하고 그 옆에 공양보살상을 조성한 것도 행공양수행을 표현한 것이다. 스리랑카의 사원마다 보리수를 중심으로 행하는 공양행과 사리를 존중하는 공양불사들도 모두 행공양수행의 한 모습이다. 이와 같이 나라마다, 종파마다, 사원마다 행하는 수행법도 모두 행공양수행법 중심으로 되어 있다.

부처님의 일대기에서도 행공양수행법을 엿볼 수 있다. 실달태자의 설산고행과 니련선하에서 목우녀가 받치는 우미죽과 순타의 최후공양도 행공양수행의 하나이다. 목우녀의 공양을 받고 정진에 더욱 박차를 가하는 발심이 이루어졌으며, 순타의 최후 공양을 받고 법신으로 환원하고자 하는 마음을 일으킨 것이다. 달마 스님의 9년 면벽수행과 혜가의 적설단비赤雪斷臂와 6조 혜능의 청석을 짊어진 방아 찧는 구법과 혜통이 선무외삼장 앞에서 불화로를 머리에 인 구법과 도안 스님의 3년간 밭갈이와 구정 선사의 아홉 번의 솥을 거는 행동들도 모두 행공양수행법이며, 이로부터 다시 발심하여 깨달음을 얻게 된다. 또한 등신불의 육신소지공양과 계율을 지키기 위하여 행하는 단지斷指공양과 단식·생식·무염식·일종식·오후불식·장좌불와 등이 모두 행공양수행법이며, 이것이 계기가 되어 용맹정진의 힘을 얻게 되는 것이다. 그리고 많은 고승이 배출된 일본의 히에이산의 9년 정진[청소 3년, 간경 3년, 회봉 3년]도 행공양수행법으로 인연한 것이다.

8만 4천 경전 중에 행공양수행법을 강조한 경이 《대일경》이다. 《대일경》은 여러 번 결집된 경전이다. 결집과정에서 공양차제법이 첨가된다. 이것을 티베트에서는 인증하지 않는 부분이다. 경 제7권

공양차제법을 보면, 제1품 〈공양염송삼매야법문진언행학처품供養念誦三昧耶法門眞言行學處品〉, 제2품 〈증익수호청정행품增益守護淸淨行品〉, 제3품 〈공양의식품供養儀式品〉, 제4품 〈지송법칙품持誦法則品〉, 제5품 〈진언사업품眞言事業品〉이다. 공양차제법은 모두 진언수행을 중심으로 이루어진 행공양수행이다. 그 중에 넷째 〈지송법칙품持誦法則品〉은 진언眞言을 중심으로 행해지는 수행법으로서 오체오자포치법五體五字布置法을 밝히고 있다. 진각종의 육자관념도의 포자법과 같은 원리이다. 그러나 자세히 보면, 진각종의 육자관념법은 옴마니반메훔의 육자진언을 중심으로 원형의 포자법이라면 《대일경》은 법신불의 진언을 중심으로 수직의 포자법을 사용하고 있다.

일체중생을 이롭게 하는 것이 행공양

행공양수행법은 어려운 것이 아니다. 개인의 이익이나 부귀영화를 바라지 않고 일체중생과 국토를 위하여 행하는 모든 보시행이 행공양수행이다. 보시행과 다른 행공양수행법은 일상생활에 정법적인 생활을 말한다. 크게 보면 첫째 꽃이나 향이나 등불이나 음식 등 물질적인 외공양도 복이나 건강이나 명을 빌지 않는다면 행공양이 된다. 둘째 부처님이 가르침인 4분율 10송율 등의 계율을 지키는 것도 행공양이다. 즉 10악업을 버리고 10선법으로써 살생하지 않는 자비행과 남의 물건을 소중하게 생각하는 투도하지 않는 마음과 남을 공경하고 소중하게 생각하는 사음하지 않는 행동과 망어하지 않는 진실한 말과 남의 말을 끝까지 듣고 기억하지 않는 말과 항상 화합하는 말로 양설하지 않는 말과 부드러운 말로 욕하지 않는 말과 일체중생들에게 희생하고 봉사하는 마음으로 욕심내지 아니하는 마음과 항상 웃는 얼굴로 성내지 않는 마음과 지혜롭고 슬기로움으로 어리석지 않은 마음 등이 모두 행공양수행법이다. 셋째 부처님을 찾아 마음으로 예를 올리는 108배, 1080배 또는 3000배도 행공양이며, 넷째 8만 장경을 독송하거나 서사하거나 번역하거나 하는 것도 행공양수행법이며, 다섯째 자신의 숙세의 잘못이든 금생의 잘못이든 그 잘못을 깨치고 참회하는 자성참회도 행공양수행법이며, 여섯째 면벽관심의 참선법도 행공양수행법이며, 일곱째 삼밀관행인 손으로 결인하는 것도 행공양수행법이며, 입으로 염송하는 것도 행공양수행법이며, 뜻으로 진언과 부처를 관하는 것도 행공양수행법이다. 이와 같이 중생들의 일상생활 중에 본심을 찾고자 행하는 모든 행위는 행공양이다. 즉 일거수일투족一擧手一投足과 개구발성開口發聲이 자신의 이익뿐 아니라 일체중생들을 이익케 하는 것이라면 행공양수행법이 된다. 중생들은 누구나 다 불성을 지니고 있다. 자신의 내면에 자리한 불성을 일깨우기 위하여 행하는 모든 행위는 행공양수행이 된다. 그러나 중생들은 자신 속의 불성 있음을 알지 못하고 고와 낙이 상반된 삶을 살고 있다. 그러면서도 중생은 본래부터 나고 죽음이 있으며, 좋고 나쁨이 있고 착하고 선한 것이 있으며, 더럽고 깨끗함이 있고 맑고 탁함이 있는 것이 당연한 것처럼 생각하고 있다.

본래 청정성을 깨달아야

불심이든 중생심이든 마음은 영원히 상주하는 마음이며, 변화무상한 마음이 아니다. 중생 세계의 그 어떠한 법으로도 능히 움직일 수 없으며 본래부터 적정하여 무상이다. 그 속에 무량한 지혜를 성취하고 정등각이 현현하게 된다. 우리의 마음 모양은 본래 깨끗하기 때문에 수행할 필요가 없지만 중생 세계에 업으로 받아 난 이 몸은 다시 수행하여 본심의 본래청정성을 깨달아야 한다. 깨달음의 보리심 속에 불심과 중생심이 공존하고 있다. 비유하면 금이 광석 속에 들어 있어 제련하면 순금을 얻을 수 있는 것과 같다. 밀교의 행공양수행도 이와 같다. 8만 4천의 번뇌심의 잡석을 제거하면 곧 보리심의 진금이 나타나게 된다. 번뇌의 잡석을 제거하지 않으면 진금의 보리심은 나타나지 않는다. 우리의 정보리심도 중생의 번뇌를 소멸하면 나타나게 된다. 그러므로 행공양수행법은 정보리심이 현발顯發함을 의미한다. 행공양수행을 성취한 연후에 발심이 되고 그 발심의 힘으로 깨달음을 얻게 된다. 깨달음을 얻은 연후에 일체중생들로 하여금 윤회의 고통에서 해탈시킬 수 있는 전법의 설법을 할 수 있다. 이것이 행공양수행법을 행하는 이유이다.

제15화

파외도설
破外道說

〚경문〛 "비밀주야! 시작도 없는 때로부터 나고 죽는 우동범부愚童凡夫들은 나라고 이름하는 것[我名]과 내가 있다는 것[我有]에 집착하여 무량하게 나라는 것[我分]에 대하여 분별하느니라."

　　십주심 중에 우동범부심을 말하는 장이다. 밀교에서는 중생들의 마음을 열 가지로 구분한다. 첫 번째 이생저양심異生羝羊心, 두 번째 우동지재심愚童持齋心, 세 번째 영동무외심嬰童無畏心, 네 번째 유온무아심唯蘊無我心, 다섯 번째 발업인종심拔業因種心, 여섯 번째 타연대승심他緣大乘心『반야경』, 일곱 번째 각심불생심覺心不生心『원각경』, 여덟 번째 여실일도심如實一道心『법화경』, 아홉 번째 극무자성심極無自性心『화엄경』, 열 번째가 비밀장엄심秘密莊嚴心『대일경』이다.

　　첫째 '이생저양심'은 중생의 초기 단계로서 양과 같은 단순한 마음을 지닌 중생을 말한다. 둘째 '우동범부심'은 초기 단계를 벗어난 겨우 자신만을 생각하는 마음이 싹튼 시기를 말한다.

아명我名은 자기의 명예이다.《금강경》의 4상 가운데 아상과 인상에 속한다. 나의 명예라는 것은 모든 일은 내가 아니면 불가능하다는 생각을 가지는 것으로 상대에 대한 배려가 전혀 없는 것을 말한다. 어린아이가 어머니 곁을 떠나기 싫어하고 어머니가 자기를 두고 떠나지는 아니할지 걱정하는 마음으로 항상 불안한 생각을 가지고 있다. 그리하여 자기가 있다는 것을 인식시키기 위하여 모든 것을 울음으로 표현하는 것을 말한다. 아유我有는 자기의 소유이다.《금강경》의 4상 가운데 중생상과 수자상에 속한다. 세상에 모든 것은 자기가 가져야 하며 오래도록 지녀야 한다는 생각이다. 무엇이든지 자기 것으로 만들어야 마음이 편안하다. 속담에 '4촌이 논을 사면 배가 아프다'는 것이 소유욕에서 비롯된 것이다. 이때는 어린아이처럼 울음이 아닌 물질을 가짐으로 남에게 과시하여 자기의 존재를 인식시키고자 하는 마음을 말한다.

아분我分을 버려야 육도윤회를 벗어남

아분我分은 자기의 명예와 자기의 소유에 집착하여 결계를 지어 다른 이가 침범하지 못하도록 하는 마음을 말한다. 즉 나와 너의 경계를 짓는 것이다. 아명我名과 아유我有에 의하여 생긴 아분은 견물생심 하는 마음을 말한다. 물건에 따라 환희한 마음도 생기고, 가지고 싶은 마음도 생기고 피해가고자 하는 마음이 생기면서 내 것과 너의 것이라는 경계의 선을 긋는 마음이다.《지도론》에서는 아분을 열여섯 가지 지견으로 구분했으며,《능가경》에서는 108종류로 구분하고 있다. 나의 철옹성을 만들어 남과 별다른 세상에서 살고자 하는 마음이다. 그러면서 남을 무시하는 마음이 강하게 작용하는 것을 말한다. 남을 무시하는 이 마음은 인간계만 무시하는 것이 아니다 육도중생까지도 무시하는 마음을 갖는다. 즉 자신의 이 세상을 보는 능력이 지옥중생보다도 뛰어나고 아귀중생보다도 뛰어나며, 축생중생보다도 뛰어나고 수라와 천상보다도 뛰어나며, 인간계에서도 오직 내가 모든 것에서 뛰어나 모든 것을 지배할 수 있다고 생각하는 것이 아분이다. 이러한 생각이 육도윤회의 인이 된다는 것을 모르고 있다. 생각이 없으면 인은 없다. 지옥와 아귀와 축생과 인간과 수라와 천상을 생각한다는 것이 인이 되어 언젠가 그곳에 태어나게 되는 것이다. 생각이라는 것이 아분이다. 그러므로 이 아분이 곧 육도윤회하는 근본심이다. 생각을 버리면 육도를 벗어날 수 있다. 중생들이 소유욕에서 경계하고 나누는 아분의 마음을 버리면 육도를 벗어날 수 있다. 중생들이 소유욕을 버릴 때 인과법칙을 깨닫게 되고, 인과법칙을 깨달았을 때 윤회의 세계는 본래 없는 세계임을 알게 될 것이다.

윤회의 세계가 본래 없듯이 중생의 세계도 본래는 없다. 오로지 법신비로자나불의 세계만이 존재할 뿐이다. 그러나 중생들은 법신비로자나불의 세계를 인증하지 않고, 지금의 세계를 인증하고 그것에 집착을 일으켜 소유하고자 힘을 쓰고 있다. 이것이 욕심이다. 이 욕심 때문에 집착하는 병이 생기고, 집착하는 병은 다시 무한한 번뇌를 유출하여 한량없는 고통을 받게 된다. 부처님의 가르침은 자기만을 생각하는 집착을 버리고 법계비로자나불의 본심자리로 돌아가도록 가르치고 있다. 그 가르침을 내리기 위하여 방편으로 여러 가지 형상을 나타낸다. 부처님이 중생 세계에 나타나는 기본의 모습은 부처님의 모습과 보살의 모습과 명왕의 모습이다. 이를 밀교에서는 삼륜신이 설하는 법문의 모습이라 한다. 이 삼륜신의 모습을 받아들이지 않는 중생들에게는 다시 사물을 통하여 나타난다. 사물로 나타날 때는 천둥·번개를 일으키기도 하고 홍수와 해일을 일으키기도 하며, 태풍과 폭설 등의 천재지변으로도 나타나며, 봄의 기운으로도 여름의 기운으로도 가을의 기운으로도 겨울의 기운으로도 나타난다. 이것은 만물을 통하여 나타나는 법신비로자나불의 응화의 모습들이다.

부처님은 아분의 병폐를 가르치기 위하여 상대성의 원리를 적용시켜 가르침을 펴기도 한다. 즉 생을 가르치기 위하여 멸을 나타내고 멸을 가르치기 위하여 생을 나타내며, 청정을 가르치기 위하여 더러움을 나타내고 더러움을 가르치기 위하여 청정을 나타내며, 남는 것을 가르치기 위하여 모자람을 나타내고 모자람을 가르치기 위하여 남는 것을 보인다. 어두운 것을 가르치기 위하여 밝은 것을 나타내고 밝은 것을 가르치기 위하여 어두운 것을 보이기도 한다. 남자를 가르치기 위하여 여자를 출생시키고 여자를 가르치기 위하여 남자를 출생시킨다. 인간계를 가르치기 위하여 천상계와 지옥계를 보인다. 이것이 아분을 가르치기 위한 부처님의 방편법이다.

중생이 있는 한 법계는 영원

중생들은 이와 같이 자상한 부처님의 가르침을 알지 못하고, 어느 하나에 집착을 일으켜서 그것에 머물고자 하는 것이다. 우리는 집착 때문에 우리가 사는 이 세계가 변화하는 것을 두려워하고 있다. 태양을 중심으로 수많은 별로 이루어진 태양계에서 지구는 하나의 별일 뿐이다. 이 지구가 사라진다 하여도 태양계는 존재한다. 설혹 이 태양계가 사라진다 하더라도 또 다른 태양계가 존재한다. 중생 최후의 1인까지 비로법신의 본심으로 돌아갈 때까지 그 어디에서인가 또 다른 태양계는 존재할 것이다. 그러므로 중생이 있는 한 법계는 영원하며 부처님의 세계 또한 영원하며, 부처님의 가르침 또한 영원하다. 이것이 진실한 부처님의 자비사상이다. 부처님의 가르침에는 말법은 있어도 말세는 없다. 태양계조차도 영원하지 않는데 하물며 그 가운데 작은 티끌 같은 존재인 지구만이 영원하고 그 속에 사는 인간도 영원하며, 나만이 영원하고 나의 소유만이 영원하고 내 생각만이 영원할 것이라 생각하는 것은 어리석은 생각이다. 이러한 어리석음을 버릴 때 비로소 일체 모든 중생이 부처님으로 보이고 일체 만물이 청정성으로 장엄된 불국토로 보일 것이다. 그 속에는 나라는 명예도 없고 나의 것이라는 소유욕도 없고 나만이 모든 것을 해결한다는 집착이 없어져서, 윤회의 근원이 되는 나와 남의 분별이 사라지게 될 것이다.

  마음의 눈을 크게 뜨고 세상을 바라보자. 마음의 귀를 활짝 열고 세상의 소리를 들어보자. 나 자신이 만든 모든 경계를 허물고 자유자재로 활동해보자. 진정으로 내가 할 일이 무엇인가? 우리가 바라고 모든 보살이 바라며 일체의 부처님들이 바라는 것은 아분으로 발생하는 분별의 경계를 초월하게 하는 것이다. 아명, 아유, 아분의 경계를 초월하면 자연히 불심과 불심으로만 연결되는 비로법신의 세상이 우리 눈앞에 이룩될 것이다. 자신의 생각과 소유, 자신만을 생각하는 모든 것을 버리는 것이 수행자가 가야 할 진정한 자비수행의 길일 것이다.

〖 경문 〗 "비밀주야! 만약 저들이 아我의 자성自性을 관하지 아니하면 곧 아我와 아소我所가 생하며, 나머지 다시 망령된 헤아림이 있느니라. 시時와 지地 등 변화와 유가아瑜伽我와 건립정建立淨과 불건립무정不建立無淨과 자재천自在天과 또는 유출流出과 및 시時과 또 존귀尊貴와 또 자연과 또 내아內我와 또 인량人量과 또 변엄遍嚴과 또 수자壽者와 또는 보특가라와 또는 식과 또는 아뢰야와 지자知者와 견자見者와 능집과 소집과 내지 내지內知와 외지外知와 사달범社怛梵과 의생意生과 유동儒童과 상정생常定生과 성聲과 비성非聲이니라."

　　이 부분은 비로자나부처님이 아我의 자성自性을 알지 못하는 외도들에게 잘못된 마음을 파괴시키고자 가르침을 펴는 대목이다. 원래 아의 자성은 자성부처님의 성품이며, 자성청정심이다. 외도는 아의 자성을 모르기 때문에 오로지 자신의 이름이 영원히 존재한다고 믿는 아명我名과 세상 만물은 영원히 존재하며 그것은 모두 내가 소유할 수 있다고 하는 아유我有와 욕심을 내는 아소我所와 또한 마음대로 분배할 수 있다고 생각하는 아분我分을 가지고 있다. 아의 자성을 관하여 그 본뜻을 알게 되면, 이러한 생각이 얼마나 어리석은 것인지를 알게 될 것이다.

선종에서 화두를 참구하는 수행자들이 모두 자신의 본성을 보기 위하여 용맹정진한다. 오매불망 화두를 간파하고자 오로지 화두 하나만을 들고 정진한다. 그러는 중에 자신의 본성을 본 듯하면, 곧바로 선지식을 찾아 그 경지를 확인하는 것이다. 확인하는 중에 조금이라도 아명이나 아유나 아소나 아분에 집착하는 흔적이 있으면, 선지식으로부터 인가를 받지 못한다. 육자진언을 염송하는 진언행자도 마찬가지이다. 현세에서 즉신성불의 경지에 올라 해탈의 참맛을 보려면, 먼저 자신의 존재라고 주장하는 아명과 아유와 아소와 아분을 버리고 본래의 청정성인 자성의 심인을 찾아야 한다. 만일 자성의 심인을 찾지 못하면 진정한 해탈의 진미를 맛볼 수 없을 것이다.

불교의 수행은 자신에 대한 명예욕이나, 자신의 것은 영원하다는 생각하는 것과, 모든 것을 다 가지려는 소유욕이나, 자신이 아니면 안 된다는 분배의 욕심을 버려야 한다. 외도가 따로 있는 것이 아니다. 이 네 가지 마음을 버리지 못하면 그것이 외도이다. 진언행자들이 선지식을 찾아 금강법계궁인 심인전당에 모이는 것은 곧 이 아로부터 일어나는 번뇌를 버리기 위한 것이다. 아로부터 일어나는 네 가지 번뇌를 버리는 그 순간, 외도의 권속에서 벗어나 정도의 집안으로 입문하게 될 것이다. 이제 이 경에서는 이 네 가지를 중심으로 30종의 외도를 말하고 있다.

　　　　30종의 외도를 보면, 세상은 시간이 만들고[級時外道] 그 시간이 마음대로 한다[時外道]고 생각하는 외도가 있으며, 지수화풍이 제법의 본체이며 진실이라[地等變化外道]고 집착하며, 일체법은 나로부터 나온 것이며[流出外道], 내가 건립한다고 고집하기도[建立淨外道] 하고, 모든 것은 건립이 되는 것이 아니다[不建立無淨外道]고 고집하는 외도도 있다. 또한 몸에 관하여 집착하는 외도도 있으니, 신령스러운 마음[神我]이 아닌 별도로 몸속에 있다[內我]고도 하며, 식식 자체가 신아로 생각하기도 하고[識外道], 모든 것은 식이 함장하고 있다고 믿기도 하며[阿賴耶外道], 또는 식이나 마음을 여이고 별도로 집착하는 것이 있다고 믿으며[能執], 몸 밖에 있는 모든 대상이 진아[眞我]가 되기도 한다고 하기도 하고[所執], 몸의 크기에 따라 신아의 량이 정해지며[人量外道], 수명에 따라 신아가 있다고 생각하는 외도[壽者]도 있다. 신아는 자기 마음대로 몸을 옮겨 다닐 수 있고[補特伽羅外道], 또한 변화시킬 수도 있으며[遍嚴外道], 눈으로 보는 그 자체가 주체라고 생각하는 외도[見者]도 있고, 소리가 세상을 지배한다고 믿기도 하고[聲外道], 반대로 소리가 없는 곳에 실재가 존재한다고 믿기[非聲外道]도 하며, 소리 자체는 영원히 상주하는 것이라고 믿는 외도[常定生]도 있고, 몸이든 생각이든 경계든 이 모든 것은 서로 상응하는 것이 실아라고 믿는 외도[瑜伽我外道]도 있다. 그리고 생각에 따라 세상을 지배하는 것이 있다고 주장하는 외도들도 있으며, 우리 몸 안에 안다는 그 무엇이 있어 고락을 감수하며[知者外道], 육진경계를 아는 것이 진아[眞我]라고 하기도[外知]하고, 정신내부가 모든 것을 운영한다고 믿으며[內知], 아를 중심으로 하여 태어나는 것은 영원히 태어나는 것이며,

한번 알게 되면 영원히 알게 되고 또한 영원히 생각한다고 믿는 외도[杜怛梵]도 있다. 그리고 조물주의 사상을 지닌 외도도 있다. 자재천이 만든다[自在天], 그래서 존귀한 것이며[尊貴外道], 이를 중심으로 그 권속들[外知外道　儒童外道]과 자연 그 자체가 만물을 출생하고 지배한다고 믿기도[自然外道] 한다. 이러한 것은 세간을 움직이는 여덟 가지 마음의 순차에 의한 것이라고 생각하는 외도[順理外道]도 있다.

이상의 외도들은 모두 인과도리를 무시하는 부류이다. 전래한 실아實我의 망상된 편견에 사로잡혀 있다. 실다움이 없는 아명我名에 집착하여 제법의 인연결과의 대원리를 깨닫지 못하고, 미로에 방랑하면서도 생사를 벗어나는 대도에 눈을 돌리지 못하고 있다. 세간 범부들 측에서 보면 이들의 주장을 어느 정도 존경할 가치가 있으나, 부처님의 눈으로 보면 인과의 도리를 알지 못하는 이생저양異生羝羊과 같은 무리이다. 부처님은 보리심과 정각과 일체지지의 삼종원인三種原因을 설명하여 외도에 떨어지지 말라고 당부하시고 계신다. 우리도 인과이치를 무시하고 그것을 깨달으려고 하지 않는다면, 이들은 외도와 다를 바가 없다. 다시 말하면, 땅이 만물의 근원이라고 하면 그것은 외도이다. 물이 세상 만물의 근원이라고 주장하면 그것도 외도이다. 불이 만물의 근원이라 하거나 바람이 만물의 근원이라 하거나 허공이 만물의 근원이라고 한다면 그것이 외도이다. 모든 것은 인과에 의하여 이루어지고 윤회하는 것이다. 땅은 영원한 것이 아니다. 물도 불도 바람도 허공도 영원한 것이 아니다. 영원한 것은 인과법칙이다. 이 인과법칙을 무시하면 그것은 모두 외도이다. 외도들은 물로 세상이 멸하기도 하고, 불로 세상이 멸하기도 하고, 바람이 세상을 멸하기도 한다고 믿고 있다. 이것은 옳은 생각이 아니다. 성주괴공成住壞空이나 생주이멸生住離滅은 모두 인과에 의하여 변천할 뿐이다. 그러나 그것이 모든 것은 아니다. 이 모든 것의 중심은 자성이며 본성이며 불성에 있다. 비로자나불을 청정법신이라고 하는 것은 자성과 본성과 불성의 근본은 청정성이기 때문이다. 그러므로 우리는 본원의 청정성으로 돌아가야 한다. 그 청정성으로 돌아가면 곧 법신비로자나불과 동체가 되는 것이다. 인과법을 깨달았다 하여도 완전한 성불은 아니다. 인과법을 깨달아 부처가 되면 그것은 과보신인 보신불일 뿐이다. 진언행자는 이 경지까지 초월하여 본래의 청정성으로 돌아가야 한다.

　　진각성존께서 외도의 법을 전하면서 외도에는 '인륜외도', '물질외도', '종지외도' 등 세 가지를 말씀하였다. '인륜외도'는 사람과 사람 사이의 도리를 말씀하신 것이다. 사람으로서 사람의 도리를 다한다는 것은 항상 자신의 위치를 알아 최선을 다하는 것을 말한다. 부모는 자애로써 부모다워야 하고, 자식은 효로써 자식다워야 하며, 부부는 화합으로써 부부다워야 하고, 형과 아우는 우애로써 형제다워야 하며, 사회인은 의무를 다하는 것으로 사회인다워야 한다. 이것이 정도를 지키는 것이며, 인륜외도에 떨어지지 않는 것이다. '물질외도'란 의식주를 관리하는 데 부정한 행위를 하지 않으며, 정당한 방법을 취하면서 살아가는 것이다. 물질이란 항상 탁함에 물들기 쉬운 것이다. 오염된 것이 있으면 언제든지 정화시켜야 한다. 오염된 물질을 정화시키지 않으면 일체의 병폐가 그 가운데서 일어나게 된다. 이것이 진각성존의 물과 심의 이원진리의 가르침이다.

　　'종지외도'란 진리외도로서, 사견에 집착하여 진리를 바로 알지 못하며 정도의 길을 찾지 못하여 믿음 또한 바르게 세우지 못하는 것을 말한다. 30종의 외도는 곧 종지외도에 속한다. 진리외도의 근본이 되는 아명과 아유와 아소와 아분에 집착하면 진실한 깨달음을 얻지 못할 것이다. 이 집착을 버리면 대자유를 얻어 구하려 하지 않아도 저절로 구하여지며, 가지려 하지 않아도 자연히 가져지는 것이 법계의 이치이다. 그리고 그 이치를 지배하는 주인공이 되는 것이다. 이것이 외도의 길을 가지 않는 참다운 진리의 길이 된다.

〖 경문 〗 "비밀주야! 이와 같이 여러 가지 나라고 하는 설은 옛부터 지금에 이르기까지 분별과 상응한 것으로 이치에 순응하여 해탈함을 바라고 구한다고 하느니라."

이제 십주심十住心에 제이 우동지재주심과 제삼 영동무외주심으로 인천승人天乘을 말하는 부분이다. 이생저양주심은 양과 같은 마음을 말하는 것이다. 우동지재주심은 저 양의 마음속에 일분의 선한 마음의 작용을 말하는 것이다. 양의 마음은 순수한 듯하면서 욕심으로 가득한 마음이다. 그 속에 약간의 선한 마음이 있다. 약간의 선한 마음 때문에 많은 사람들은 양과 같이 순한 마음이라고 하는 것이다. 이렇게 순한 마음을 가진 양은 굉장한 고집을 가지고 있다. 어떤 사람이 양의 두 뿔을 잡고 양의 턱을 땅에 닿게 하려고 뿔을 누르지만 양의 머리는 좀처럼 땅에 닿지 않는다. 이것은 힘이 강하여 그러하다는 것보다는 이기심으로 남에게 지기 싫어하는 마음이 강하기 때문에 온몸의 힘을 한

곳에 집중하는 현상으로 일어난 일이다. 우리도 자기의 작은 재주와 실력을 과대평가하여 무엇인가를 뽐내고 싶어하고, 또한 어느 누구에게도 지기 싫어하는 마음을 가지고 있다면, 저 양과 다를 바가 없이 고개를 숙이지 않고 하늘을 향하여 치켜들고 있을 것이다. 결국 해탈이나 깨달음이나 성불과는 거리가 멀 뿐 아니라, 윤회의 틀을 영원히 벗어나지 못할 것이다.

중생심 깊숙한 곳에 일분의 맑고 밝은 성품이 있다. 이것이 본래청정심이며, 심인이다. 이 본래청정심인 심인을 찾아야 윤회의 틀을 벗어나 영원히 법신불의 자내증경지에 들 수가 있을 것이다. 본래청정심은 쉽게 찾아지는 것이 아니다. 무시광대겁으로 내려오면서 탐진치에 물들은 중생심이 겹겹이 감싸고 있어 보통의 힘으로는 헤어나지 못한다. 본래청정심을 가리고 있는 무명의 커튼을 벗어야 한다. 그 방법은 멀리 있는 것이 아니다. 우리의 내면에서부터 찾아야 할 것이다.

이제 심인을 찾으려면, 부처님의 가르침을 따라야 한다. 부처님의 가르침을 조그마한 것에서 시작하여야 한다. 그 조그마한 것이란 내면 깊숙이 자리하고 있는 본래청정심이다. 천진한 어린아이는 세상 물정을 잘 모르지만 순수한 마음을 가졌다. 이것이 제이주심인 우동지재주심이다. 이것을 우동범부심이라고도 한다. 그것은 어린아이가 인과이치를 모르는 범부라는 뜻이다. 천진하고 순수한 마음은 아무것도 없는 것 같지만 한편으로는 무한한 가능성을 지니고 있다. 마치 허공과도 같다. 부처님의 가르침을 공문空門의 도라고 한 것도 허공이 지니고 있는 진리성에 비유하여 말하는 것이다. 허공의 진리성이란 아무것도 없고 오로지 태양만이 있는 것 같은 허공에 빛도 있고, 바람도 있고, 구름도 있고, 물도 있고, 불도 있다. 허공은 이와 같이 무한한 것을 지니고 있기 때문에 가능성 또한 무한하다. 중생들이 눈으로 붉은 것을 보려 하면 허공은 붉은빛을 보여주고, 푸른빛을 보고자 하면 허공은 푸른빛을 보여주며, 노랑 빛을 보고자 하면 허공은 노랑 빛을 보여준다. 이와 같이 여러 가지 색을 한 번에 보고자 하면 하늘은 허공에 무지개를 보여줄 것이다. 그리고 귀로 맑은소리를 듣고자 하면 맑은소리를 들려주고, 탁한 소리를 듣고자 하면 탁한 소리를 들려주고, 높은 소리를 듣고자 하면 높은 소리를 들려주고, 낮은 소리를 듣고자 하면 낮은 소리를 들려준다. 몸으로도 마찬가지이다. 구름을 바라면 구름을 나타내 보이고, 비를 원하면 비를 내린다. 중생들의 원에 따라 비구름과 무지개를 마음대로 보이고 내리는 것이다. 이것이 허공의 공능이다. 단군설화에 풍사風師, 운사雲師, 우사雨師의 세 가지 능력을 지닌 자가 있다. 이 셋은 중생의 원을 뜻하는 것을 표현한 것이다. 허공이라는 아무것도 없는 공간에서 생명을 영위할 수 있는 무한한 그 무엇이 출생하고 있다. 물론 땅과 물과 불과 바람의 사대도 마찬가지이다. 아무것도 없는 것 같은 습기만을 지닌 물은 잎을 내기도 하고 줄기를 내기도 하고 꽃을 피우기도 하고 열매를 맺게도 한다. 이것이 모두 습기만을 지닌 것 같은 물의 공능이다. 이것은 그냥 만들어지고 보여지는 것이 아니라, 우리의 염원에 따라 작용하는 물의 진리성이다.

　　　　　진언을 수행하는 진언행자들도 아무것도 없는 소리로만 전해지고 범어로만 전해지는 육자진언 속에 무한한 공능을 지니고 있다는 것을 알아야 한다. 정성으로 정진하여 마음이 불심과 통하면 모든 것을 얻을 수 있다. 현실적으로는 재물을 바라면 재물을 줄 것이고, 건강을 바라면 건강을 줄 것이고, 명예를 바라면 명예를 줄 것이고, 장수하기를 바라면 장수를 줄 것이다. 진리적으로는 성문이 되기를 바라면 성문을 만들어 주고, 연각이 되기를 바라면 연각을 만들어 줄 것이다. 보살 되기를 바라면 보살을 이루게 할 것이며, 부처 되기를 원하면 부처를 이루게 하는 것이 진언이 지닌 공능이다.

중국 고전인《대학》에 보면, "천하를 평안하게 하려면 먼저 그 나라를 다스리고, 그 나라를 다스리고자 하는 자는 먼저 그 집안을 가지런히 하고, 그 집안을 가지런히 하고자 하는 자는 먼저 그 몸을 닦고, 그 몸을 닦고자 하는 자는 먼저 그 마음을 바루고, 그 마음을 바루고자 하는 자는 먼저 그 뜻을 성실히 하고, 그 뜻을 성실히 하고자 하는 자는 먼저 물건의 지극한 이치를 알아야 한다.格物致知誠意正心修身齋家治國平天下" 이것은 격물치지格物致知를 말하는 것이다. 물건의 가격을 알아서 적재적소에 물건을 쓴다면 세상은 조화를 이루어 아름다울 것이며 영원할 것이다. 중생도 마찬가지이다. 자기의 본분을 확실하게 아는 혜안을 얻으면 이고득락의 해탈과 저 언덕에 이르는 열반으로 구경에 성불을 이룰 것이다.

부처님의 가르침에 따라 우동범부의 눈으로 세상을 보지 말고 부처님의 눈으로 세상을 보려면 먼저 자신의 분分을 알고 그에 맞는 정진을 하여야 한다. 자기의 본분이란 인과이치로는 지은 바 인因일 것이며, 현실로는 자신이 행한 업業일 것이다. 거울에 비치는 모습은 육신이지만, 마음의 거울로 심상心相을 보아 제거할 것은 제거하고 보존할 것은 보존하여야 한다. 우동범부주심도 모든 것을 다 버리는 것이 아니라, 그 가운데 일분의 맑은 성품이 있다는 것을 알아야 한다. 그 일분의 맑은 성품이 곧 불성이며 심인이다. 중생의 일분의 맑은 성품은 중생심 중에 초심으로서 베풀고자 하는 재를 지내는 지재심이다. 지재심은 두려움에서 생기기도 한다. 그 두려움을 잠재우기 위하여 마음 모아 재를 지내는 것이다.

제16화
순세8심
順世八心

〖 경문 〗 "비밀주야! 우동범부의 류는 비유하면 숫양[羝羊]과 같으나 어떤 때는 하나의 법을 생각하는 것[一法想]이 있느니라. 이른 바 재齋를 가지는 것이니라. 저가 이 작은 부분을 사유하고 환희함을 일으켜서 자주자주 닦고 익힌다면, 비밀주야! 이것 이 처음으로 선업의 종자가 발생하는 것이니라. 다시 이것이 인이 되어서 저 육재일에 부모와 남녀와 친척에게 베풀어주 면 이것이 제2의 종자가 싹이 트는 것과 같으니라. 다시 이 러한 보시로써 친척이 아닌 자에게 수여授與하면 이것이 제3 의 줄기의 종자[疱種]가 생기는 것과 같으니라. 다시 이 보시 로써 마음 그릇과 도량이 큰 덕이 높은 자에게 베풀면 이것 이 제4의 잎의 종자[葉種]가 생기는 것과 같으니라. 다시 이 보시로써 환희하게 기악인伎樂人들에게 수여하고 높은 어른 [尊宿]에게 헌공하면 이것이 제5의 꽃이 피는[敷華] 것과 같으 니라. 다시 이 보시로써 친애하는 마음을 일으켜서 그리하여 공양하면 이것이 제6의 열매를 맺는[成果] 것과 같으니라. 다

시 또 비밀주야! 저 계戒를 지켜서 하늘에 태어나는 것은 이것이 제7의 선업종자를 받아쓰는 것[受用種子]과 같으니라."

순세팔심順世八心을 밝히는 부분이다. 세상의 정도에 수순하는 여덟가지 마음을 말한다. 선업종자의 시작으로 두려움을 여의는 영동심에 이르는 마음이다. 이 마음의 중심은 심종자心種子이다. 심종자란 한 생각에 착한 마음을 일으키는 보리심을 뜻한다. 이 선업종자가 싹이 나고 열매를 맺고 그것이 일체중생들에게 골고루 베풀어질 때 비로소 선업공덕이 생기게 된다. 선업공덕을 바탕으로 계를 가지게 된다. 이로써 천상에 나는 영광을 얻을 수도 있고 두려움이 없는 해탈의 삶을 살 수도 있다. 중생은 항상 자연과 사대四大에 두려움을 느끼면서 살고 있다. 그리고 생사의 두려움까지 겹치어서 언제나 불안한 삶을 살지만 한 순간에 베푸는 마음이 일어나면, 그때부터 두려운 마음은 사라지게 된다.

보리심은 베푸는 마음에서 일어나

순세팔심의 수행차제는 제1심은 보리심인 종자심種子心이다. 이 종자심에서 베푸는 마음이 일어나게 된다. 발심과 같은 마음이다. 이 베푸는 마음은 육재일에 부모와 아들딸과 친척들에게 베푸는 것이, 비유하면 씨앗이 물을 머금고 부풀어 싹이 나는 것과 같은 마음이다. 이것이 제2 싹종자[芽種心]이다. 다시 친척이 아닌 자에게 베푸는 마음을 일으키게 되니, 마치 싹이 부풀어 줄기가 되는 것과 같다. 이것이 제삼 포종심苞種心이다. 다시 또 도량이 크고 덕이 높은 자에게 베푸는 마음을 일으키게 되니, 마치 줄기에서 잎사귀가 나오는 것과 같다. 이것이 제4 엽종심葉種心이다. 다시 또 베푸는 마음을 일으켜 환희한 마음으로 기악인이나 스승 될 만한 분에게 베푸는 것이니, 마치 줄기에서 꽃이 피는 것과 같다. 이것이 제5 부화심敷華心이다. 다시 이 베푸는 마음이 친애하는 마음을 일으켜 공양하는 것이니, 마치 꽃이 떨어지고 열매를 맺는 것과 같다. 이것이 제6 성과심成果心이다. 이러한 베푸는 마음이 바탕이 되어 계를 지키면서 하늘에 공양을 올려 세상에 널리 알리는 것이니, 마치 열매가 세간에 널리 퍼져 나가는 것과 같다. 이것이 제칠의 수용종자심受用種子心이다. 다시 이 수용종자심은 생사에 유전하면서 두려움이 없는 모든 천신과 용존 등에게 공양하는 것이다. 이것이 제8 영동심嬰童心이다.

    삼밀관행법도 처음은 지재법持齋法에서부터 시작하여야 한다. 먼저 몸을 고르게 하고[調身], 다음에 입을 고르게 하고[調食], 나아가 뜻을 고르게 한[調觀] 연후에 관법에 들어간다. 먼저 조신한다는 것은 몸을 조복받는 것으로 건강한 몸을 유지하는 것을 말한다. 거친 행동을 삼가하며, 질서 있고 규칙적인 몸가짐이 필요하다. 수행승들이 조용한 곳에 앉아 좌선하는 것이나, 일정한 간격을 두고 행선行禪하는 것도 이에 속한다. 그리고 잠자리를 함부로 하지 않고, 정화하면서 때로는 장좌불와長坐不臥의 정진을 하기도 한다. 이와 같이 조신법은 한번 받아 난 생명을 소중하게 생각하는 것이다. 부처님의 가르침에 사람의 몸 받기가 어렵다는 것으로 "넓은 바다에서 눈이 먼 거북이가 천년마다 한

번 지나가는 구멍 뚫린 나무판자에 고개를 내미는 것과 같다"고 하였다. 법신불로부터 받아온 몸이 둘이 있을 수 없다. 소중하고 고귀한 몸을 잘 지켜서 성불의 원이 성취될 때까지 소중하게 간직하여야 한다.

다음으로 조식수행이다. 선업종자가 발생하여 지재하는 마음이 일어나게 된다. 지재라는 것은 제를 올린다는 뜻이다. 팔관대재 중에 음식을 지나치게 많이 먹지 않는다[不過中食]. 때아닌 때에 먹지 아니한다[不非食時]는 것이 있다. 즉 조금 먹기도 하고, 때로는 한 끼니를 먹지 않음으로써 그것을 절약하여 중생에게 베푸는 마음을 일으키는 것을 말한다. 이것이 어린아이가 자기 손에 쥐고 있는 작은 먹을 것을 자기 혼자 먹으려다가 부모나 형제나 친구에게 나누어주는 작은 모습에 비유하는 마음이다. 어린아이의 그런 마음을 점점 자라나게 하는 것은 "착하다"는 창찬의 말이다. 칭찬의 말이 계속되면 점점 더 베푸는 마음이 자라나서 소원을 성취하게 된다.

한 숟갈의 절량미는 만 중생의 법의 양식

한 끼의 공양을 소중하게 생각하고 남에게 베푸는 지재의 마음을 가져야 한다. 우리는 남에게 베푼다고 했을 때 큰 걸 베풀려고 하는 마음이 있다. 그러면 영원히 베풀지 못할 것이다. 아침에 밥을 지을 때, 내가 먹을 한 숟갈의 생미를 부처님께 올리는 절량불공을 하자. 내가 행하는 한 숟갈의 절량미가 만 중생에게 법의 양식이 될 때 사회는 굶주림이 없는 사회가 이루어질 것이다. 일종식一種食, 생식生食, 담식淡食, 오후불식午後不食, 단식斷食 등의 수행도 마찬가지이다. 먹지 않는 것을 자랑할 것이 아니라 내가 먹지 않는 양만큼 중생들에게 돌려주는 정진이다. 비록 작은 것이지만 베푸는 마음으로 법열을 느끼면 수행자의 몸은 건강해질 것이다. 맑은 물만 먹고 자라나는 초목들과 허공의 기운만을 마시고도 존재하는 뭇 생명을 보아도 알 수 있다. 조식은 또한 언어를 순화시켜야 한다. 입은 먹는 것과 말하는 것이 동시에 이루어지는 도구이다. 진언을 외우게 하는 것도 자신의 입을 지키기 위한 것으로 조식의 수행법에 속한다.

끝으로 마음을 조복 받는 조의조관調意觀照이다. 진각종의 수행법은 진언염송법으로서 일반적 염송수행법과는 다르다. 육자관념도에 의한 진언수행법이 진각종의 특수한 수행법이다. 육자관념도에 따라 염송을 할 때 자기 몸에 염송기수를 펼쳐야 한다. 그 방법으로 한숨에 한 번 염송하여 기수를 펼치기도 하고, 한숨에 두 번 염송하여 기수를 펼칠 기도 하고, 한숨에 여섯 번 염송하여 기수를 펼치기도 한다. 이 가운데 가장 적합하다고 생각되는 것이 한 번의 진언에 한 부처씩 기수를 펴가는 염송하는 법이다. 염송기수는 자기 몸의 글자에 오불과 제금강보살을 합일시키는 작법을 말한다. 육자관행자는 먼저 형식적으로 기수를 펼치게 된다. 이것이 습관이 되면 저절로 비로자나불과 내가 하나가 되고, 오불과 제금강보살이 관행자와 하나가 되는 조의조관調意照觀의 경지에 들어가 법신비로자나불의 자내증의 설법을 듣게 된다. 이 설법을 듣고 증득하면 곧 즉신성불의 경지에 오르게 된다.

우리는 초대승이라는 밀교의 타이틀 때문에 영동무외심의 본의를 우습게 보고 지나쳐 버리는 경향이 있다. 영동무외심은 곧 우동지재심이다. 지재심은 계율을 지키는 것으로 육재일에 행하는 것이다. 육재일은 매월 1일 8일 14일 15일 24일 30일이다. 진각종에도 육재일이 있다. 월초불공은 월육재일이며, 새해불공은 년육재일이며, 일요자성일은 평생육재일이다. 그리고 일생육재일도 있다. 이것을 6분단이라고도 한다. 제1분단은 모태분단으로 어머니의 태중에 머무는 시기이다. 이것은 태장의 세계에서 살고 있는 것이다. 제2분단은 출생분단이다. 밝은 세상으로 나와 금강의 세계에서 생활하는 것을 말한다. 제3분단은 성인분단이다. 어린아이가 자라서 성인이 되는 것이며 사업을 하는 사람들은 사업을 시작하는 날이 이에 속한다. 제4분단은 혼인분당이다. 양가의 집안이 한 집안으로 맺어지는 것은 크게는 우주법계가 한 권속으로 이루어졌음을 뜻하는 것이다. 즉 부처님 세계와 중생 세계가 일화―化가 되는 것을 의미한다. 제5분단은 열반분단이다. 육신은 흩어지고 업에 따라서 다시 다른 세상으로 태어나는 것을 말한다. 제6분단은 기제분단이다. 해마다 가신 날이 되면 온 가족들이 모여 열반에 드신 분을 위해서 제를 올리는 날이다. 이것이 우리가 평생 지켜야 할 육재일이다. 이러한 평생육재일에는 살생을 금하고 일체중생들에게 자비를 베푸는 지재불공을 하여야 한다.

〚경문〛 "다시 또 비밀주야! 이러한 마음으로써 생사에 유전하면서 저 착한 벗에게서 이와 같은 말을 들을 것이니라.

'이것은 천과 대천이 일체의 즐거움을 주는 것이다. 만약 정성으로 공양 공경하면 일체의 소원이 모두 만족하게 되리라. 이른바 그들은 자재천自在天과 범천梵天과 나라연천那羅延天과 상갈라천商羯羅天과 흑천黑天과 자재자천自在子天과 일천日天과 월천月天과 용존龍尊 등 및 구폐람俱吠濫과 비사문毘沙門과 석가釋迦와 비루박차毘樓博叉와 비수갈마천毘首羯磨天과 염마閻魔와 염마후閻魔后와 범천후梵天后이니, 세상에서 존경과 숭배 받는 것이다. 화천火天과 가루라자천迦樓羅子天과 자재천후自在天后와 파두마波頭摩와 덕차가용德叉迦龍과 화수길용和修吉과 상거용商佉과 갈구탁검용羯句啅劍과 대연용大蓮과 구리검용俱里劍과 마하반니용摩訶泮尼과 아지제바용阿地提婆과 살타난타薩陀難陀 등의 용과 혹은 천선天仙과 대위타론사大圍陀論師들 각각에게 잘 응하여 공양할지니라.'

저가 이와 같은 말을 듣고 마음에 경사慶事로이 즐거움을 품어서 은근히 정중하게 공경하고 수순하며 수행하느니라. 비밀주야! 이것을 우동이생愚童異生이 생사에 유전하며 두려움 없이 의지하는 제팔의 영동심嬰童心이라 하니라."

이 부분은 제8 영동심에 대한 말씀이다. 이 마음은 제7수용종자심 다음을 뜻하는 마음이다. 영동무외심은 하늘에 태어나는 것이 목적인 마음이다. 하늘에 태어나려면, 부처님이 제정한 계를 수호함으로 인하여 하늘에 태어난다고 하였다. 이 외에도 초기불교에서는 보시를 행하여도 하늘에 태어난다고 설하기도 하였다. 호계護戒하는 것은 인因이며, 생천生天하는 것은 과果이다. 계의 수호의 가볍고 무거움에 따라 욕계육천欲界六天에 태어나기도 하고, 색계십팔천色界十八天에 태어나기도 하고 무색계의 사공처천無色界四空處天에 태어나기도 한다. 이와 같이 영동무외심은 천상에 태어나기도 하지만, 그 위의는 그 밖에 용의 몸이 된다는 것이다. 모두 부처님의 법을 수호하는 사천왕의 아래에서 법을 보호하는 30종류의 천신과 용을 열거하였다.

(1) 자재천은 부처님을 수호하는 동방천으로, 색계의 제사선천色界第四禪天의 최상最上의 천天이며 불법의 수호신守護神이다. 인간계에서는 조물주라고도 하며, 도교에서는 옥황상제라 칭하기도 한다. (2) 범천梵天은 색계色界 초선천初禪天의 왕을 가리킨다. (3) 나라연천那羅延天은 금강역사金剛力士 견고력사堅固力士라 번역한다. 큰 코끼리의 70배의 힘을 지녔다고 한다. 중국과 한국 일본의 사원에 일주문을 지나 금강문

을 수호하는 역사力士를 가리키기도 한다. (4) 상갈라천商褐羅天은 초선범천왕初禪梵天王의 화신化身이며, 자재천自在天을 가리키기도 한다. (5) 흑천黑天은 대흑천大黑天이라 하며, 풍우風雨를 관장하는 풍천이라고도 한다. 뇌천雷天을 가리키기도 한다. (6) 자재자천의 욕계欲界 화락의 용이다. 자재천을 수호하는 자를 뜻한다. (7) 일천日天은 십이천十二天의 하나이며 유희용왕을 말한다. (8) 월천月天은 십이천의 하나이다. (9) 구폐람俱吠濫과 (10) 비사문毗沙門은 사천왕四天王 중에 북방천으로, 야차 나찰 두 귀신을 통솔하는 진호鎭護의 재완신財完神과 보국保國의 수호신을 말한다. (11) 석가釋迦는 석가모니는 아니다. 인도에서는 석가는 비뉴천毘紐天의 화생化生이라 하여 받들고 공경한다. (12) 비루박차毗樓博叉는 광목천廣目天 사천왕四天王의 서방수호천을 말한다. 여러 가지 웅변으로써 나쁜 이야기를 굴복시키기도 함으로 잡어라고 부르기도 한다. (13) 비수갈마천은 제석의 신하로 여러 가지 물건을 만드는 공교신工巧神이다. 인도 리그베다梨俱吠多에서는 우주창조자라 한다. (14) 염마염마후閻摩閻魔候는 베다吠多에서 태양의 아들이며, 염마후閻摩后는 영매의 세계를 다스리는 천을 말한다. (15) 범천후梵天后는 초선천의 주인인 범천을 뜻하는 것으로 음욕을 여의천을 말한다. (16) 화천火天은 화신火神 불교십이천佛教十二天중 하나를 말한다. (17) 가루라자천迦樓羅子天은 가루라는 금시조를 뜻한다. 가루라의 왕자를 말한다. (18) 자재천후自在天后는 제석천의 후라고도 한다. 이하는 12용신을 말한다. (19) 파두천波頭天은 용이다. (20) 천선天仙은 하늘의 선인을 뜻한다. 역시 용신이다. (21) 덕차가德叉迦는 다설용多舌龍이다. (22) 화수길和修吉은 구류용왕九類龍王을 말한다. (23) 상거商佉는 상구용이다. (24) 갈구탁검褐句啅劍은 구행용왕九行龍

王이다. (25) 대련大蓮은 대홍련왕大紅蓮王으로 용왕을 말한다. (26) 구리검俱里劍은 구종具種의 용왕을 말한다. (27) 마하반니摩訶泮尼는 대수大手용이면서 야차夜叉를 말한다. (28) 아지제바阿地提婆는 명신을 말하는 것으로 용에 속한다. (29) 살타난타薩陀難陀는 모두 용이다. (30) 대위타론사大圍陀論師는 칠성선七聖仙 또는 구성선九聖仙을 말한다. 소승범부는 이러한 몸을 받기를 바라지만 밀교의 수행자는 이들로부터 보호를 받게 된다. 수행자가 수행에서 일어나는 마장에 두려움을 여의도록 천과 용존 등이 보호를 하여 두려운 마음을 없게 하는 것을 말한다. 이런 천용들에게 공양을 올리므로 천상에 태어나기를 바라는 것이 영동무외심이다.

〖 경문 〗 "비밀주야! 다시 또 수승한 행으로 저의 설한 것을 따라서 수승함에 머무르면서 해탈을 구하는 지혜를 내는 것이다. 이른바 영원하다거나 덧없다거나 공하다는 것이니, 이와 같은 말씀에 수순하는 것이니라.

비밀주야! 저들은 공을 알지 못하여 공이 항상한 것도 아니요 끊어진 것도 아니며, 있는 것도 아니요 없는 것도 아니니라. 그것은 분별과 무분별을 갖추었으니, 어찌 공을 분별하리요. 저들이 능히 공을 알지 못하면 열반도 알지 못하니라. 이런 까닭에 마땅히 공을 요달하여 알아서 저 단斷과 상常을 여의어야 할지니라."

영동무외심의 경지는 우리가 어린아이들처럼 하늘이 무서워 그것을 섬기고, 태양이 무서워 그것을 섬기고, 바람이 무서워 그것을 섬기고, 물과 불이 무서워 그것을 섬기는 것이다. 자연을 섬기고 숭배하는 것은 섬기고 싶어서 섬기는 것이 아니다. 단지 두려움을 달래기 위하여 섬길 뿐이다. 언제든지 두려움이 사라지면 섬기고자 하는 마음도 사라지게 될 것이다. 청명하든 허공에 검은 구름이 일어나고 잠시 후에 수없이 많은 빗방울이 떨어지는 것을 보게 된다. 저 하늘에는 얼마나 많은 물들이 있을 것인가 하는 그런 두려움이 일어난다. 아무것도 없는 듯한 이 허공 세계에 갑자기 어디서 일어나는지는 모르지만 바람이 일어나기 시작한다. 이것 역시 두려운 존재이다. 허공 중에 존재하는 것이 무한하다는 것을 알지 못하기 때문이다. 허공 뿐 아니라, 또한 땅이 지니고 있는 무한한 것도 알지 못하며, 물이 지니고 있는 무한 것도 알지 못하며, 불이 지니고 있는 무한한 힘도 알지 못하는 것이다.

부처님은 그 가운데 허공을 표본으로 하여 말씀을 하였다. 땅과 물과 불과 바람도 같은 이치이다. 다만 공空의 진리만을 비유 들어서 설명하는 것일 뿐이다. 허공은 모양[相]도 없으며, 끝[端]도 없으며, 유有도 없다. 이와 같이 분별도 없다. 나아가서 열반도 생사도 없다. 이러한 공의 요지要旨를 알면, 자연의 모든 이치를 알게 된다. 단견斷見과 상견常見을 여의고 어디에도 집착하지 않으면서도 무한하게 존재하는 자연의 섭리가 곧 법신비로자나불의 본심의 자리이다.

견물생심見物生心 하는 마음에서 업이 생겨

중생들은 자연의 근원이 지니고 있는 무한한 힘을 알지 못하고 있다. 오히려 무서워하는 마음 때문에 본의를 상실하고 있다. 그러나 중생들은 또한 그 두려워하는 곳에서 즐거움을 찾는 마음의 여유도 있다. 그 마음의 여유는 진리적으로 보면 만용일 뿐이다. 이 만용을 승화시켜 두려움을 두려워하지 않고 그 속에 진실한 즐거움이 있다는 것을 안다면 이것이 수승한 행이 된다.

우동범부의 해탈은 영원한 것이라고 그곳에서 해탈을 구하기도 하고 해탈을 구하고자 한다. 무상無常, 영원하지 않는 것이라고 하는 그것에서도 해탈을 구하며, 텅텅 비어 있는 것에서도 말한다. 우리는 사물을 볼 때, 처음에는 자연 그대로로 보다가 나중에는 그것을 내 것으로 만들고자 하는 마음을 일으킨다. 그렇게 하다가도 다른 것으로 눈길을 돌려 그곳에서 즐거움을 찾고자 하는 것이다. 예를 들면, 단풍구경을 하면서 '참 아름답다', '참 조화롭다' 이렇게 생각하다가도 시간이 점점 지나면 자신도 모르게 그 단풍잎 하나를 따서 집으로 가지고 오게 된다. 그것은 나 혼자 보기가 아까워서, 지금 보고 잃어버리기가 아까워서, 두고두고 보려고 라는 핑계를 가진다. 그러나 조금 지나 더 아름다운 단풍을 보게 되면, 앞의 단풍은 아무 곳에나 버리게 된다. 이와 같이 견물생심은 변화가 무상하다. 항상 좋은 것만을 추구하려 하고 많은 것을 가지려 하며, 오래가는 것을 바라고 다른 것과 비교하는 마음이 있으며, 또한 모으고자 하는 마음도 있다. 이러한 마음은 천상에 태어나든, 누구의 도움을 받고 내가 어떤 경지에 오르든, 그리고 내가 어떤 사람에게 보시공덕으로 나 자신도 그렇게 된다 하여도 그런 모든 것들은 실질적으로는 본심의 작용은 아니다. 모두 중생 세계에 견물생심見物生心하는 마음에서 비롯된 것이다. 우리는 견물생심 하는 그것 때문에 가지 각종의 업을 짓고 있다. 이것이 어린아이의 마음인 영동심이다.

마음을 비워 베푸는 마음을 가져야

견물생심을 다스리기 위하여 조용히 눈을 감고 명상에 잠겨 보자. 지금까지 마음에 차곡차곡 저축이 되어 있던 것들이 주마등처럼 스쳐 지나가게 된다. 이것이 물건에 대한 집착이며, 번뇌를 일으키는 근본임을 알게 될 것이다. 이 집착은 청정한 본래의 마음에 큰 병이며, 성불과 해탈의 길에 장애적인 요소가 된다. 마음을 닦는다는 것은, 먼저 지금까지 견물생심에서 저축해둔 모든 것들을 지워가는 작업을 말한다. 조금도 정을 두지 말고 지워야 한다. 정을 두면 그것은 외도가 되며, 본성을 앗아가는 도적이다. 축적하는 마음을 베푸는 마음으로 바꿔야 한다. 육바라밀수행에서 보시를 첫째로 하는 것도 이러한 뜻이 있기 때문이다. 베푸는 마음을 가지지 않고는 견물생심으로 변화무상 하는 마음을 다스리기가 어렵다. 많이 베풀수록 보다 빨리 본심을 찾게 된다.

그러나 중생은 비우는 듯, 도리어 새로운 것을 저축하고 있다. 달마 스님과 양나라 무제의 대화에서 보면 알 수 있다. 양나라 무제가 "지금까지 불상과 탑을 조성하고 경책을 발간하여 유포하였으며, 또한 많은 승려를 공양한 공덕이 얼마나 됩니까?" 하고 물었을 때, 달마 스님이 "헤아릴 수 없이 불가사의한 공덕이 있다"고 답할 줄 알았는데, 달마 스님은 "공덕 될 바가 없다[所無功德]" 하였다. 불상과 탑을 조성하고 경전을 유포하고 승려들을 공양한 것이 천상에 나기를 원했거나 또는 보다 나은 삶을 구하기 위한 행위였을 것이다. 부처님의 가르침은 윤회의 천상에 태어나는 것을 바라는 것은 아니다. 누구나 다 수행하여 윤회의 세상을 떠나 불보살의 경지에 오르기를 바랄 뿐이다. 이에 달마 스님은 양무제의 원으로는 부처의 경지에 오르는 데는 아무런 공덕이 없다는 것을 알고 그렇게 대답하고는, 이 땅에는 아직 전법의 때가 되지 않음을 알고 숭산 소림사로 향하여 강을 건넜다. 그리고 이 땅이 자기와는 전법의 인연이 없음을 알고, 인연 있는 자를 만날 때까지 소림굴에서 면벽으로 9년을 기다리고 있었다. 이에 나타난 제자가 신광 스님이다. 스님은 흰 눈을 팔을 잘라 붉은 눈으로 바꾸는 신심을 보여 전법의 인가를 받아 혜가라는 인가명認可名을 받았다.

복덕과 공덕

중생의 견물생심은 복덕의 문에서 견물생심 하는 것이며, 공덕의 문으로 들어가는 견물생심이 아니다. 복덕과 공덕은 같은 듯하지만 다르다. 윤회의 틀을 벗어나지 않는 모든 공덕은 기복祈福의 복덕일 뿐이다. 윤회의 틀을 벗어나는 데 한걸음이라도 나아간다면 그것이 성불의 공덕이 되는 것이다. 현실 생활이 조금 좋아졌다하여 그것이 진정한 해탈은 아니다. 언젠가는 다시 고통의 굴레로 빠지기 때문이다. 부처님 앞에 독경하고 사경하고 향초를 사루고 공양미를 올리고, 무릎이 닳도록 1000배 3000배의 절을 하는 것이 기복이 아닐 수도 있다. 이 모든 수행이 마음을 닦기 위하여서 하는 행동이라면 그것은 기복이 아닌 공덕이 될 것이다. 또한 참선하고 진언을 염송한다 하여도 내생의 영화를 바라거나 천상에 태어나는 것을 바란다면 이것은 기복이 되는 것이다. 다시 말하여 현세의 안락을 구한다면, 그 어떠한 것을 하여도 기복이 되는 것이다. 복덕의 문은 영원한 것이 아니다. 공덕의 문으로 들어가면 허공처럼 아무것도 없는 것 같지만 만법이 그 속에 가득 차 있음을 알게 될 것이다.

부처님의 진실한 가르침은 무상인 듯 유상이고 유상인 듯 무상이며, 단견인 듯 상견이고 상견인 듯 단견이다. 이것이 중도성의 진실법이다. 중도성은 무한한 가능성을 지니고 있는 자리이다. 수승한 수행으로 해탈의 길로 가려면 반드시 분별의식을 버려야 한다. 분별의식을 버리는 방법의 하나가 자연 있는 그대로 인식하는 것이다. 자연을 자연으로 보지 않고 그곳에 분별심을 내면 그것이 곧 단견이 되고 상견이 되는 것이다. 단견이나 상견을 가지고는 허공의 이치를 알지 못할 뿐 아니라, 수승한 행도 해탈의 공덕도 얻을 수 없다. 견물생심 하는 것도 단견이나 상견에 치우친 생각이다. 윤회를 벗어나는 공덕의 문으로 나아갈 때 비로소 견물생심의 이치를 깨닫게 될 것이다. 이것이 진정한 수승한 수행이며 해탈의 진면목이 될 것이다.

제17화

60심
六十心

〚 경문 〛 이때에 금강수가 다시 부처님께 청하여 말씀하시었다.

"오직 원하옵건대 세존이시여! 저 마음의 차별을 설하여 주시옵소서."

이와 같이 말씀하여 마치니, 부처님께서 금강수 비밀주에게 일러 말씀하시었다.

"비밀주야! 자세히 들어라. 마음의 모양이라는 것은 이르되, 탐내는 마음, 탐욕이 없는 마음, 성내는 마음, 자애로운 마음, 어리석은 마음, 지혜로운 마음, 결정된 마음, 의심하는 마음, 어두운 마음, 밝은 마음, 쌓아 모으는 마음, 싸우는 마음, 다투는 마음, 다투지 않는 마음, 하늘의 마음, 아수라의 마음, 용의 마음, 사람의 마음, 여자의 마음, 자재하는 마음, 상인의 마음, 농부의 마음, 하천의 마음, 방죽의 마음, 우물의 마음, 수호하는 마음, 아끼는 마음, 개의 마음, 이리의 마음, 가루라의 마음, 쥐의 마음, 노래하는 마음, 춤추는 마음, 북 치는 마음, 집의 마음, 사자의 마음, 올빼미의 마음, 까마귀의 마음,

나찰의 마음, 가시의 마음, 굴의 마음, 바름의 마음, 물의 마음, 불의 마음, 진흙의 마음, 드러나는 마음, 널빤지의 마음, 미혹한 마음, 독약의 마음, 밧줄의 마음, 차꼬의 마음, 구름의 마음, 밭의 마음, 소금의 마음, 작두의 마음, 수미산과 같은 마음, 바다와 같은 마음, 구멍과 같은 마음, 태어남을 받는 마음, 원숭이의 마음이니라."

중생은 본래 없다. 법계에는 부처만 존재할 뿐이다. 중생의 세계도 없다. 이 세계는 부처님 세계이다. 모두 비로자나불의 금강법계궁일 뿐이다. 중생 세계가 만들어지는 것은 마음의 번뇌와 집착 때문에 생기는 것이다. 한순간 마음의 번뇌를 버리면 부처가 되고 집착을 버리면 불국토가 된다. 수행하여 깨달음을 얻었다는 것은 자신이 곧 부처임을 알았다는 것이다. 중생들은 번뇌와 집착으로 변화무상한 세계를 만들어 윤회하는 것이다. 마음의 번뇌로 말미암아 8만 4천의 마음이 생겨나고, 8만 4천의 중생이 태어나며, 8만 4천의 국토가 생겨난다. 중생의 변화무상한 8만 4천의 마음은 근본 5종심에서 비롯된다. 근본5종심이 1차적으로 파생되어 60심이 생기고, 60심은 다시 160심이 된다. 108번뇌도 이 중에 일부분이다.

한순간도 조용하게 멈추지 않고 계속하여 일어났다가 사라지고, 또 다른 마음을 일으키고 또 사라지는 변화무상한 마음, 이 마음이 곧 견물생심의 중생심이며 망념이다. 망념이 일어나면 자성심은 더욱 멀어진다. 변화무상한 중생심을 만들어내는 근본5종심을 안과 밖을 곱하고, 그 위에 다시 5종의 밖을 곱하면 60심이 된다. 탐심의 안과 밖은 탐심과 무탐심이 되고, 진심의 안과 밖은 성내는 마음과 사랑하는 마음이며, 치심의 안과 밖은 어리석은 마음과 지혜로운 마음이며, 교만심의 안과 밖은 어두운 의심과 결정심이며, 의심의 안과 밖은 의심과 의심의 밝은 마음을 말한다. 이 근본5종심에 탐심의 안과 밖을 곱하고, 그 위에 다시 진심의 안과 밖을 곱하고, 다시 그 위에 치심의 안과 밖을 곱하고, 다시 그 위에 교만심의 안과 밖을 곱하고, 다시 그 위에 의심의 안과 밖을 곱하면 160심$5×2×2×2×2×2=160$이 된다.

일상생활에서 본성을 찾는 정진을 해야 돼

5종심은 보리심을 덮어 윤회의 인이 된다. 한번 보리심을 덮으면 다시 벗어나기가 힘이 든다. 부처님의 경지에서는 보리심을 덮기가 어렵지만 중생의 경지에서는 그것을 벗어나기가 어렵다. 시간이 흐를수록 중생들은 언제 보리심을 덮었는지도 알지 못하고 있다. 실달다 태자가 설산과 정각산의 수행에서 8만 4천의 번뇌를 버린 것이며, 보리수에 이르러 마원을 항복 받는 것은 5종 근본번뇌를 버리는 수행이다. 중생은 일상생활에서 본성 찾는 정진을 해야 한다. 정진에는 먼저 본성을 가리고 있는 일상적인 마음을 알아야 한다. 그 일상적인 마음이 60심이다.

〖경문〗 "비밀주야! 저 무엇을 탐내는 마음이라 하는가? 이르되 물드는 법에 수순함을 말함이다. 무엇을 탐욕을 떠난 마음이라 하는가? 이르되 물들지 않는 법에 수순하는 것을 말함이다. 무엇을 성내는 마음이라 하는가? 이르되 성내는 법에 수순함을 말함이다. 무엇을 자애로운 마음이라 하는가? 이르되 사랑하는 법에 수순하여 수행하는 것을 말함이다. 무엇을 어리석은 마음이라 하는가? 이르되 관법을 수순하여 닦지 아니하는 것을 말함이다. 무엇을 지혜로운 마음이라 하는가? 이루되 수승하게 위로 오르고자 하는 법에 수순하여 닦는 것을 말함이다. 무엇을 결정된 마음이라 하는가? 이르되 존장의 가르침을 말씀과 같이 받들어 행하는 것을 말함이다. 무엇을 의심하는 마음이라 하는가? 이르되 항상 결정함이 없는 일들을 받아 가지는 것을 말함이다. "무엇을 어두운 마음이라 하는가? 이르되 저 의심과 염려가 없는 법에서 의심과 염려의 견해를 일으키는 것을 말함이다. 무엇을 밝은 마

음이라 하는가? 이르되 저 의심과 염려를 하지 않는 법에서 의심과 염려가 없는 수행을 하는 것을 말함이다."

(1) 중생의 마음에는 욕심내는 마음이 있다

욕심이란 물드는 법에 수순하는 습관을 말한다. 탐심이란 버린다 안 버린다, 갖는다 안 갖는다 이런 것이 아니다. 세상의 모든 것에 물이 들면 그것이 탐심이다. 예를 들면, 가을 단풍을 보고 난 다음 그것을 집에까지 가지고 가야 되겠다는 생각으로 단풍나무 가지를 꺾게 된다. 꺾은 가지를 집에까지 오지도 못하고 중간에 그 단풍보다 더 좋은 것을 보면, 앞의 것은 버리고 다시 가지를 꺾게 된다. 이것이 탐심의 습관 때문에 생긴 것이다. 욕심은 끝없이 다음으로 더 좋은 것으로 옮겨지는 것이다. 다시 또 비유하면, 어떤 사람이 '일백만 원을 모은 연후에 돈을 쓰겠다' 생각하고, 일백만 원이 되면, 그 사람은 모은 정성을 생각해서 그 돈을 쓰지 못한다. 다시 '일천만 원만 모으면 쓰겠다'고 다짐한다. 다시 또 일천만 원이 모이면, 그 사람은 그 돈을 쓰지 않고 다시 그 이상의 돈을 모으고자 할 것이다. 이렇게 욕심은 끝이 없다. 중생들은 필요할 때 사용하려고 모으는 것이 아니라, 축적하려고 모으는 것이다. 그러므로 모으기만 하는 습관이 생겨 쓸 줄은 모르는 것이다. 또한 쓰는 습관만 가지면 모을 줄을 모른다. 그러므로 빚을 지면서까지 낭비의 벽을 고치지 못하는 것이다. 옛말에 '모으는 사람 따로 있고, 쓰는 사람 따로 있다'고 하였다. 명예도 마찬가지다. 어떤 직위를 얻게 되면, 처음에는 감사하고 고맙게 생각하면서 과연 내가 그 직위에 합당한가 하고 걱정하지만, 시간이 지나면 겸양의 마음은 사라지고 명예에 물들어 더 높은 직위를 얻으려고 한다. 이것이 물드는 법에 수순하는 탐심이다.

(2) 중생들의 마음에는 욕심내지 않는 마음이 있다

세상 사람 중에 욕심이 전혀 없는 사람도 있다. 중생 생활에서는 물들지 않는 것이 좋은 것만은 아니다. 이것을 잘못 생각하면 무능한 사람이 된다. 욕망도 없고 발전도 없는 마음은 중생 세계에서는 쓸데가 없다. 한층 승화된 마음으로, 물질과 명예는 내 한 사람만을 위한 것이 아니라 일체중생을 위하여 존재하는 것이다. 이 세상의 모든 것은 법계가 주인이며, 불법승삼보가 주인이며 일체중생이 주인이며 내가 곧 주인이다. 안의 창고에 쌓아두는 것이나 밖의 창고에 그대로 두는 것이나 모두 내 것이라, 필요하면 언제든지 쓸 수 있다고 생각해야 한다. 그런데 중생들은 자기만을 생각하다 보니, 자연의 이러한 이치가 있음을 모르는 것이다. 주인인 내가 어떠한 일을 하는 것은 모두 나를 위해서 하는 것이다. 그러므로 최대의 능력을 발휘하여야 한다. 이것이 재산과 명예에 물들지 않는 참다운 마음이 될 것이다. 그러나 중생들은 이러한 마음을 갖기가 어렵다. 남을 배려하고 베풀고 희생하는 마음을 가지는 것이 보살정신이고 부처님의 마음일 것이다. 중생은 오욕칠정이 있다. 오욕은 가지고자 하는 마음이며, 칠정은 그것에 집착하는 마음을 말한다. 중생이 물드는 마음을 버리지 못하는 것은 칠정 때문이며, 물들지 않는 마음을 버리는 것은 오욕 때문이다. 우리는 초심으로 돌아가서 물들지 않는 마음을 깨달아야 한다. 그곳에서 해탈의 길이 열린다. 진흙 속에서 피는 연꽃처럼 아름답고 물방울마저 굴러떨어지는 잎사귀처럼 세파에 물들지 않는 순수한 마음을 가지도록 정진해야 한다.

(3) 중생들의 마음에는 성내는 마음이 있다

성내는 마음이란 성내는 것에 수순하는 습관을 말한다. 우리는 어떤 일에 화가 나면, 그것으로 끝나야 한다. 그러나 성내는 것이 다른 곳으로 옮겨진다. 성내는 것에 수순하는 사람은 곧 '성 잘 내는 사람'이 된다. 이 사람은 조그마한 일에도 성을 낸다. 이러한 수순심은 빨리 버려야 한다. 이것이 성내는 습관이 있기 때문이다. 한번 습관이 되어 있으면, 언제 어느 때에 나타날지 모른다. "그렇게 점잖은 사람이 핸들만 잡으면 입이 거칠어지고, 성을 잘 내더라"는 말을 듣는 것도, 이러한 마음이 잠재되어 있었기 때문이다. 또 성내는 마음은 자신을 과시하는 마음이다. 내가 하는 일은 언제 무엇이든지 잘하고 있고, 상대방이 하는 일은 항상 잘못하고 있다는 생각이 과시욕이다. 이 마음을 버리기 위하여 자기를 낮추고 하심하는 마음을 길러야 한다.

(4) 중생들의 마음에는 자비한 마음이 있다

자심이란 사랑하는 법에 수순하는 습관을 익히는 것을 말한다. 사랑한다는 것은 곧 자비심의 일부분이다. 그러나 사랑이 지나치면 병이 된다. 사랑한다는 것은 동등한 입장에서 이루어져야 한다. 종속적인 사랑은 잘못된 사랑이다. 부모가 자식을 사랑하는 것도 동등한 입장에 이루어져야 한다. 자식이 있기에 내가 어른 대접을 받는구나 하는 생각을 한다면, 이것이 동등한 사랑이 된다. 부모의 사랑이 무조건적이 되면 자식을 무능의 길로 이끄는 사다리가 된다. 어머니의 지나친 자식 사랑이 마마보이로 만들 수 있고, 할머니의 손자 사랑이 지나치면 버릇없는 사람으로 만들 수 있다. 그러므로 사랑은 평등해야 한다. 부처님은 사랑만을 말씀한 것이 아니다. 슬픔의 비심도 동시에 말씀하였다. 중생을 부처처럼 인증하는 것이 자심이며, 중생이 부처의 본성을 망각하고 고통받는 삶을 살아가는 것을 보고 슬퍼하는 마음을 일으키는 것이 비심이다. 평등성을 주장하는 사랑이 성내는 마음을 다스리는 명약이 될 것이다. 그러므로 성내는 마음과 사랑하는 마음은 안과 밖이 다른 것 같으나 같은 마음이다.

(5) 중생들의 마음에는 어리석은 마음이 있다

치심이란 관법의 습관을 익히지 아니하는 것을 말한다. 관법에 수순하지 않는다는 것에 관이란 일상생활을 말한다. 관한다는 것은 정신을 오롯하게 모은다는 뜻이다. 즉 정성을 다한다는 뜻도 된다. 부엌에서 밥을 짓더라도 관의 상태에서 밥을 지으면, 실수하지 아니하고 맛있는 밥이 될 것이다. 관하지 않는 상태에서 밥을 짓고, 요령껏 밥을 지으면 그 밥은 실수가 빈번할 뿐 아니라, 맛 또한 없을 것이다. 삼십 년, 사십 년, 한평생 동안 밥을 지어도 같은 밥을 짓지 못하는 것은 관하는 마음으로 밥을 짓지 않았기 때문이다. 예를 들면, 도자기공이 관하는 마음으로 도자기를 빚는다면 그 도자기는 더욱 빛나고 아름다울 것이다. 강화도에서 주조된 팔만대장경은 관하는 마음으로 주조하였기 때문에 전쟁에서 나라를 구하는 공덕이 있었다. 일상생활 속에서 항상 관을 하는 마음으로 살아간다면 곧 어리석음이 없는 삶이 될 것이다.

(6) 중생들의 마음에는 지혜로운 마음이 있다

지혜심이란 수승한 증상법에 수순하는 습관을 익히는 것을 말한다. 학문적으로 아는 것이 많은 사람일수록 수행을 등한시하는 병폐가 있다. 학문은 뛰어난 것을 찾는다는 의미보다 모든 것을 찾아 분석하기 때문이다. 부처님의 가르침도 이치적으로만 분석하고 해석하려는 경향 때문이다. 선종의 일천칠백공안을 분석하고 해석할 수 있는 것인가? 만일 문자로나 언어로만 풀이한다면 이것은 잘못된 것이다. 부처님의 마음을 나타내는 진언도 마찬가지이다. 해석이 불가능한 것이다. 그러나 '옴'은 비로자나불, '마'는 아축불, '니'는 보생불, '반'은 아미타불, '메'는 불공성취불, '훔'은 금강보살이라 하는 것도 방편으로 배대할 뿐이다.

'옴'은 천상도문을 닫는 것이며,
'마'는 수라도문을 닫는 것이며,
'니'는 인간도문을 닫는 것이며,
'반'은 축생도문을 닫는 것이며,
'메'는 아귀도문을 닫는 것이며,

'훔'은 지옥도문을 닫는 것이다.

이것은 육도윤회의 문을 닫는 것이다. 이것 역시 공덕의 비유법이다. 수행면으로 보면 다음과 같다.

'옴'을 부르면 단시를 행한 것과 같고,
'마'를 염송하면 계행을 지킨 것과 같고,
'니'를 염송하면 인욕을 행한 것과 같고,
'반'을 부르면 정진한 것과 같고,
'메'를 부르면 선정에 들은 것과 같고,
'훔'을 부르면 지혜를 닦는 것과 같은 것이다.

부처님도 농부와 같이 밭 갈고 씨 뿌리고 김매고 가꾸고 추수한다고 하신 것도, 마음을 닦는 그 자체가 갈고 뿌리고 김매고 가꾸고 추수하는 것과 같은 것이다. 이것을 분석하고 해석하여 알 수 있는 것은 아니다. 이 모든 것이 방편적 해석이다. 이러한 방편적 해석을 믿고 수행한다면 부처님의 참다운 지혜심을 깨닫게 될 것이다. 지혜심은 누구나 다 가지고 있다.

(7) 중생들의 마음에는 결정하고자 하는 마음이 있다

결정심이란 스승의 가르침을 말씀과 같이 받들어 행하는 것을 말한다. 결정심은 또한 여덟째 의심의 반대어이다. 의심이란 누구의 가르침이든 먼저 의심부터 하고 들어가는 것을 말한다. 매사에 부정적인 생각을 가지는 마음이다. 의심이 근본이 되면 반대를 위한 반대를 하게 된다. 결정심은 무조건 긍정하는 마음이다. 이것 역시 병이 되기도 한다. 때로는 반대하고 때로는 부정해야 한다. 조건 없이 반대하고 조건 없이 부정한다는 것은 곧 번뇌에 속한다.

(8) 중생들의 마음에는 의심하는 마음이 있다

의심이란 항상 정함이 없는 일들을 받아 가지는 습관을 말한다. 결정심의 번뇌나 의심의 번뇌에 집착하게 되면, 자기가 세운 고집에 의하여 좋은 것과 나쁜 것을 분간하지 못한다. 이러한 두 마음 가운데 더욱 나쁜 것은 의심이다. 그러므로 의심이 5종 근본번뇌에 속하는 것이다. 의심을 버리는 방법은 삼밀관행 수행으로 올바른 판단력을 가질 때 이루어진다.

(9) 중생들의 마음에는 어두운 마음이 있다

어두운 마음이란 의심과 염려가 없는 법에서 의심과 염려의 견해를 일으키는 습관을 말한다. 중생은 항상 둘로 보는 마음이 있기 때문에 60심의 배열도 항상 두 가지를 말씀하고 있다. 중생들은 자신감이 없고 확신이 없으면, 현재의 것에 의심하고 아직 오지 않은 미래의 것에 염려하고 걱정하고 불안한 마음을 일으킨다. 즉 의심할 것도 아닌데 괜히 의심하고, 염려하지 않아도 될 것을 염려하고, 걱정하지 않아도 될 것을 걱정하고, 불안해하지 않아도 될 것을 불안해하고 있다. 이것은 본성을 알지 못한 것이다. 그림자를 보고 본체의 크기와 가치를 논하는 것은 어두운 마음이다.

(10) 중생들의 마음에는 밝은 마음이 있다

밝은 마음이란 의심과 염려를 하지 않는 법에서 의심과 염려가 없는 습관을 가지는 것을 말한다. 진실로 의심해야 할 것을 의심하고, 염려해야 할 것을 염려하고, 걱정해야 할 것을 걱정하고, 불안해야 할 것을 불안하게 생각한다면 이것이 밝은 마음이다. 인지에서 '과 받음'을 굳게 믿고 행하는 것도 밝은 마음이다. 의심하고 염려하고 걱정하고 불안해한다고 문제가 해결되는 것은 아니다. 자기의 능력에 맞추어 최선을 다한 다음 기다리는 마음이 필요하다. 이러한 마음을 가지려고 부처님의 가르침에 따라 수행하는 것이다.

〚 경문 〛 "무엇을 쌓아 모으는 마음이라 하는가? 이르되 무량한 것을 하나로 하는 습성을 말함이다. 무엇을 싸우는 마음이라 하는가? 이르되 서로서로 옳고 그름을 가리는 것을 습성으로 하는 것을 말함이다. 무엇을 다투는 마음이라 하는가? 이르되 자기 안에서 옳고 그름을 일으키는 것을 말함이다. 무엇을 다투지 아니하는 마음이라 하는가? 이르되 옳고 그름을 모두 버리는 것을 말함이다. 무엇을 하늘의 마음이라 하는가? 이르되 마음의 생각에 따라서 성취를 생각하는 것을 말함이다. 무엇을 아수라의 마음이라 하는가? 이르되 즐거운 곳이 이 생사라고 말하는 것이다. 무엇을 용의 마음이라 하는가? 이르되 광대한 자산과 재물을 생각하는 것을 말함이다. 무엇을 사람의 마음이라 하는가? 이르되 다른 이가 이익 함을 생각하는 것을 말함이다. 무엇을 여자의 마음이라 하는가? 이르되 애욕의 법에 수순하는 것을 말함이다. 무엇을 자재하려는 마음이라 하는가? 이르되 내가 하고자 하는 일체를 뜻과

같기를 되기를 생각하는 것을 말함이다. 무엇을 상인의 마음이라 하는가? 이르되 처음에 거두어 모으고 뒤에 (큰 이익을 얻고자) 계산하고 나누는 법에 수순하여 닦는 것을 말함이다."

(11) 중생들의 마음에는 모으고자 하는 마음이 있다

적취심이란 무량한 것을 하나라고 생각하는 습성을 말한다. 중생들은 모으고 쌓고, 모으고 쌓으면서도 항상 하나를 모았을 뿐이다고 생각한다. 즉 하나를 하나라 하고, 둘도 하나라 하고, 셋도 하나라 하고, 열도 하나라 하고, 백도 하나라 생각한다. 그러면서 또한 하나가 모자란다고 생각하고 그 하나를 채우고자 하는 마음이다. 계속 쌓고 쌓는 끝없는 욕심이 적취심이다. 비유하면 일만 원씩 모아 일십만 원을 만들고, 일십만 원씩 모아 일백만 원을 만들고, 일백만 원씩 모아 일천만 원을 만들고, 일천만 원씩 모아 일억 원을 만들면서도 항상 일만 원이 모자라서 채웠다고 생각하면서 만족함을 느끼지 못하는 마음이다. 그리고 우리 집, 우리 가정, 우리 도시, 우리나라 이러한 생각을 가지는 것도 적취심에 속한다. 무량한 것을 하나에서 비롯된 것임을 깨달으면, 그곳에 해탈의 진면목을 보게 된다. '팔만사천 경전의 내용은 하나이다. 일천칠백공안이 하나이다.' 이것은 해탈과 성불을 가르치는 말씀일 뿐이다. 보시, 계행, 인욕, 정진, 선정, 지혜가 따로 있는 것이 아니라 육바라밀 하나이다. 여섯을 하나로 보고 수행하면 쉽게 깨달음을 얻을 것이다. 지옥, 아귀, 축생, 인간, 수라, 천상, 성문, 연각, 보살의 세계를 넘어 부처 세계에 이른다고 생각하고, 언제 지옥을 벗어나고, 언제 아귀를 벗어나며, 언제 축생을 벗어나고, 언제 인간을 벗어나며, 언제 수라를 벗어나고, 언제 천상을 벗어나며, 언제 성문을 벗어나고, 언제 연각을 벗어나며, 언제 보살 세계를 벗어나서 부처가 될 것인가? 아득하고 아득하다. 이것이 삼아승기겁이다. 정진수행에 적취심을 사용하면, 한 법에서 무량의 법을 깨달아 내가 선 이 자리가 곧 부처님세계가 될 것이다. 이것이 즉신성불이다. 중생은 이러한 이치를 알지 못하고 모으고 모아 8만 4천의 번뇌를 만들고 그 속에서 8만 4천 고통을 받고 있다.

(12) 중생들의 마음에는 투쟁하는 마음이 있다

투심이란 서로 시비하는 것을 습성으로 하는 것을 말한다. 조용히 앉아서 시시비비만을 가리는 것이 투심이다. 앞과 뒤를 생각하지 않고, 선과 악을 생각하지 않고, 본과 말을 생각하지 않고, 시시비비만을 일삼는 것이 투심이다. 투심은 직접 싸우지는 아니하면서 싸우고자 하는 마음을 만들어 내는 것이다. 시시비비는 끝이 없다. 하면 할수록 심하게 된다. 어떤 물건을 보고 불평불만으로 시시비비를 가린다면 잘못된 것이지만, 옳고 그름을 가리는 시시비비라면 얼마나 좋겠는가? 중생은 무조건의 시시비비하는 마음이 있다.

(13) 중생들의 마음에는 싸우고자 하는 마음이 있다

쟁심이란 자기에게 있어서 시시비비의 단계를 넘어 싸우고자 하는 마음이다. 어느 한쪽이 옳다고 설정해 두고 그 반대되는 쪽을 무시하면서 제거하고자 하는 마음이다. 이것은 자기 수준에 맞는 눈금을 만들어 두고, 모든 것을 그 눈금에 맞추도록 하고자 한다. 이에 조금이라도 어긋나면 그것을 제거하려고 싸움을 건다. 이것이 쟁심이다.

(14) 중생들의 마음에는 싸우지 않으려는 마음이 있다

무쟁심이란 시와 비를 모두 버리는 마음이다. 무쟁심은 또는 양비론, 양시론이 되기도 한다. 무쟁심은 모두를 인증하는 마음이다. 적취심, 투심, 쟁심, 무쟁심은 모두 중생들의 행위와 관계되는 습관을 말하는 것이다.

(15) 중생들의 마음에는 하늘의 마음이 있다

하늘의 마음이란 마음과 생각에 따라서 성취하고자 하는 습관을 말한다. 하늘은 한없이 넓고 높은 것이며, 무엇이든지 마음대로 할 수 있다고 생각한다. 하늘은 곧 천신이다. 천신은 생각에 따라 무엇인가 성취하고자 하는 마음이 있다. 그리고 이루고 난 다음에 흐뭇하게 생각하는 마음이 하늘의 마음이다. 중생들은 무엇인가를 이루고자 하고, 이룬 연후에는 흐뭇하게 생각하는 마음이 있다. 이것이 하늘의 마음이다.

(16) 중생들의 마음에는 수라의 마음이 있다

수라심이란 즐거운 곳이 생사라고 생각하는 마음을 말한다. 수라의 마음은 흩고 어지럽히는 것을 좋아한다. 정리정돈을 할 줄 모르면서 심술궂은 습관이 있다. 그리고 공연히 자기보다 높고 자기보다 넓은 것에 심술을 부린다. 그러므로 하늘을 향하여 심술을 부려 싸우고자 하는 것이다. 즉 조용한 것을 싫어하면서 싸우기를 자청하는 것이 수라의 마음이다.

(17) 중생들의 마음에는 용의 마음이 있다

용의 마음이란 광대한 자산과 재물을 생각하는 습관을 말한다. 광대한 생각을 가지고 허공은 모두 나의 것으로 하여 자유자재할 뿐 아니라, 구름을 마음대로 하고 비를 마음대로 한다. 내가 주인이라는 생각을 강하게 가지고 있는 마음이다. 즉 천지에 있는 모든 것은 나의 자산이며 나의 재물이다. 내가 주인이기 때문에 무엇이든지 내 마음대로 한다고 생각을 가지고 있다. 이것이 여의주를 가진 마음이다. 집안에 용의 그림과 호랑이의 그림을 걸어두는 것은 내가 천지에 군림한다는 욕심에서 비롯된 것이다. 하늘의 마음, 수라의 마음, 용의 마음 이 셋은 모두 자유자재하면서 무엇이든지 마음대로 할 수 있다고 생각하면서, 또한 많은 중생으로부터 우러러보게 하고 두려워하는 것에 즐거움을 느끼는 마음이다.

(18) 중생들의 마음에는 사람의 마음이 있다

　　　　사람의 마음이란 다른 사람이 이익할 것을 생각하는 것을 말한다. 또한 무엇인가를 의지하여 서려고 하는 마음도 있다. 항상 상대보다 내가 더 잘되어야 하고, 내가 더 많이 가져야 하고, 내가 더 높은 자리에 올라야 한다는 생각을 한다. 한자 人자의 모습을 보라. 혼자는 일어서지 못하면서도 일어선 연후에는 상대의 고마움을 저버리고 그 위에 군림하고자 하는 형상이다. '사촌이 논을 사면 배가 아프다'든가 '남의 밥그릇이 콩이 더 크게 보인다'는 것은 사람의 마음을 가장 잘 나타낸 속담이다. 사람은 상대방을 높이 올려놓고 흔드는 마음도 있다. 수행하는 사람 중에도 이런 마음이 있기 때문에 깨달음을 얻고도 말을 하지 않고 조용히 법열을 즐기는 수행자도 있다.

(19) 중생들의 마음에는 여자의 마음이 있다

　　　　여자의 마음이란 욕법에 수순하는 습관을 가진 것을 말한다. 사람은 하고자 하는 욕망과 음욕심이 없으면 사회가 발전하지 않고 가정이 이루어지지 않을 것이다. 출산의 고통을 느끼면서도 음욕이 강하기 때문에 다시 또 출산을 하는 것이 여인의 마음이다. 이 마음은 남녀 간에 모두 지니고 있다.

(20) 중생들의 마음에는 자재하는 마음이 있다

　　　　자재심이란 내가 하고자 하는 일체를 뜻과 같기를 생각하는 것을 말한다. 중생은 나는 항상 자유자재할 수 있다고 생각한다. 자재심은 자신감으로 미지의 세계를 개척하고자 하는 마음이 생기기도 한다. 자재심이 없으면 윤회의 고통에서 벗어나려는 고행의 정진을 하지 않을 것이다.

(21) 중생들의 마음에는 장사하는 사람의 마음이 있다

상인심이란 처음에 거두어 모아서, 뒤에 큰 이익을 얻고자 분석하는 습관을 말한다. 장사의 목적은 이익을 남기기 위한 것이다. 사람은 이익이 없으면 행동하지 않는다. 손해나는 일을 하지 않으려고 노력하는 것이 상인의 마음이다. 어떠한 물건이든 무엇을 보더라도 이익과 손해되는 것을 먼저 분석하고 행동한다. 조금이라도 손해 보는 일이 될 것 같으면 쳐다보지도 않는 마음이 상인심이다. 사또집의 개가 죽으면 문전성시를 이루고, 사또가 죽으면 파리 날린다. 상인심을 두고 한 말이다. 게으른 마음은 상인심이 있기 때문에 생기는 마음이다.

〖 경문 〗 "무엇을 농부의 마음이라 하는가? 이르되 처음에 널리 듣고 따라하며 그리하여 뒤에 구하는 법에 수순하는 것을 말함이다. 무엇을 하천의 마음이라 하는가? 이르되 양쪽 변에 의지하여 붙여지는 법에 수순하는 것을 말함이다. 무엇을 방죽의 마음이라 하는가? 이르되 갈증으로 싫어하거나 만족함이 없는 법에 수순하는 것을 말함이다. 무엇을 우물의 마음이라 하는가? 이르되 이와 같이 사유하기를 깊은 것에 더욱 깊다고 사유하는 것을 말함이다. 무엇을 수호하는 심이라 하는가? 이르되 오직 이 마음이 진실이며 다른 마음은 진실이 아니다 하는 것을 말함이다. 무엇을 아끼는 마음이라 하는가? 이르되 자기만을 위하고 다른 사람에게 베풀지 않는 법에 수순하는 것을 말함이다. 무엇을 이리의 마음이라 하는가? 이르되 서서히 나아가는 법을 닦고 따르는 것을 말함이다. 무엇을 개의 마음이라 하는가? 이르되 조그마한 것을 얻어서 기쁘게 만족한 생각을 내는 것을 말함이다. 무엇을 가

루라의 마음이라 하는가? 이르되 함께 무리 짓는 법에 수순하는 것을 말함이다. 무엇을 쥐의 마음이라 하는가? 이르되 모든 결박을 끊으려고 생각하는 것을 말함이다. 무엇을 노래하는 마음이라 하고 무엇을 춤추는 마음이라 하는가? 이르되 이와 같은 법을 잘 수행하되 나는 당연하게 상승上昇하여서 가지가지 신통변화를 한다고 하는 것을 말함이다. 무엇을 북 치는 마음이라 하는가? 이르되 이 법을 닦고 따르되 나는 당연하게 법고를 치는 마음으로 이 법에 따르려는 마음을 말함이다."

(22) 중생들의 마음에는 농부의 마음이 있다

농부심이란 처음에 베풀고 뒤에 거두어들이는 습관을 말한다. 봄에 씨앗을 뿌리고 가을에 반드시 거두어들이는 것이 있다. 그러므로 좋은 씨앗을 아까워하지 않고 씨앗을 땅에 뿌리는 것이다. 보시를 하더라도 거두어들일 것을 생각하고 보시를 하면 이것이 농부의 마음이다. 불공을 드리는 것도 이와 같다. 부처님에게 하는 보시는 오늘까지 편안한 생활을 한 것에 대하여 감사하는 마음으로 행해야 한다. 농부의 마음으로 보시를 해서는 안 된다. 달마 스님과 양무제와의 대화에 잘 나타나 있다. 무제는 곳곳에 절을 세우고, 불상과 탑을 조성하며, 또한 승려들에게 공양하며 많은 불사를 하였다. 부처님의 법을 이은 인도의 큰 스승을 만나 지금까지 자기가 불사한 것에 대하여 그 공덕이 얼마나 되느냐고 물었다. 달마 스님은 "공덕 될 바가 없다[所無功德]." 이것은 불사에는 농부심을 가지지 않도록 경계한 말씀이다. 진정한 공덕은 그 속에 없다. 육도윤회에서 벗어나는 것이 진정한 공덕이다. 일시적으로 부귀와 영화를 받는다 하여도 그 과가 다하면 다시 가난해지는 것을 알아야 한다. 농부는 내년에 봄이 되면 다시 밭에 씨를 뿌릴 것이다.

(23) 중생들의 마음에는 하천의 마음이 있다

하천의 마음이란 양쪽 변에 의지하여 붙어지내는 습관에 수순하는 것을 말한다. 하천은 개울, 개천을 말한다. 양쪽 변을 의지해 가운데로 흐르고자 하는 것이 하천의 마음이다. 중생의 마음에 양면에 의지하고자 하는 마음이 있다. 양면을 의지하면서도 자신의 주장을 세우고 있다. 양면성은 A가 좋을까, B가 좋을까? 어느 한쪽에 기울 듯하면서도 기울지 않는 마음이다. 양면성은 또한 자기중심이 있는 마음이다.

(24) 중생들의 마음에는 못, 방죽의 마음이 있다

피지심이란 갈증으로 싫어하거나 만족함이 없는 습관에 수순하는 것을 말한다. 피지는 못, 방죽, 저수지를 가리킨다. 못은 많은 것을 모으는데 수순하는 마음이다. 못은 둑보다도 내보내는 수문보다 받아들이는 입구가 더욱 크며, 더 많은 것을 받아들이면서 싫어하는 생각을 하지 않는다. 입을 크게 벌리고 있으면서도 만족할 줄 모르고 항상 갈증을 심하게 느끼는 것이 못의 마음이다. 둑이 넘쳐서 터져도 계속 받아들인다. 중생들도 끝없이 받아들이고자 하는 마음이 있다.

(25) 중생들의 마음에는 우물의 마음이 있다

우물의 마음이란 생각하기를 깊은 것에 더욱 깊다고 하는 습관을 말한다. 우물은 깊은 것을 좋아한다. 중생들도 무슨 일에 몰두하여 더 깊이 빠져드는 습관이 있다. 연구하여 사회를 발전시키는 것도 우물의 마음이 있기 때문이다. 특히 좋지 못한 것에 빠져드는 경향이 있다. 놀음도 게임도 음주도 흡연도 쉽게 끊지 못하는 것도 우물의 마음을 가지고 있기 때문이다. 이렇게 몰두하고 깊은 것을 좋아하는 마음을 정진에 사용한다면 누구나 다 성불할 것이다. 이러한 마음은 일부이기 때문에 성불과 해탈하기가 어려운 것이다.

(26) 중생들의 마음에는 수호하는 마음이 있다

수호심이란 오직 자기 마음만 진실이고 다른 사람의 마음은 진실하지 않다고 하는 것을 말한다. 즉 자신만을 보호하며 남의 것을 인증하고자 하는 마음은 조금도 없다. 항상 자신만을 위하여 방호벽을 만든다. 오직 자신이 아니면 세상은 돌아가지 않으며 자신이 반드시 개입되어야 무슨 일이든 이루어진다고 생각하는 마음이 수호심이다.

(27) 중생들의 마음에는 아끼는 마음이 있다

아끼는 마음이란 자기만을 위하고 다른 사람에게 베풀지 않는 습관을 말한다. 자기 물건을 아끼고 남의 물건은 가벼이 생각하는 마음을 말한다. 나의 진열장에 둔 물건은 다른 사람이 만지면 깨어질 것을 염려하여 문을 잠근다. 그러나 다른 사람의 진열장 물건은 마음대로 만지려 한다. 상대방이 불안해한다는 생각은 조금도 하지 않는다. 그리고 필요한 물건이든 아니든 항상 아끼는 습성이 있다. 이러한 마음은 나이가 들면 들수록 심하게 나타난다. 예를 들면, 밖에서 어떤 물건이 들어오면 그 물건을 묶었든 끈이나 포장지까지 챙겨둔다. 다음에 쓸 때가 있을 것이라고 생각하고 모아둔다. 그러나 필요할 때는 놓아둔 곳을 알지 못하여 새로 구입하여 사용하게 되는 경우가 있다. 아끼는 마음은 정신을 흐리게 하므로 놓아둔 곳을 잊게 된다.

(28) 중생들의 마음에는 이리의 마음이 있다

이리의 마음이란 서서히 나아가는 법에 습관을 닦는 것을 말한다. 이리는 의심이 많고 꾀가 많다. 항상 주위를 살피고 서서히 움직이면서 먹이를 잡는다. 지나칠 정도로 조심성이 있다. 이렇게 신중하지만 모두 자신만을 위하는 행동일 뿐이다. 남을 전혀 배려하지 않는 자기주장이 강하여 남을 의심하는 마음이 강하다.

(29) 중생들의 마음에는 개의 마음이 있다

개의 마음이란 조그마한 것을 얻어 기뻐하며 만족한 생각을 내는 것을 말한다. 개는 욕심을 내되 그 욕심이 적다. 살점이 없는 뼈다귀 하나만 주어도 좋아하는 작은 것에 만족하는 마음이다. 예를 들면, 온종일 일한 부인에게 퇴근한 남편이 지나가는 말로 '아름답다', '오늘

집안 일하는데 수고했다'는 말 한마디에 하루의 피로가 풀린다고 한다. 남편 역시 마찬가지다. 퇴근하는 남편에게 냉수 한 그릇 대접해도 하루의 피곤함이 사라진다. 이것은 작은 것에 만족하는 마음이다.

(30) 중생들의 마음에는 가루라의 마음이 있다

가루라심이란 붕당우익법에 수순하는 습관을 말한다. 저 사람이 내 편인가, 누구 편인가? 이것이 붕당을 조직하는 마음이다. 붕당을 조직하는 것은 자기의 약함을 감추고 남의 힘을 빌려 없는 힘을 과시하고자 하는 마음이다. '우리 것', '내 것'이라는 말을 많이 사용하는 것이 가루라심이다.

(31) 중생들의 마음에는 쥐의 마음이 있다

쥐의 마음이란 모든 결박을 끊으려고 생각하는 것을 말한다. 이것은 무엇인가에서 벗어나려고 하는 마음이다. 중생들도 속박을 당하고 있다고 생각하면서 항상 그 속박에서 벗어나려 힘을 쓴다. 실지로는 속박되어 있지 않지만 스스로 속박한 것이다. 즉 재물의 노예가 되기도 하고, 명예의 노예가 되기도 하는 것이 쥐의 마음과 같은 것이다.

(32) 중생들의 마음에는 노래하는 마음이 있다

가영심이란 노래 부르는 마음을 말한다. 중생들은 힘이 들면 노래를 불러 피로를 푼다. 농사일을 하면서도 노래를 부른다. 이것이 농요이며 노동요이다. 선비들도 마찬가지이다. 글을 읽다가도 시조를 읊으면서 잠시 잠깐 머리를 식히는 것이다. 등산하는 사람도 정상에 오르면 '야호'를 외친다. 이것이 모두 가영심에서 비롯되는 것이다.

(33) 중생들의 마음에는 춤추는 마음이 있다

춤추는 마음이란 이와 같은 법을 수행하되 나는 당연하게 상승하여서 가지가지 신통변화를 한다고 생각하는 것을 말한다. 사람은 항상 위로 오르고자 하는 마음이 있다. 이 마음이 춤으로 표현된다. 발을 위로 들고, 허공을 나르는 모습은 신통변화를 하고자 하는 마음이다. 재주꾼들이 외줄타기를 하면서 허공으로 솟아 오르는 모습도 이 마음이며, 관람자도 이런 마음이 있기에 웃고 즐기는 것이다.

(34) 중생들의 마음에는 북을 치고자 하는 마음이 있다

격고심이란 법을 닦고 따르되 나는 당연하게 법고를 친다고 하는 습관을 말한다. 중생은 무엇인가를 두드리고자 하는 마음이 있다. 이것을 북 치는 마음이라 한다. 노래 부르고, 춤을 추고, 북을 치는 마음들은 모두 속박에서 벗어나고자 하고, 위로 향하고자 하는 마음에서 생긴 것이다.

〚 경문 〛 "무엇을 집의 마음이라 하는가? 이르되 스스로 몸을 보호하는 법에 수순하여 수행한다는 것을 말함이다. 무엇을 사자의 마음이라 하는가? 이르되 일체의 모든 일에 두렵고 약함이 없다는 법을 수행하는 것을 말함이다. 무엇을 올빼미의 마음이라 하는가? 이르되 항상 어두운 밤을 생각하는 것을 말함이다. 무엇을 까마귀 마음이라 하는가? 이르되 일체의 모든 곳이 놀라고 두렵다고 생각하는 것을 말함이다. 무엇을 나찰의 마음이라 하는가? 이르되 저 착함 가운데서 착하지 못한 것을 일으키는 것을 말함이다. 무엇을 가시의 마음이라 하는가? 이르되 일체처에서 악을 지어 일으키기를 습성으로 하는 것을 말함이다. 무엇을 굴의 마음이라 하는가? 이르되 굴에 들어가는 법을 수순하여 수행하는 것을 말함이다. 무엇을 바람의 심이라 하는가? 이르되 일체처에 두루하게 일어나는 것을 습성으로 하는 것을 말함이다. 무엇을 물의 마음이라 하는가? 이르되 일체의 착하지 못한 것을 세탁하는 것을 따

라 닦는 것을 말함이다. 무엇을 불의 마음이라 하는가? 이르되 불꽃처럼 성하게 일어나 열을 내는 습성을 말함이다."

(35) 중생들의 마음에는 실택집의 마음이 있다

실택심이란 스스로 몸을 보호하는 법에 수순하는 습관을 말한다. 집, 방, 실 등을 말한다. 스스로 몸을 보호하는 것에 수순하는 것을 말한다. 이것은 자신의 영역을 확보하는 마음이다. 즉 무엇이든지 자기 것으로 만들고자 하는 마음도 이에 속하며, 자기의 비밀스러움을 감추고자 하는 마음이다.

(36) 중생들의 마음에는 사자의 마음이 있다

사자심이란 일체의 모든 일에 두렵고 약함이 없다는 법에 습관이 되어 있음을 말한다. 사자는 겁이 없으면서 또한 약함을 보이지 않는 동물이다. 죽는 모습도 다른 동물에게 보이지 않으며, 죽음의 시간을 알아 죽음의 장소로 옮겨 죽음을 맞이한다. 스스로 자신의 몸속에서 벌레가 살점을 갈아먹어 다른 동물들이 사자고기 맛을 모르게 한다고 한다. 중생들도 자기의 단점을 남에게 보이지 않으려 하면서 오히려 과장된 위선의 모습을 취하기도 한다. 이것이 상이다. 《금강경》에 아상·인상·중생상·수자상이 사자의 마음이다.

(37) 중생들의 마음에는 올빼미의 마음이 있다

휴류鵂鶹는 올빼미이다. 항상 어두운 것에 습관이 되어 있는 것을 말한다. 올빼미는 어두운 곳을 좋아한다. 중생들도 어두운 곳을 좋아하는 마음이 있다. 혼자 있기를 좋아하고 조용한 곳을 좋아한다. 무엇인가를 감추고자 하는 마음도 올빼미의 마음이다. 숨고자 하는 마음도 이에 속한다.

(38) 중생들의 마음에는 까마귀의 마음이 있다

까마귀 마음이란 일체의 모든 곳이 놀라고 두렵다고 생각하는 습관을 말한다. 까마귀는 두려움이 많아 어느 곳에 가더라도 항상 놀라고 두렵고 하는 생각을 가지고 있다. 까치의 마음도 이와 같다. 중생도 하늘을 두려워하고, 땅을 두려워하고, 산을 두려워하고, 바다를 두려워하고, 천둥을 두려워한다. 이 두려워하는 마음 때문에 하늘을 섬기고, 태양을 섬기고, 달을 섬기고, 땅을 섬기고, 물을 섬기고, 불을 섬기고, 산을 섬기고, 바다를 섬기면서 의지하는 마음이 있다. 두려워하는 마음에서 의지하는 마음이 생긴다.

(39) 중생들의 마음에는 나찰의 마음이 있다

나찰심이란 착함 가운데서 착하지 못한 것을 일으키는 습관을 말한다. 나찰이 되려면, 정법수행은 어느 정도 닦아야 한다. 이렇게 얻은 착함을 가지고 그것을 이용하여 장난치기도 한다. 인간의 행위에 춤추고, 노래하고, 북 치는 마음이 있으며, 집을 지어서 자기 자신을 보호하고자 하는 마음과 절대로 자기의 약점을 드러내놓지 않는 사자, 어두운 곳을 좋아하면서 많은 비밀을 가지고 있는 올빼미, 착한 척하면서 장난치기 좋아하는 마음 등은 모두 자신의 어떤 부분도 노출하기를 꺼리는 마음들이다.

(40) 중생들의 마음에는 가시의 마음이 있다

가시의 마음은 찌르고자 하는 마음이다. 중생은 물건을 보면 가만히 두는 것이 아니라 꼭 만지거나 건드려보고자 한다. 이것이 찌르고자 하는 마음이다. 간섭하고 간여하고, 입 다물고 있어도 될 것을 참지 못하고 간섭한다. 어린아이가 혼자 놀다가도 어른들끼리 대화하면서 자기에게 관심이 없다고 생각되면 곧바로 엉뚱한 행동으로 관심을 끄는 것도 찌르는 마음이다. 찌르는 마음은 반드시 반응을 기다린다. 자기보호 본능에서 돌다리도 두드려가면서 건너가는 모습도 이 마음이다. 찌르는 마음은 좋은 면으로 사용하기보다는 나쁜 쪽으로 쓰는 것이 많다. 찌르는 마음은 칼끝으로 어떤 물건을 찌르면 그 물건에 상처를 주게 된다. 놀부의 심보에서 호박에 말뚝 박는다는 것이 있다. 이것이 악을 짓고자 하는 습성 때문에 일어나는 현상이다. 중생은 누구나 다 이러한 마음이 있지만 깊숙한 곳에 감추고 있을 뿐이다.

(41) 중생들의 마음에는 굴의 마음이 있다

굴심이란 어디엔가 들어가는 습관을 말한다. 중생들은 깊숙하고 좁은 곳으로 들어가기를 좋아한다. 중생은 이 마음이 있기 때문에 혼자 있으면 점점 작아지고, 점점 좁아지고, 점점 깊이 어둠에 깊이 빠져들어 나중에는 몸조차 운신하지 못하는 지경에 이른다. 이러한 마음을 다스리는 것이 산을 보면서 높은 마음을 지니게 하고, 바다를 보면서 넓은 마음을 지니게 하는 것이다. 옛날 큰 스승님들의 말씀에 "쥐가 소뿔에 들어가는 것 같은 그런 마음이 있다" 하였다. 소뿔은 처음에 들어갈 때는 넓지만 들어가면 들어갈수록 좁아진다. 수사하는데 굴심을 이용하면 된다. 대화하면서 상대방을 궁지로 몰아넣어 답변을 못 하게 하면, 궁지에 몰린 다급한 생각 때문에 자기의 본성을 드러낸다고 한다.

(42) 중생들의 마음에는 바람의 마음이 있다

바람심이란 일체처에 두루하게 일어나는 것을 습성으로 하는 것을 말한다. 이것은 모든 것을 간섭하고 뒤흔들어 놓을 수 있는 능력이 있다고 생각하는 마음이다. 바람은 또한 내가 아니면 안 된다는 우월성을 가지고 있다. 경험이 많은 사람들이 이에 속하기도 하다. 지금까지의 경험을 토대로 위와 아래에 간섭하고자 하는 마음도 바람의 마음이다. 바람은 문제를 일으키기도 하고, 문제를 해결하기도 한다. 문제를 일으킨다는 것은 바람을 피운다는 것이고, 문제를 해결한다는 것은 그 어떤 바람도 잠재운다는 것이다.

(43) 중생들의 마음에는 물의 마음이 있다

물심이란 모든 것의 습관을 익히는 것을 말한다. 물의 성격은 만물을 성장시키기도 하지만, 더러운 것을 세탁하기도 한다. 마루를 닦은 걸레를 빨 때 걸레보다 더러운 물이라도 그 물에 걸레를 빨면 걸레가 깨끗해진다. 이것은 상대의 더럽고 깨끗함에 상관하지 않고 현재보다도 더욱 깨끗하게 해줄 수 있는 습성이 있기 때문이다. 아무리 더러운 것이라도 깨끗하게 해줄 수 있는 물, 아무리 악인이라도 자기보다 더 악한 사람 앞에서는 오히려 선을 보여줄 수 있는 마음이 물의 마음이다.

(44) 중생들의 마음에는 불의 마음이 있다

불심이란 불꽃이 성하게 일어나 열을 내는 습성을 말한다. 불의 마음은 위로 올라가 무엇이든지 태우고자 하는 습성을 지니고 있다. 모든 물건을 태운다는 것은 없앤다는 뜻보다는 모든 물건을 가볍게 만든다는 의미가 강하다. 불꽃은 밑을 향하는 법은 없다. 언제나 위를 향한다. 사람은 높이 멀리 뛰고자 하고, 가볍게 허공을 날고자 하는 마음이 있다. 이것이 불의 마음이다. 불은 또한 잡아당기는 힘이 있다. 무엇을 태우려 할 때는 반드시 상대를 자기에게 끌어당겨서 태운다. 바람은 눈에 보이지 않지만 잠자는 만물을 깨워 움직이게 하며, 물속에는 아무것도 없지만 잎이 나고 줄기가 나며 오색의 찬란한 꽃을 피운다. 불 속도 아무것도 없지만 상대를 가볍게 하며 위로 향하도록 한다. 이것이 모두 상대방에게 무엇인가를 베풀고자 하는 희생심이다.

〘 경문 〙 "무엇을 진흙의 마음이라 하는가? 무엇을 드러나는 마음이라 하는가? 이르되 저들과 같은 것이 됨을 습성으로 하는 것을 말함이다. 무엇을 널빤지의 마음이라 하는가? 이르되 양량에 따르는 법만을 수순하여 수행하고 나머지 착함을 버리는 것을 말함이다. 무엇을 미혹한 마음이라 하는가? 이르되 집착하는 바가 다르고 생각하는 바가 다른 것을 말함이다. 무엇을 독약의 마음이라 하는가? 이르되 선심 발생하는 법이 없는 것에 수순하는 것을 말함이다. 무엇을 밧줄의 마음이라 하는가? 이르되 일체처에 내가 결박하여 머물러 있음을 습성으로 하는 것을 말함이다. 무엇을 차꼬의 마음이라 하는가? 이르되 두 발을 멈추어서 머무는 것을 습성으로 하는 것을 말함이다. 무엇을 구름의 마음이라 하는가? 이르되 항상 비를 내릴 생각을 하는 것을 말함이다. 무엇을 밭의 마음이라 하는가? 이르되 항상 이와 같이 자신에 사역함을 닦는 것을 말함이다. 무엇을 소금의 마음이라 하는가? 이르되

생각하는 바를 저가 다시 생각하는 것을 증가시킴을 말함이다."

(45) 중생들의 마음에는 진흙의 마음이 있다

진흙심이란 일체 만물들을 만들어낸다고 생각하는 습관을 말한다. 이 마음은 또한 모방심이라고도 한다. 그리고 거울에 비유하기도 한다. 거울은 어떤 물건이 앞에 오면 그 물건의 있는 그대로를 비추어준다. 진흙과 거울이 다른 점은 거울은 흔적을 남기지 않지만 진흙은 자국을 남긴다. 사람은 자기의 흔적을 남기고자 한다. 자기를 닮은 자녀들을 두는 것도 이러한 습성이 있기 때문이다. 만들어내는 마음, 모방하는 마음, 자국을 남기는 마음 이것이 진흙의 마음이다. 흔적을 남기고자 하는 마음 때문에 풍광이 좋은 산의 바위나 나무에 자기 이름을 새기기도 한다. 남들은 낮은 곳에 작은 글씨로 새기면, 자기는 보다 높은 곳에 보다 큰 글씨로 새기고자 한다. 이것은 진흙의 마음이다.

(46) 중생들의 마음에는 현색의 마음이 있다

현색심이란 저들과 같은 류가 됨을 습성으로 하는 것을 말한다. 현색은 현재의 색을 말하는 것으로 모든 것에 쉽게 동화되고 쉽게 동조하는 것을 말한다. 자연의 색깔과 같기를 바라는 것이다. 녹색 지대에 살려면 녹색으로 태어나고, 검은 지대에 살려면 검은색으로 태어나고, 밝은 지대에 살려면 밝은 빛으로 태어난다. 물속에 사는 동물은 물빛을 닮고, 낙엽 속에 사는 짐승은 낙엽 빛깔을 닮는다. 봄이 되면 봄의 빛깔의 옷을 입고, 여름이면 여름 빛깔의 옷을 입고, 가을이 되면 가을 빛깔의 옷을 입고, 겨울이 되면 겨울 빛깔의 옷을 입기를 좋아한다. 카멜레온과 같다. 중생은 이와 같이 시대나 장소나 사람에 따라 가지각색으로 변화하는 마음을 지니고 있다. 좋게 말하면 환경에 가장 잘 적응하는 것이다. 친구와 만나서 대화를 하더라도 상대방의 마음에 동조하면서 대화한다. 상대방이 남을 흉을 보면 나도 따라서 흉보게 되고, 상대방이 누굴 칭찬하면 나도 아무것도 모르면서 칭찬한다. 맹자의 어머니가 이사를 세 번 한 것도 현색심이 있기 때문이다. 중생들이 탐진치에 쉽게 물드는 것도 이 현색심이 있기 때문이다. 축생과 가까이하면 축생업을 배워 축생처럼 살게 되고, 나찰과 가까이하면 나찰업에 물들어 나찰처럼 살게 되고, 보살과 가까이하면 보살법에 물들어 보살처럼 살게 되고, 부처와 가까이하면 부처님의 법에 물들어 부처님처럼 살게 된다. 그러므로 지혜로운 사람은 현색심을 잘 이용해서 불보살과 같은 류가 되도록 수행하는 것이다.

(47) 중생들의 마음에는 판자의 마음이 있다

판심이란 양量에 따르는 법에 수순하고 수행하며, 나머지 것을 버리는 습관을 말한다. 판은 판자를 뜻한다. 판자는 크기가 정해져 있다. 정해진 양에 따라 사용할 만큼 사용하고 나머지는 버린다. 중생들도 자기에게 이로울 때는 쓰다가 손해가 날 것 같으면 언제든지 버린다. 오로지 자기의 이익만 생각하고 상대방의 이익은 생각하지 않는다. 판자의 마음이 강하게 있는 사람과 약하게 있는 사람이 있다. 판자의 마음이 강한 사람은 어떤 물건을 살 때 항상 큰 액수의 돈을 내고 거스름돈을 받는 사람이고, 판자의 마음이 약한 사람은 물건을 구입할 때 잔돈을 먼저 사용하여 셈을 치르고자 한다. 판자의 마음이 강한 사람은 소비하는 벽이 있고, 약한 사람은 절약 정신이 있는 사람이다.

(48) 중생들의 마음에는 미혹한 마음이 있다

미심이란 집착하는 바가 다르고 생각하는 바가 다른 것을 습관으로 하는 것을 말한다. 자기주장이 강하면서 집착하는 마음도 미혹한 마음이다. 집착은 또한 고집을 낳는다. 한 점의 고려청자를 두고 고집을 알아보면, 어떤 사람은 역사성에 집착하고, 어떤 사람은 견고성에 집착하고, 어떤 사람은 가치성에 집착하고, 어떤 사람은 제작자에 집착한다. 서로가 자기주장이 옳다고 말하면서 다른 사람의 주장하는 것에는 귀를 기울이지 않는다. 자기와 상관없는 것인데도 왈가왈부 자기주장을 한다. 모방하고자 하는 진흙의 마음, 같이 물들기를 바라는 현색심, 필요한 것만 사용하는 판자의 마음, 상대에 의하여 좋고 나쁨을 구분하는 미심 등은 모두 상대성에 관하여 비유한 것이다. 부처 세계와 중생 세계는 하나이다. 상대성이 아닌 유일의 세계이다. 어두운 암실을 밝게 하려면 어두움을 쫓아내는 것이 아니라 불빛만 들고 들어가면 어두움은 자연 사라지게 된다. 이것은 어두움과 밝음이 같은 것이기 때문이다.

(49) 중생들의 마음에는 독약의 마음이 있다

독약심이란 착한 마음이 발생하는 법이 없는 습관을 지니는 것을 말한다. 독약심은 상대방이 잘되었다는 것에 손뼉은 치지만 속마음은 '저것을 어떻게 하면 내 것으로 할 수 있을까' 하고 생각하는 것이 독약심이다. 범부나 성인들은 모두 이 마음이 있다. 범부는 그 마음을 표현하면서 살고, 성인은 그 마음을 사용하지 않는다는 것이 다를 뿐이다.

(50) 중생들의 마음에는 끈의 마음이 있다

견색심이란 일체처에 내가 결박하여 머물게 하는 습관으로 생각하는 것을 말한다. 견색은 끈이다. 일체 사물을 내 것으로 만들고자 끈으로 묶는 것을 말한다. 내 것으로 경계를 짓고자 하고, 확인하고자 하는 마음, 공공의 것, 공동의 것보다는 모든 것을 내 것으로 속박하고자 하는 마음, 내 것이 아니면서도 저 물건 속에 일부분의 내 것이 있고, 나도 저것에 소속되어 있다고 하는 마음으로, 항상 한계를 짓고 연관 관계를 가지면서 선을 긋는 마음이 견색심이다.

(51) 중생들의 마음에는 족쇄의 마음이 있다

수갑심이란 두 발을 멈추어서 머무르게 하는 것을 습성으로 하는 것을 말한다. 수갑은 족쇄이다. 족쇄는 가두고자 하는 습성이 있다. 견색심과 비슷하다. 견색심은 조건이 없이 묶는 것이고, 수갑심은 조건이 있는 묶임이다. 어떤 사람이 담배를 끊으려고, 술을 끊으려고, 마음으로 작정하는 것은 견색심이 되고, '금주', '금연'이란 표어를 벽에 붙여두는 것은 수갑심이다. 조건 없는 견색심이 잘못을 쉽게 고칠 수 있지만 수갑심은 변화가 심하여 쉽게 고칠 수 없다. 이것은 표어가 붙은 장소를 벗어나면 잊어버린다. 이것은 조건을 벗어나면 약속은 무용지물이기 되기 때문이다.

(52) 중생들의 마음에는 구름의 마음이 있다

구름의 마음이란 항상 비를 내릴 생각을 하는 것을 말한다. 태양의 빛을 가리기 위하여 구름을 만들고, 땅의 만물을 기르기 위하여 비를 내린다. 이와 같이 구름은 모든 것을 덮고자 하고 무엇인가를 내리고자 한다. 명령하기를 좋아하고, 지배하기를 좋아하고, 군림하고자 하는 마음이 구름의 마음이다. 구름의 마음은 또한 명분 세우기를 좋아한다. 명분을 내세운다는 것은 자신의 위치를 내세우는 상과 같은 것이다. 구름은 본래 형상이 없지만 형상 있는 것으로 작용하고 활동한다. 중생 세계의 재물도 명예도 형상이 없지만 실상이 있는 것처럼 나타난다. 중생 세계의 오욕과 칠정은 구름처럼 허상인 것을 알아야 한다.

(53) 중생들의 마음에는 밭의 마음이 있다

밭의 마음이란 항상 자신에 사역하는 습관을 말한다. 밭의 마음은 자신을 사용해 주기를 바란다. 씨를 뿌려주기를 바라면서 싹을

내고, 잡초를 키워 뽑아주기 바라고, 거름을 주면 결실을 맺어준다. 이것은 항상 관심을 가져달라는 것이다. 갈아주기를 바라고, 뿌려주기를 바라고, 뽑아주기를 바라고, 거름주기를 바라는 것은 항상 밭에 와서 함께하기를 바라는 것이다. 밭의 마음은 자기와 가까이하면 가까이할수록 많은 열매를 얻게 해준다. 자기를 등한시하면, 하는 만큼 이익을 주지 않는다.

(54) 중생들의 마음에는 소금의 마음이 있다

소금마음이란 생각하는 것을 다시 생각하여 증가시키는 습성을 말한다. 소금의 마음은 점점 더 짜게 하는 것이 목적이다. 소금자체는 짤수록 좋은 것이다. 백천강물이 바다에 들어와도 모든 물맛을 짜게 동화시키고자 한다. 소금의 마음은 하나를 얻으면 하나를 더 얻고자 한다. 그러므로 바다는 더 많은 강물이 흘러오기를 바라면서 경계의 문을 만들지 않는다. 흘려 온 물은 모두 짠 맛으로 동화시킨다. '말을 타면 마부를 거느리고자 하고, 마부를 거느리면 기생과 동반하기를 바란다'는 속담이 있다. 중생들도 자기화하려는 마음이 있다. 자기 뜻에 따르기를 바라는 것을 말한다. 독약심, 견색심, 수갑심, 구름의 마음, 밭의 마음, 소금의 마음 등은 모두 자기주장의 마음이다. 이런 마음 때문에 고통을 받을 수도 있다. 본래의 마음인 불성을 찾는다면, 이러한 마음들은 좋은 밑거름이 될 것이다.

〚 경문 〛 "무엇을 작두의 마음이라 하는가? 이르되 오직 이와 같이 깎아 없애는 법에 의지하는 것을 말함이다. 무엇을 미로彌盧와 같은 마음이라 하는가? 이르되 항상 생각하여 마음이 높고 거만한 것을 습성으로 하는 것을 말함이다. 무엇을 해바다와 같은 마음이라 하는가? 이르되 항상 이와 같이 자신에 수용하고 그리하여 머무르는 것을 말함이다. 무엇을 혈구멍과 같은 마음이라 하는가? 이르되 먼저 결정하여 저를 닦고 다시 고치는 것을 습성으로 하는 것을 말함이다. 무엇을 태어남을 받는 마음이라 하는가? 이르되 모든 행업을 닦고 익혀서 저에 태어남이 있는 것을 말함이다. (무엇을 원숭이의 마음이라 하는가? 이르되 마음을 자주 일으키는 것에 수순함을 말함이다.) 마음은 이와 같이 움직이느니라. 비밀주야! 1, 2, 3, 4, 5를 거듭 헤아리면[再數] 무릇 160심이 되느니라."

(55) 중생들의 마음에는 작도의 마음이 있다

체도심剃刀心이란 깎아 소멸시키는 법에 의지하는 것을 말한다. 중생들에게는 깎고자 하는 마음이 있다. 물건을 살 때도 물건 값을 깎고 사면 마음이 편안하다. 물건 값을 깎듯이 상대방의 명예도 깎아내리기 좋아한다. 그것도 한번으로 족한 것이 아니다. 언제든지 기회가 있으면 깎아내리고자 하는 마음이 있다. 이것이 체도심이다.

(56) 중생들의 마음에는 미로산의 마음이 있다

미로등심彌盧等心이란 항상 생각하기를 마음이 고거高擧한 것을 습성으로 하는 것을 말한다. 미로 등은 수미산정상을 말한다. 모든 것에서 높게 되고자 하는 것을 말한다. 일상생활 하는 사람 중에 높이 되고자 하는 마음을 가지지 않는 사람은 없다. 재산을 모으더라도 태산 같이 모으기를 바란다. 평사원이 되는 것보다는 간부 사원이 되기를 바라고, 간부 사원이 되는 것보다는 임원이 되기를 바라고, 임원 중에도 사장이 되기를 바라고, 많은 회사를 거느리면서 회장이 되기를 바란다. 올라가고 올라가도 계속 올라가기를 바란다. 등산하는 사람이 1,000m 산을 등정하고 나면, 2,000m의 산을 등정하기를 바라고, 5,000m를 등정하기 바라고 8,000m를 등정하기를 바란다. 세상에 있는 가장 높은 산은 모두 정복하고자 한다. 모든 것을 발아래 두고자 한다. 비행기를 만든 것도 높이 오르고 날고자 하는 마음에서 비롯된 것이다. 미로등심은 진취적인 마음이기도 하다. 이러한 마음이 있기에 올림픽이 열리며, 열광의 박수를 보내기도 한다. 미로등심을 잘 다스리면 낙차가 심한 생활은 안 할 것이다. 부처님의 법이 중도를 가르치는 것도 수직의 상승하는 미로등심을 다스려 평등하게 살도록 하는 법문이다.

(57) 중생들의 마음에는 바다와 같이 넓은 마음이 있다

해등심海等心이란 모든 것을 자신이 수용하고 그곳에 머무는 습관을 말한다. 해등은 바다의 수평선이다. 바다는 육지를 감싸고 있다. 그리고 백천강물을 다 받아들여도 불어나지 않는다. 모든 것을 감싸고 있어도 싫어하는 생각이 없다. 천지가 내 것이고 나의 지배를 받는다. 오히려 만강의 물을 받아들이면서도 늘 부족하다는 생각을 하고, 모든 육지를 감싸고 있으면서도 그것을 삼킬 듯 끝없이 파도친다. 그리고 많은 흙모래를 받아들이되 나보다 높이 되는 것을 용납하지 않는다. 바다가 밀물과 썰물을 작용을 일으키는 것은 밀물은 육지를 삼키고자 하는 것이며, 썰물은 모든 것을 깊숙이 감추고자 하는 마음에서 나온 것이다. 중생들은 모든 것을 내 것으로 만들면서도 높다는 생각을 하지 않으며, 강물을 받아들이듯이 누가 무엇을 준다 하여도 사양하지 않는 마음도 있다. 천하를 준들 사양하겠는가? 항상 한 걸음 더 나아가서 내 것으로 확보하고자 하고, 내 것이 된 연후에는 깊숙이 감추고자 한다.

(58) 중생들의 마음에는 구멍을 파고자 하는 마음이 있다

혈등심穴等心이란 먼저 결정하여 저를 닦고, 다시 고치는 것을 습성으로 하는 것을 말한다. 혈등은 구멍이다. 구멍은 처음은 적지만 계속 뚫을수록 커지고 둥글어져 나중에는 천지를 구멍 속에 두고자 한다. 우리도 이와 같다. 처음에는 작은 것에서도 만족을 느낀다. 그러나 나중에는 더 큰 것을 바란다. 작은 것으로 시작하여 큰 것에서 회향한다. 비유하면, 갑자기 비가 쏟아져 많은 동물이 비를 피하려고 어느 처마 밑으로 모여들었다. 발 빠른 동물들은 모두 처마 밑에서 비를 피할 수 있었다. 늦게 코끼리가 도착하였다. 처마 밑은 이미 많은 동물로 꽉 차 있다. 체구가 큰 코끼리는 처마 밑에 들어갈 틈이 없었다. 코끼리는 동물들에게 "나는 코끼리다. 코만 피하면 된다. 코만 비 맞지 않도록 틈을 달라" 사정하였다. 동물들은 그럴 것이라고 생각하고 허락하였다. 비는 계속하여 내렸다. 한참을 지난 뒤에 처마 밑에는 코끼리만 온전히 비를 피하고 있고, 다른 동물들은 처마 밖에 비를 맞고 있었다. 이것은 우화지만 혈등심을 잘 나타낸 이야기다. 속담에도 '바늘 도둑이 소도둑 된다'는 말이 있다. 지혜로운 사람은 이러한 이치를 알기 때문에 큰 것을 다스리려 하지 않고 소소한 작은 것부터 다스리고자 한다. 높이 되고자 하는 마음, 넓게 되고자 하는 마음, 둥글게 되고자 하는 마음. 이런 마음을 작고 섬세하고 소소한 마음에서부터 시작하여 자성심을 찾는다면 그 증득함은 빠를 것이다.

(59) 중생의 마음에는 무엇인가 받아들여 만드는 마음이 있다

수생심受生心이란 모든 행업을 닦고 익혀서 저에 생하는 것이 있음을 말한다. 수는 무엇이든지 받아들인다는 뜻이며, 생은 무엇이든지 생산한다는 뜻이다. 중생들은 모든 것을 받아들이는 마음을 가졌다. 그리고 무엇이든지 새로운 것으로 만들 수 있는 능력도 갖췄다. 나는 그릇이 적다 나는 할 줄 모른다는 말을 하지만, 이것이 사양지심으로 겸양지심으로 한다면 얼마나 좋겠는가? 그러나 속마음은 무엇이든지 받아들일 수 있고 무엇이든지 할 수 있다고 생각하는 것이 수생심이다. 우리는 항상 내가 세상에 주인공이 되기를 바란다. 실달태자가 룸비니 동산에서 "천상천하유아독존 삼계개고아당안지."라 하였다. 이것은 모든 것을 받아들일 수 있고 모든 것을 행할 수 있다는 뜻이다. 견물생심의 중생심은 부분으로 차별로 골라서 받아들인다는 뜻이 아니다. 모든 것을 받아들인다는 뜻이다. 문이라고 만들어지면 다 받아들인다. 안이비설신의의 육문을 통하여 보고 듣고 느끼는 모든 것은 다 받아들인다. 받아들인 것은 그대로 보전하는 것이 아니다. 다시 새로운 것으로 만들어내기도 한다. 좋은 방향으로 출생시킨다면 좋은 세상이 될 것이다.

(60) 중생들의 마음에는 원숭이의 마음이 있다

경전문구에는 기록되어 있지 않다. 원후는 원숭이를 가리킨다. 원숭이는 조화를 말하며, 변화무상함을 말한다. 앞에 나오는 59종의 마음을 모두 합하여 조화를 이루는 주인공의 마음이 원숭이의 마음이기 때문에 별도의 문구가 없는 것이다. 사람의 마음을 가장 많이 닮은 것이 원숭이다. 변덕이 심하고 잔재주가 많으며, 장난하기를 좋아하는 것이 원숭이 마음이다. 또한 변화무상의 원숭이의 마음은 아라한과를 얻은 오백나한들의 마음일 수도 있다. 오백나한들은 수행자를 상대로 하여 많은 법을 베푼다. 즉 게으름을 피우고 방일하는 수행자나 번뇌에 빠진 수행자를 위하여 장난치면서 수행에 매진토록 하는 방편의 장난이다. 원숭이의 마음을 잘 다스리면 성불의 길이 빠를 것이다. 부처님이 중생을 생각하는 자비심처럼 원숭이는 동족을 사랑하는 마음이 깊다. 물론 자비와 정은 같지 않아서 인정이 지나치면 도를 닦는 데는 도리어 방해가 되기도 한다. 삿된 것으로 향하는 정을 끊고, 변덕스러움을 끊고, 잔재주를 부리지 않는다면 올바른 정진을 할 수 있을 것이다. 중생이 번뇌가 많다는 것도 원숭이의 마음과 같은 마음을 가졌기 때문이다. 불교에서 출가법을 정을 끊기 위한 방편법이다. 심출가니 신출가니 구분하지만 외형상에 그 뜻이 있는 것이 아니다. 인정을 어떻게 다스리느냐에 출가법의 참뜻이 있다.

《대일경》은 수행자들에게 이 뜻을 전하기 위하여 60심을 나열하였다. 60심 중에 앞의 14종의 마음은 탐진치 근본에 대한 설명이다. 이것을 중심으로 앞의 20종은 생명 있는 모든 것을 증거로 설명하였으며, 다음 20종은 물건에 비유하여 밝히고, 다음의 20종은 행위에 대한 마음을 설명하였다. 이 60심은 제1 이생저양심 제2 우동지재심 제3 영동무외심까지에 해당되는 부분이다. 마음은 이와 같이 움직이는 성품이다. 이것을 1, 2, 3, 4, 5를 재수하면 무릇 160심이 된다.

제18화

3망집
三妄執

〖 경문 〗 "세간에 세 가지 망집을 초월하여야 출세간의 마음이 일어나나니, 이와 같이 오로지 5온이 아我가 없음 알고, 6근과 6경과 6계에 머물러 수행하라. 업과 번뇌와 그루터기와 무명의 종자에서 십이인연이 생함을 뽑아버리고 종宗 등을 건립하는 것을 여의는 것이니라. 이와 같은 담적湛寂은 일체의 외도가 능히 알지 못하는 것이니, 앞의 부처님께서 '일체 허물을 여의었다'고 설하셨느니라."

망집妄執은 망상집착妄想執著을 말한다. 존재하지 않는 것을 존재한다고 분별하여 집착하는 것을 말한다. 부처님이나 많은 선지식들은 중생들이 있지도 않고 영원하지도 않은 사물에 마음을 빼앗기고 있음을 알게 하고자 무한한 노력을 하고 계신다. 우리가 하는 언어 속에도 망집이 있다. 오늘에 옳다고 한 말이 내일이면 틀린다는 것을 알아야 한다. 부처님의 마음이며 모든 보살의 마음이며 일체중생들의 본심의 소리인 진언을 제외하고는 모두가 다 허망한 언설이다. 모양은 또한 어떠한가? 마찬가지이다. 모두 업연에 의하여 육근이 잠시 모였다가 헤어질 뿐 그 속에는 영원성이 없다. 이와 같이 보는 것, 듣는 것, 만지는 것도 모두 영원성이 없이 잠시 머무를 뿐이다. 그러나 우리는 그것이 영원할 것으로 알고 집착하여 선악시비 선후본말을 논하고 있다.

참선수행 중에 법거량을 할 때 선사들이 제자에게 답하는 선구 중에 '토끼 뿔', '거북이 털' 등을 비유하는 것은, 모두 망상집착의 병을 다스리기 위하여 내리는 방편의 법이다. 가섭존자가 아난에게 내린 화두에서 "문 앞에 찰간을 꺾어 버려라[倒却門前刹竿着]"는 것이나, 육조혜능의 "본래무일물[本來無一物]"이나, 조주 스님의 "개도 불성이 있습니까?" 물음에 "없다" 혹은 "있다" 답한 것이나, "어떤 것이 부처입니까?" 물음에 동산 수초선사의 "삼이 세 근이다"고 답한 것이나, "부처님 가르침의 적적한 대의가 무엇입니까?"라는 물음에 "뜰 앞에 잣나무이다"는 대답 등 1,700 공안이 모두 망상집착을 끊게 하는 공안들이다. 이 외에도 경허 스님의 "돌부처가 아이 낳으면 그때 가서 말하겠소" 라는 게송 등도 이와 같은 것이다.

많은 경전에서도 망집에 대하여 설하고 있다. 《능가경》에서는 언설言說, 소설사所說事, 상相, 이利, 자성自性, 인因, 견見, 성成, 생生, 불생不生, 상속相續, 박불박縛不縛의 12망상을 설한다. 《보살지지경》에는 자성自性, 차별差別, 섭수적취攝受積聚, 아我, 아소我所, 념念, 불념不念, 구상위俱相違 등의 8종망상을 설하고 있다. 내용으로는 중생 세계에 존재한다고 믿고 있는 모든 것들은 모두 망상일 뿐이다. 심지어 자성까지도 망상이며, 인과법칙에서 짓고 있는 인因도 망상이며, 생사가 모두 망상이며, 나라는 것도 나라는 존재까지도 망상이며, 생각하는 모든 것들도 망상집착일 뿐이다. 이것을 버리고 진실을 찾도록 하는 것이 부처님의 가르침이다. 진실이란 진리 자체이며 법신비로자나불의 본성이다. 깨달음을 얻었다는 것은 법신불의 본성을 알았다는 것이다. 성문과 연각은 아직 비로법신의 본성을 완전하게 깨닫지 못하고 자신의 깨달음의 경지에 머물면서 그것에 집착하고 있기 때문에 이승二乘이라 하는 것이다. 실달태자가 보리수 아래에서 깨달음을 얻은 것도 밀교에서는 성문의 경지인 의성취보살意成就菩薩의 경지이다. 45년간 중생을 위하여 법문한 것이 의성취와 신성취보살身成就菩薩의 경지이며, 쿠시나가라에서 열반상을 나타낼 때 비로소 신성취 구성취口成就 의성취 삼종을 성취한 보살로서 비로법신의 자리에 올라 일체 망상집착이 사라지게 되었던 것이다.

　　　　　비로자나불이 경전을 통하여 중생 세계에 그 모습을 표현하고 있다. 한 말씀도 설하지 않고 오로지 금강지권의 모습만을 보이면서 자수법락하는 《화엄경》의 비로자나불은 의성취보살의 모습이며, 일체지지를 설하면서 "실상같이 자심을 알아" 설한 《대일경》의 비로자나불은 의성취와 구성취보살의 모습이며, 모든 결인과 진언을 설하는 《금강정경》의 비로자나불은 신성취 구성취 의성취의 삼종성취보살의 모습이다. 법신비로자나불의 진실성을 아는 것이 부처님의 가르침의 본질을 아는 것이며, 이것이 모든 망상에 집착하지 않는 경지가 될 것이다. 그러므로 《화엄경》과 《대일경》과 《금강정경》의 본의를 아는 수행과 공부를 하여야 할 것이다. 이것을 가르치는 것이 진각밀교이다. 역사적으로는 인도에서 성립된 불교는 보리수 아래에서 자수법락으로 설한 《화엄경》바탕으로 하여 현실 세계에서 아함을 시작으로 법화 열반에 이르기까지 45년간의 설법은 모두 《화엄경》의 시나리오에 의한 것이다. 열반한 이후에 비로소 《대일경》과 《금강정경》이 유포되었다. 밀교법의 시작은 불멸 후 300여 년 뒤에 스리랑카에서 경전이 성립되고 경전의 정리는 A.D 7세기경이다. 이 땅에 전래된 불교는 3대 경의 영향을 받아 신라의 불교가 화엄불교며, 또한 화엄밀교로 전래되었다. 전래 1,600여 년이 지난 뒤에 진각성존에 의하여 금강지권과 육자진언 수행을 강조하여 비로본성을 찾는 참회문의 진각밀교를 열면서 심인불교로 세상에 그 빛을 나타나게 된 것이다.

    망집은 크게는 추망집麤妄執이고 작게는 세망집細妄執이며, 더욱 세밀하게는 극세망집極細妄執 등 3종의 망집이 있다. 3종 망집은 번뇌만을 뜻하는 것이 아니다. 시간을 말하는 것이기도 하다. 현교에서 성불하기 위하여 3아승기겁 동안 수행하여야 한다고 한다. 제1아승기겁 동안 인집人執의 혹惑으로서 5온五蘊과 인연에 의하여 거짓화 하여 존재한다고 하는 추망집을 끊는 기간이다. 제2아승기겁 동안 법집法執의 혹惑으로서 온처계蘊處界의 법취法聚에 대하여 세유細有의 견해를 가진다는 세망집을 끊는 기간이다. 제3아승기겁 동안 명明의 혹惑으로 탐진치만의貪嗔癡慢疑 5근본번뇌의 근원을 이루는 것이라는 극세망집을 끊는 기간을 말한다. 보살수행의 52위에 배대하면 추망집은 십신과 심주와 십향과 십회향을 얻는 수행 기간을 말하며, 세망집은 십지 중에 제1지에서 제7지를 얻는 기간을 말하며, 극세망집은 십지 중에 제8지에서 제십지를 얻는 기간을 말한다. 이렇게 3아승기겁을 지나면 성문과에 이르게 된다. 이것이 현교의 3망집이다.

밀교는 다르다. 먼저 제1아승기겁에 해당하는 기간은《화엄경》의 경지를 아는 것이며, 제2아승기겁에 해당하는 것은《대일경》의 경지를 아는 것이며, 제3아승기겁에 해당하는 것은《금강정경》의 경지를 깨달으면 된다. 이것은 일생에 이루어질 수도 있기 때문에 즉신성불이라 하는 것이다. 이 세 경전의 중심은 우리의 일상생활을 의미하는 것으로 다른 이상세계를 말하는 것이 아니다. 중생 세계의 삼라만상들이 몸으로 입으로 뜻으로 행하는 모든 것이 모두 법신비로자나불의 몸이며 말씀이며 행동이라는 것을 아는 것이다. 이것이 즉신성불이다.

《화엄경》의 경지를 안다는 것은 추망집을 버리는 것으로 낱낱이 인류와 낱낱의 아가 존재한다고 집착하지 말고 모든 것은 조화를 이루고 있다는 것을 말하는 것이다. 즉 내가 있고 네가 없다는 식으로 세상을 판단하면 아니 된다. 이것은 오온만이 존재하고 인아가 없다고 주장하는 것과 육근에 의하여 이루어진 모든 것은 모두 차별심이다. 이것이 견도위見道位이다. 이러한 차별심을 없애는 것이《화엄경》의 말씀이다. 화엄華嚴이란 곧 잡화엄식雜花嚴飾의 뜻이다. 낱낱으로 존재하는 것이 아니라 그 낱낱 속에 일체가 포함되어 장엄하고 있다는 것을 알아야 한다. 즉 하나 속에 일체가 있고 많은 것 중에 하나가 있으며, 하나가 곧 일체이며 일체가 곧 하나이다[一中一切多衆 一卽一切多卽一]. 가는 티끌 속에 시방을 머금고 있으며, 일체의 티끌 또한 이와 같다[一微塵中含十方 一切塵中亦如是]. 이것은 조화의 의미를 말하는 것이다. 세상에는 어느 하나라도 불필요한 것은 없다. 모두 소중하고 필요한 것이다. 아름다운 장미만이 소중한 것이 아니라 장미가 아름다워지려면 잡초가 있어야 한다. 중생 세계에서 아름답다, 좋다, 잘한다는 것은 모두 상대성이다. 추한 것이 있으니 아름다운 것이며, 나쁜 것이 있으므로 좋은 것이 있으며, 못 하는 것이 있으므로 잘하는 것이 있는 것이다. 어두움이 있으므로 밝음이 있는 것과 같다. 이러한 상대성에 중생은 차별심을 가지게 되고 차별심을 없애는 것이 추망집의 뜻이며, 화엄사상이다.

《대일경》의 경지를 안다는 것은 세망집을 버리는 것을 말한다. 이것은 수행의 초문으로 차별의 의혹을 끊는 수도위修道位를 말한다. 믿음 다음으로 행하는 것이 수행이다.《대일경》에서 십주심을 말하는 것은 수행의 문을 말하는 것으로 화엄에서 만물의 조화를 깨닫고 난 다음 행할 것은 수행뿐이다. 육바라밀 가운데도 지혜바라밀을 이룬 연후에 보시바라밀이든 정계바라밀이든 안인바라밀이든 정진바라밀이든 정려바라밀을 원만하게 할 수 있다. 부처님의 가르침에 마음을 닦게 하는 것은 만물의 이치를 깨달은 연후에 올바른 수행을 할 수 있기 때문이다. 진각종의 삼밀수행은 이때부터 시작된다.

《금강정경》의 경지를 안다는 것은 극세망집을 버리는 것을 말한다. 더 이상 배울 것이 없는 무학위無學位의 경지를 말하는 것으로 일상생활의 실천을 의미한다. 실달태자가 설산에서 선지식을 찾는 6년의 고행이 견도위이다. 지금까지 현실 세계에서 일어나는 일들을 낱낱이 듣고 배우는 과정의 고행이라면, 정각산 상두산의 6년 고행은 세상과의 인연을 끊고 오로지 마음 하나만을 닦아가는 수도위의 고행이다. 몸의 고행이 진정한 수행이 아니라는 것을 깨닫고 목욕한 후에 강을 건너 보리수에 이르러 마원을 항복시키는 것이 극세망집을 끊는 고행이다.

진각성존의 '불교의 생활화, 생활의 불교화'를 주창하신 것도 무학위의 경지를 말한다. 먼저 세상의 만물은 법신비로자나불과 동체가 되게 하고자 별도로 불상을 세우지 않고 몸으로 비로자나불의 결인인 금강지권인을 결하고, 비로자나불의 마음과 하나가 되고자 비로자나불의 본심진언인 옴마니반메훔을 염송하며, 비로자나불과 같은 마음을 가지고자 법신비로자나불을 생각하는 방편의 5불을 관하는 수행을 하는 것이다. 이것이 시간을 초월하는 출세간의 마음이 일어나는 밀교의 3망집을 끊는 수행이다. 이와 같이 중생 세계에서 중생들과 같이 생활하지만 오온의 집착이 사리지고, 아와 무아의 집착이 사라지며, 육근과 육경과 육식의 집착이 사라지고, 12인연의 무명의 종자가 뿌리째 뽑히고 모든 업에 집착하는 마음이 사라지며, 외도들에 따라가지 않으며, 일체 허물이 사리지는 경지에 이르게 되니 이것이 즉신성불의 경지이다.

〖경문〗 "비밀주야! 저 출세간의 마음은 5온蘊 중에 머물면서 이와 같은 지혜가 따라 일어나느니라. 만약 저 5온 등에서 일어나는 집착을 여의려면 마땅히 물거품과 물거품의 모임과 파초와 아지랑이와 꼭두각시와 같음을 관찰하여야 해탈함을 얻게 될 것이니라. 곧 5온과 12처와 18계와 능집과 소집이 모두 법의 자성을 여읜 것이니라. 이와 같은 본래 고요한 경계를 증득하면 이것을 이름하여 출세간의 마음이라 하느니라."

진언행자는 초발심의 자리에서 정보리심의 명상을 체험하고, 이것에 의해서 수행이 증가되면서 뒤따르는 것이 마장이다. 이것을 법장法障이라 한다. 이 법장을 벗어나지 못한 모습이 마치 연꽃이 이미 진흙탕을 떠나서 그윽한 향내를 피우고 있지만 여전히 수면水面 위에 있는 것과 같은 것이다. 그 의식은 온아뢰야蘊阿賴耶이다. 온아뢰야는 오온아뢰야로서 오온세계를 말한다. 오온은 색수상행식이다. 이것을 오음이라고도 한다. 색色은 물질이며, 수受는 받아들이는 것이며, 상想은 생각하는 것이며, 행行은 행동에 옮기고자 하는 의지意志이며, 식識은 마음이다. 이것을 세계로 보면, 중생세간衆生世間과 국토세간國土世間이다. 이 두 세간을 초월하는 것이 지정각세간智正覺世間이다. 중생세간의 마장은 탐진치만의貪嗔癡慢疑를 중심으로 이루어지는 108번뇌이며, 국토세간의 법마장은 육대불화六大不和와 천재지변天災地變이며, 지정각세간의 법마장은 오온을 중심으로 이루어지는 오음변마장五陰辯魔障이다. 중생세간에서 법마장을 이기면 안락한 삶을 살 수 있는 이고득락의 해탈이며, 국토세간에서 법마장을 이기면 불국정토가 이루어져 도피안의 열반락을 얻음이며, 지정각세간에서 오음의 법마장을 이기면 온아뢰야의 경지에 오르는 깨달음의 아뇩다라삼먁삼보리과를 얻게 된다.

      오음변마장을《능엄경愣嚴經》은 상세하게 설하고 있다. 색음色陰 수음受陰 상음想陰 행음行陰 식음識陰에 각각 열 가지 변마장이 있다. 수행자가 색음의 마장을 이기면 곧 오탁五濁 중에 겁탁劫濁을 초월할 수 있고, 수음受陰의 열 가지 변마장을 이기면 견탁見濁을 초월할 수 있고, 상음想陰의 열 가지 법마장을 이기면 번뇌탁煩惱濁에서 초월할 수 있고, 행음行陰의 열 가지 법마장을 이기면 중생탁衆生濁을 초월할 수 있고, 식음識陰의 열 가지 변마장을 이기면, 명탁命濁을 초월할 수 있다. 이와 같이 오음의 변마장과 오탁을 초월하면 금강간혜金剛幹慧에 들어가게 되어 십신, 십주, 십행, 십회향, 사가행의 마음과 금강십지를 초월하여 보리를 성취하게 될 것이다. 이 50종의 선마禪魔라고도 한다. 이것은 우리 몸이 있는 한 항상 존재하는 마장이다. 일상생활 속에 받아들이는 모든 만물과 마음의 작용이 곧 50종의 변마장이다. 이것을 초월하는 길은 집착을 버리는 것뿐이다.

경에 지혜 따라 생함이 있다는 것은 진언행자는 삼밀묘행속에서 법계심으로 동화해 가는 과정을 말한다. 중생세간과 국토세간을 접할 때 우리 몸은 육근을 근본으로 육진으로 접하며, 육식으로 작용하여 유위무위의 각종 변화를 일으킨다. 이 변화로 인하여 애착심이 생기게 된다. 이것이 집착의 시작이다. 이 집착으로 인하여 갈망하는 사랑이 생기게 되면서 희노우구애증욕喜怒憂懼愛憎慾의 작용이 업신을 만들어 육도를 떠돌게 하는 것이다. 집착에는 제법에 대해서 집착을 일으키는 능집能執과 집착 받는 쪽으로서 제법만유의 소집所執이 있다. 진언행자는 내면에 있는 정보리심의 세력을 일으켜서 여래의 오지금강五智金剛을 체득하고 보현의 일체행원을 만족하게 될 때 진정으로 능집과 소집에서 벗어나게 된다. 중생의 내면 깊숙이 자리하고 있는 정보리심을 명상을 통하여 밖으로 불러내야 한다. 온아뢰야가 그 역할을 담당할 것이다. 정보리심의 참된 인因에서 대비만행을 출생하게 되는 것이 적연계를 증득한 경지이다.

수행자는 부처님의 정법을 만나게 되면서 새로운 지혜가 생기게 된다. 그 지혜로 인하여 오온의 근원을 제거하게 된다. 물론 이 과정에 반드시 두려워하는 마음도 동시에 생긴다. 이것이 오음의 변마장이다. 오음의 변마장은 모두 허상에 불과하다. 이것을 경에 비유하기를 취말聚沫 같고, 부포浮泡 같고, 파초芭蕉 같고, 양염陽焰 같고, 환幻과 같다고 하였다. 법마장에 빠지면 허상은 실지의 상으로 보이게 된다. 그리고 영원성이 없는데도 영원한 것처럼 판단하고 집착하게 된다. 이러한 생각이 깊으면 깊을수록 헤어나지 못한다. 불성을 지닌 우리는 두려워할 것이 없다. 즉 마장의 크기만큼 정보리심의 세력도 증가하게 되기 때문이다.

다섯 가지 중에 첫째 '취말'이란 수면위의 물방울이 모인 것이다. 물방울은 갖가지 형태를 이루면서 떠다니고 있지만, 그 본질은 추구해도 끝내 불가득이다. 오온 중에 색온色蘊도 마찬가지이다. 색온을 분석하고 자세하게 관찰하여도 그 형체를 찾아볼 수 없다. 즉 이것이 색온은 불가득하다는 증거가 된다. 둘째 '부포'는 여름에 소나기가 내릴 때 수면위에 물방울이 떠올라 사람의 눈을 즐겁게 하지만, 이것 또한 중연에 의해서 이루어진 것으로 기멸변제起滅邊際가 불가득이다. 오온 중에 수온受蘊도 또한 이와 같다. 모든 고락은 모두 오정五情과 오진五塵의 화합인연으로 이루어져 있기 때문에 이 인연화합을 떠나버리면 그곳에서 아무런 수온도 존재하지 않는다. 셋째 파초는 넓은 잎을 펴고 있는 모습을 볼 때에 그 힘이 넘치는 것 같으나, 열매는 아무리 탐구하고 찾아보아도 볼 수 없다. 오온 중에 행온行蘊도 또한 이와 같아서 하나의 작은 움직임이 경계상境界相에 미치지 않는 곳이 없지만, 그러나 그 동력이 발생하는 근원은 찾을 수가 없는 것과 같은 것이다. 넷째 양염이란 아지랑이이다. 화창한 봄날 허공중의 수분水分이 일광에 비추어 일종의 불꽃[光炎]이 나타난 것을 말한다. 이것을 멀리서 바라보면 마치 많은 물이 넘쳐흐르는 것과 같이 보이지만 실지로는 물이 없다. 오온 중에 생각하는 상온想蘊도 이와 같이 가히 얻을 수 없는 것과 같은 것이다. 다섯째 환이란 꼭두각시이다. 세간의 마술사가 움직이게 하지만 그 실체를 찾을 수가 없는 것과 같이 오온 중의 식온識蘊도 일념의 무명에서 갖가지 동작의 모양을 만들어내지만 그 실체는 아무리 탐구 하여도 찾아내지 못하는 것과 같은 것이다. 이러한 오온에서 벗어나게 하는 것이 삼밀묘행의 수행이다.

　　　　오음을 또한 다섯의 관문에 비유하기도 한다. 첫 번째 경계문이다. 이것은 색온에 속하는 문이다. 경계문은 우리 눈에 보이는 사람과 사람 사이에 만들어진 문을 말한다. 대문과 방문과 창고문 등을 말한다. 사물을 경계 짓는 모든 문은 경계문이다. 중생들의 마음에도 벽을 만드는 경계문이 있다. 둘째 문은 국경의 문이다. 이것은 수온에 속하는 문이다. 눈에 보이지는 않지만 나라와 나라 사이에 존재하는 문이다. 종교와 종교 사이의 문이다. 이 문은 좁은 듯하면서 큰 문이다. 이 문은 서로 합의하면 자연스럽게 없어지기도 하는 문이다. 세 번째 삼세를 보는 마음의 문이다. 이것은 상온에 속하는 문이다. 이것 역시 보이지 않는 문이다. 우리는 대부분 마음의 문을 닫고 있다. 그러므로 과거와 현재와 미래를 모른다. 마음의 문을 활짝 열 때 먼저 자신의 본래면목을 먼저 보게 될 것이다. 인과법칙에 어두운 것도 마음의 문을 닫고 있기 때문이다. 넷째 법계의 문이다. 이것은 행온에 속하는 문이다. 즉 허공의 문을 말한다. 허공계는 무수히 많은 문들이 있다. 그 문은 부처 세계와 보살 세계와 성문연각세계와 천상 수라 인간 축생 아귀 지옥세계의 문을 말한다. 이 문을 자유자재로 깨달도록 부처님은 공문空門의 도를 설하였다. 중생의 육안으로는 인간세계와 축생세계만을 본다. 천안이 열리면 육도세계를 볼 수 있을 것이다. 다섯 번째 진리의 문이다. 이것은 식온에 속하는 문이다. 부처님의 가르침이 곧 진리의 문이다. 밀교는 비로자나불의 금강법계궁의 문이 있다. 이와 같은 다섯 문은 각각의 기능이 있다. 경계의 문으로 들어가면, 중생들의 생활상을 볼 수 있고, 국가의 문으로 들어가면 그 나라의 문화를 보게 되고, 마음의 문으로 들어가면 불성佛性을 보게 되고, 법계문에 들어가면 인과가 확연하게 보이고, 법신비로자나부처님이 상주하는 금강법계궁의 문으로 들어가면 부처와 내가 일여함을 깨닫게 될 것이다.

이 다섯 가지 문의 중심문은 마음의 문이다. 마음의 문을 통해서 아래로 내려가면 탐진치 삼독이 주인이 되어 활동하는 세계를 보게 된다. 마음의 문을 통하여 위로 올라가면 해탈의 세계, 열반의 세계를 볼 수 있을 것이다. 우리는 이 다섯 가지 문을 통과하기 위하여 수행하는 것이며, 수행의 최적지가 인간세계이며 인간의 몸이다. 인간의 몸을 구성하는 오온이 그 근본처가 된다. 그러므로 온아뢰야라 하는 것이다. 이제 그 오온을 중심으로 그 이루어진 하나하나를 분석하여 그 의미를 밝히는 것이 수행이다. 그 차제를 보면 먼저 육근을 분석하고, 다음에 십이처와 십팔계를 분석하여 그것에 집착하는 원인과 결과를 깨닫는 것이다. 이것이 세간 속에 있으면서 그 세간을 벗어나는 출세간의 법을 수행하는 것이다. 중생은 누구나 다 몸과 입과 뜻을 지니고 있다. 그로 인하여 육도를 윤회하는 업을 짓고 있다. 업業은 탐진치가 근원이다. 다시 업을 밀密로 바꾸는 것이 밀교수행이다. 밀密은 대자비심이 근원이다. 몸과 입과 마음의 경계를 육도를 윤회하는 업으로 보지 아니하고 육도를 벗어나는 밀로 보아야 한다. 이것이 온아뢰야의 경지를 증득한 가장 적합한 인연의 경지이다.

〖 경문 〗 "비밀주야! 저를 거스르고 수순하는 여덟 가지 마음의 상속과 업과 번뇌의 그물을 여의면, 이것이 일겁을 초월하는 유기행瑜祇行이 되느니라."

순세팔심을 말하는 장이다. 위순팔심이란 순리세상順理世上의 8심과 위리세상違理世上의 8심 두 종류를 말한다. 순세란 세간에 순응한다는 뜻이며, 위세란 세간에 위배하고 거역하는 뜻이다. 또한 선한 것은 세상을 따르는 것이며, 악한 것은 세상의 모든 일에 거슬린다는 뜻이기도 한다. 무엇이든지 긍정肯定적으로 살아가는 것이 순세이며, 부정否定적으로 받아들이는 것이 위세이다. 이것을 선과 악으로도 구분하지만 수행문에서는 수행의 차제를 말한다. 먼저 순세8심으로 수행하고 다음에 위세8심으로 나아가는 것이다. 8심이란 앞에서 밝힌 종자, 아종, 포종, 엽종, 부화, 성과, 수용종자, 영동심을 말한다. 사람은 누구나 다 조금의 선한 마음을 가졌다. 이것을 제를 올리는 마음이라고 하였다. 불·법·승 삼보에 귀명하고, 인천승人天乘을 위해 제시齊施의 선법을 행하는 초심에서 제8의 무외의無畏依인 영동심에 이르기까지 순세8심이다. 그리고 성문·연각·보살의 삼승학인의 초발심에서 업번뇌인 근본무명의 종자를 뽑아버리는 것을 위세의 8심이라 한다.

순세8심은 중생 세계에서 보편으로 행하는 법이라면 위세 8심은 육도를 벗어나기 위하여 행하는 법이다. 선과 악을 논하면, 위세8심이 악으로 보이지만 육도를 초월하기 위한 수행에서는 대승의 마음으로 어디에도 집착하지 않는 초월적인 마음을 말한다. 같은 8심이라도 금생의 자신의 안위만을 위하여 보시한다면 그것은 큰 법이 아니다. 일체중생의 해탈을 위하고 자신의 깨달음을 위하여 행하는 보시야말로 진정한 보시법으로서 위세8심이 될 것이다. 순응하는 것도 좋지만 때로는 거역하는 것이 미덕일 때도 있다. 위세8심의 경지에 오르는데 3아승기겁 중에 1아승기겁이 소요된다. 이제 1겁을 초월하는 데는 그리 많은 시간이 소요되는 것은 아니다. 대승의 마음에서 보면 번뇌하나 버리고, 법하나 버리고, 무명종자 하나 끊어 버리면 1아승지겁을 초월한 것이 된다. 한순간에 허물을 버린다면 그것이 1아승기겁이다.

아승기阿僧祇; Asaṁkyā겁이란《본업영락경本業瓔珞經》권하에 의하면, "사방 8백 리가 되는 큰 바위가 있어 3년마다 정거천淨居天이 내려와 아주 가벼운 옷소매로 한 번씩 그 바위를 스치고 가기를 수없이 하여, 그 바위가 다 닳아 없어지기까지의 기간을 가리킨다" 하였다. 이것은 중생들의 시간으로는 계산할 수 없는 시간을 뜻한다. 1아승기겁 동안에 무엇을 할 수 있겠는가? 순세8심에서 1아승기겁은 삼승교의 보살은 십신十信 십주十住 십행十行 십회향十廻向의 40위位에 추망집을 벗어난 시간을 말하며, 초지대승보살은 십지 중에 제1지로부터 제7지에 세망집을 벗어난 시간을 말하며, 대승보살은 10지중에 제8지로부터 제10지에 극세망집을 벗어난 시간을 말하고 있다. 진언행자는 어떠한가? 위세8심을 1겁유기Yogī행이라고도 한다. 유기는 유가Yoga로서 상응相應이라 번역한다. 상응이란 수행자는 관觀과 행行의 일치를 뜻하며, 법계는 불세계와 중생 세계의 일치를 뜻하며, 마음의 세계에서는 불심佛心과 중생심衆生心의 일치를 뜻하는 것이 상응이다.

  이 경에서는 제1아승기겁의 경지에 오르는 것을 가장 적합한 인연을 만나는 경계를 증득하였다고 설하고 있다. 즉 싹의 마음, 줄기의 마음, 잎의 마음, 꽃의 마음, 열매의 마음, 열매가 받아들이는 마음, 열매에 의지하는 마음, 열매가 베풀어지는 마음 등을 한순간에 뛰어넘는 것이 적연계의 증득이다. 이것을 보리심과 대비심과 방편심을 동시에 수행하였을 때 얻어지는 경지이다. 중생은 누구나 다 보리심이 있다. 보리심을 어렵게 생각하지 말라. 보리심은 깨닫고자 하는 마음이다. 사회생활에서 행하는 모든 마음이 모두 깨닫고자 하는 마음이다. 농부가 씨앗을 뿌려 주수하고자 하는 마음이나, 어부가 바다에 거물을 던져 고기를 잡으려고 하는 마음이나, 물건을 만드는 사람이 자기가 생각하는 물건을 만들고자 하는 마음이나, 장사하는 사람이 이익을 내고자 하는 마음이나, 학생이 공부하고자 하는 마음이나, 부인이 밥을 짓고자 하는 마음 등은 모두 깨닫고자 하는 보리심의 작용이다. 효를 행하는 효자나, 흉악한 범죄자도 모두 그 행위를 하고자 하는 그 자체가 모두 보리심에서 이루어지는 행위이다. 이것이 본인에게 가장 적합한 인연을 만난 것이다. 만일 적합하지 않으면 어느 한 일도 성취시킬 수가 없을 것이다. 이 행위는 어느 누구도 다 가지고 있다.

다음으로 대비심이다. 이 마음도 누구나 다 가지고 있다. 농부의 마음에도 어부의 마음에도 상인의 마음에도 학생의 마음에도 주부의 마음에도 범죄자의 마음에도 모두 대비심을 가지고 있다. 다만 그 대비심이 자신만을 위하는 것과 일체중생을 위한다는 그 차등이 있을 뿐이다. 자기만을 위한다 하여 자비심이 아닌 것은 아니다. 모두가 다 자비심인 것이다. 자신의 오온을 살찌우면 생존케 하는 모든 것은 자비심이다. 자비의 깊고 얕음이 다르며, 순간과 장원성이 다르며 좋고 나쁜 것이 다를 뿐이다.

다음으로 방편심이 있다. 중생은 누구나 다 가지고 있는 근본 마음이다. 다만 선과 악이 다르고, 선후가 다르고, 본말이 다르고, 옳고 그름이 다를 뿐이다. 불보살의 세계를 제외한 중생 세계의 모든 것은 모두 방편심에 의하여 운행되고 있다. 방편은 곧 중생의 생활이다. 부처를 이룩하기 이전까지는 모든 것이 방편이다. 수행을 한다 하여도 방편적인 수행이다. 그러므로 《대일경》이나 《금강정경》에 방편을 구경이라고 한 것도 이러한 뜻에서 한 말씀이다. 실달태자가 보리수 아래에서 깨달음을 얻은 후 바라니시의 녹야원 설법을 준비한 것도 방편의 법에 의한 것이다. 방편은 부처를 이루는 법이기도 하지만 또한 윤회의 근본이 되기도 한다. 윤회를 하면서도 과거생의 자신이 무엇을 했는지조차도 모르고 있다. 금생에 잘하는 모습이나 행위가 있다면 그것이 과거생에 자신이 행한 방편의 행동이었을 것이다. 방편은 훈습에 의하여 익혀진 행위이기 때문에 중생의 행동을 하면 중생으로 태어나고, 보살의 행동을 하면 보살로 태어나고, 부처로서의 행동을 하면 부처로 태어나는 것이다. 모든 것은 또한 방편에 의하여 그 행동을 습관화하는 것이다.

중생 중에 사람은 환경에 가장 잘 적응하는 동물이다. 죄를 짓지 않고도 얼마든지 살아갈 수 있다. 어쩔 수 없는 상황에서 죄를 지을 수 있다. 그러나 자신의 마음을 바로 찾으면 그 어쩔 수 없다는 핑계는 사라질 것이다. 방편상으로 짓는다 하드라도 항상 좋은 방편을 사용할 수 있는 것이다. 꿈속에서라도 자신의 마음만 잘 다스린다면 악업은 짓지 않을 것이다. 도교의 신선이 되고자 수행하는 수행자가 잠을 자유자재하기 위하여 육경일六庚日을 지키기도 한다. 이것은 잠을 잘 때나 깨어 있을 때나 한결같은 마음을 갖고자 하는 뜻에서 행하는 수행이다. 참선하는 사람이 행주좌와 어묵동정에 화두를 놓지 않는 것도 이에 속한다. 진언행자가 진언을 행주좌와 어묵동정에 염송하는 것도 이와 같다. 티베트에서 진언염송 10만독 하는 것도 그 숫자에 있는 것이 아니다. 행주좌와 어묵동정에 본심을 찾아 생활하라는 경계의 말씀일 것이다. 이것이 방편의 전법인 것이다. 법을 전하는 그 본의가 어디에 있는가를 알면 헛된 것의 경쟁에서 허송세월하지는 않을 것이다. 문자에 점 하나 있고 없음을 논하지 말 것이다. 때로는 능能자를 보고도 웅熊자로 해석하고, 대大자를 보고도 견犬자로 읽어 그것을 쓴 사람의 본의를 아는 것과 같은 것이다. 신광 스님이 달마 스님에게 법을 구할 때 달마 스님은 "나의 법을 받으려면 붉은 눈이 내릴 때 받을 수 있을 것이다"고 하자, 신광은 '하늘에서 붉은 눈이 어찌 오겠는가'라고 생각하고, 왼팔을 잘라 흰 눈을 붉게 하여 법을 전해 받았다는 전법게가 있다. 이때의 적설赤雪은 발가숭이, 적나라[赤裸裸]한 것, 일체 모두를 비운다는 뜻이었다. 자비로운 부처님의 법을 받은 달마 스님이 제자에게 팔을 자르는 어리석음을 범하도록 하였겠는가? 이렇게 본의를 모르면 또 다른 업을 짓게 되는 것이다. 평상심이 도라는 말씀 또한 방편의 말씀이다.

    석가모니부처님은 법신비로자나부처님의 방편불이다. 그리고 문수보살, 보현보살, 관세음보살, 지장보살, 대세지보살, 제개장보살 등도 모두 방편으로 화현한 보살들이다. 금강합장이든 연화합장이든 금강지권이든 법계정인이든 시무외인이든 항마촉지인이든 여원인이든 모두 방편의 결인이다. 법신비로자나불은 형상도 이름도 없는데 무슨 결인이나 합장이 있을 수 있겠는가. 모두 방편으로 행하는 법일 뿐이다. 이 방편법을 잘 행하였을 때 내일의 행복도 있고 미래의 밝음도 있다. 불도 성취도 방편법을 어떻게 사용하느냐에 따라 달라질 것이다. 1아승기겁을 초월하려면 방편법을 어떻게 사용하느냐에 따라 순간이 1아승기겁이 되기도 할 것이다. 밀교의 즉신성불도 마찬가지이다. 모든 수행자들이 3아승기겁을 소요하여야 성불할 수 있는데 어찌하여 진언행자는 즉신성불론을 주장하겠는가. 그것은 방편을 구경으로 하는 참 진리의 수행을 말하는 것이다. 순간을 영원하도록 쓰는 법을 배우고 익혀야 할 것이다.

〖 경문 〗 "다시 또 비밀주야! 대승의 행이 있으니, 무연승의 마음을 일으켜서 법에는 나라는 성이 없다는 것이다. 무슨 까닭인가? 마치 저 옛날에 이와 같이 수행한 자가 온의 아뢰야를 관찰하여 자성이 허깨비와 아지랑이와 그림자와 메아리와 돌아가는 불 바퀴와 신기루성과 같음을 아는 것과 같으니라."

대승의 길에 대해서 말씀하는 부분이다. 대승이란 어떠한 것을 말하는가? 중생들의 마음도 부처의 마음과 같아서 별도로 소승이니 대승이니 하는 차별이 있는 것이 아니다. 본성은 본래 움직임이 없다. 육조혜능은 본래무일물本來無一物이라 하였으며, 진각성존은 부처님이 인증하신 불심인佛心印이라 하였다. 이와 같이 중생의 본심은 곧 부처의 본심과 같아서 구분이 없으며 형상도 없다. 그러나 무시광대겁으로부터 업을 지어 윤회하면서 그 모양을 만들어 내었으니, 이것이 마음의 행위이다. 그 마음의 행위에 따라 차별이 생겨 8만 4천의 변화를 이루고 있으며, 이것이 중생번뇌衆生煩惱이다. 다시 부처의 본래의 자리인 불승佛乘으로 돌아가고자 수행하는 것이다. 이 수행의 경지를 다섯으로 구분하니 인승人乘 천승天乘 성문승聲聞乘 연각승緣覺乘 보살승菩薩乘의 수행문이다.

《화엄경》에서는 보살행을 50종으로 나누었다. 십신十信보살과 십주十住보살과 십행十行보살과 십회향十回向보살을 성문과 연각에 배대하는 보살이며, 초지로부터 제7지까지를 대승보살의 초문으로 점오보살漸悟菩薩이다. 제8지 이상을 돈오보살頓悟菩薩이며, 이를 대승 중에 대승으로 보리살타菩提薩埵 최승最勝살타 무등無等살타 무상無上살타 마하摩訶살타 등으로 불리운다. 대승행은 제7지보살 이하의 행위를 설하는 부분이다.

물론 밀교에서는 이러한 차등을 논하지 않는 오승의 어느 경지에 있든 마음을 모아 본성을 찾기만 하면 그 자리가 곧 대승의 자리이며 성불의 자리인 것이다. 이를 즉신성불이라 한다. 그러나 중생은 무시광대겁으로부터 지어온 인연의 행위가 습관성이 되어 윤회의 틀을 만들었다. 이 습관을 하루아침에 벗어나기는 어렵다. 그러므로 소승행 대승행으로 구분하게 된다. 소승의 마음 행위는 인연의 법칙을 뛰어넘을 수 없다. 대승의 마음 행위에서만이 인연을 뛰어넘을 수 있다. 인연을 뛰어넘는다는 것은 인연의 법칙을 초월하여 그 인연의 법칙을 받지 않는다는 것이 아니다. 인연의 법칙에 얽매이지 않는다는 뜻이다.

중국 선종의 공안公案 중에 백장야호화百丈野狐話가 있다. 백장회해百丈懷海선사가 어느 안거安居 날에 대중들에게 설법을 하였다. 설법할 때마다 어떤 노인이 뒷좌석에서 법을 듣고 가기를 수없이 하다가 어느 날은 모든 대중이 물러갔는데도 가부좌를 하고 앉아 있었다. 선사는 의아하게 생각하면서 노인에게 물으니, 노인이 말하였다.

"나는 가섭불시대에 백장산의 주인이 되어 법문을 하였습니다. 그러던 어느 날 학인이 와서 묻기를, '대수행자大修行者도 인과에 떨어집니까?'라고 하여 '불락인과不落因果니라'고 답하였습니다. 그로 인하여 오백생 동안 여우 몸을 받았습니다. 바라건대 선사께서는 옳은 법을 설하여 이 몸으로 하여금 여우의 탈을 벗게 하여 주십시오."

선사는 허락하고, 그때의 학인으로 돌아가 법문을 청하라고 하였다. 노인은 옷깃을 여미고 정중하게 삼배를 올린 후 물었다.

"대수행을 하는 사람도 인과에 떨어집니까?"

"불매인과不昧因果니라."

법문을 들은 노인은 언하에 크게 깨달았다. 공손히 예를 올리고는 "저는 이제 여우의 탈을 벗었습니다. 이 깊은 은혜 갚을 길이 없습니다. 그런데 한 가지 청이 있습니다. 저의 시체가 뒷산에 있으니 스님의 장례법대로 장사를 지내주시기 바랍니다." 하고는, 홀연히 사라졌다. 선사는 뒷산 바위 밑 굴속에서 죽은 여우를 발견하고 스님의 예로 장사하였다. 이것이 인과에 얽매이지 않는 대승행이다.

대승행을 무연승행無緣乘行이라 하는 것은 이를 뜻한다. 무연승에는 자무연승自無緣乘과 타무연승他無緣乘이 있다. 자무연승은 자기의 본성에 얽매이지 않는 행위이며, 타무연승他無緣乘은 만물의 존재에 얽매이지 않는 것을 말한다. 이 경에서 오온五蘊의 아뢰야라 하는 것은 자무연승을 뜻하는 것이다. 수행자가 자신의 몸을 구성하고 있는 온아뢰야의 만유제법萬有諸法은 모두 인연이 모여 생긴 일시적인 존재이므로 실다운 체성體性이 없다. 오온의 아뢰야를 관찰하여 그것이 본성이 아님을 알아야 할 것이다. 온아뢰야의 이 몸은 모두 다 꼭두각시와 같고 아지랑이와 같으며, 그림자와 같고 메아리와 같으며, 신기루와 같고 건달바성과 같다면, 세간의 모든 법이 어찌 자성이 있겠는가? 주인공은 곧 나의 본성임을 알아야 한다.

불법승 삼보 중에 불은 생명이며, 승僧은 수행자이다. 불과 승은 생명이 있는 것을 말하고 법은 생명이 없는 것을 말한다. 부처와 수행하는 자를 연결시켜주는 것이 법이다 그러므로 법에는 자성이 없다. 부처님은 완성자이며, 승은 미완성의 수행자이다. 완성자가 미완성자에게 전하는 법은 하향의 자연법이自然法爾이며, 미완성자가 완성자를 향해서 행하는 법은 상향법의 수행법이다. 중생은 근기가 미완성이기 때문에 법에 집착하는 마음이 생긴다. 법에 집착하는 마음을 끊게 하려고 모든 법에는 자성이 없음을 여러 경론에 밝히고 있다. 특히《보리심론》의 승의보리심에 다음과 같이 말하고 있다.

"범부는 명문名聞 이양利養 자생구資生具에 집착하여, 몸이 편안하기에만 힘을 써서, 하고 싶은 대로 삼독三毒 오욕五欲을 행하느니라.……모든 외도外道들은 그 신명身命을 생각해서, 혹은 약물藥物로써 도우고, 선궁仙宮에 주수住壽를 얻고, 혹은 또 천상天上에 나는 것을 구경究竟으로 삼느니라.……이승인二乘人 성문聲聞은 사제법四諦法을 집執하고, 연각은 십이인연十二因緣을 집執하느니라.……유가승상瑜伽勝上의 법을 닦는 사람은 능히 범부로부터 불위佛位에 드는 것이며, 또 십지보살十地菩薩의 경계를 초탈超脫하고, 더욱 깊이 일체법은 자성自性없다고 아느니라."

수행자는 자신의 본래모습을 찾기 위하여 기세간器世間의 삼라만상과 유정세간有情世間의 온아뢰야의 집착을 버리기 위하여 용맹정진 한다. 부처님의 8만 4천의 법이 진실법이라면, 중생의 입장에서 보면 8만 4천의 법은 번뇌인 것이다. 번뇌 속에서 정법을 찾는 대용단이 필요하며 대 용맹심이 필요하다. 부처님의 세계와 중생들의 세계는 같은 세계이다. 그러므로 번뇌즉보리煩惱卽菩提요 보리즉번뇌菩提卽煩惱라 하는 것이다. 법은 강을 건널 때 배와 같은 존재이다. 강을 건너고 난 다음에는 배를 버려야할 것이다. 이것이 법에는 자성이 없는 무아의 법이다. 이것을 법무아승이라 한다. 8만 4천 경전 뿐아니라 선종에서 법거량의 1700공안도 자성이 없다. 진언수행을 하는 진언에도 자성이 없다. 이 원리를 분명히 알고 행하는 것이 대승행이다.

이러한 대승행은 아무나 행하는 것은 아니다. 진각성존의 말씀 중에는 〈은혜경〉에

"드러난 상벌보다 보이지 아니하는 화복이 크며, 사람이 칭찬하는 것보다 진리의 복덕성이 크며, 나의 마음이 넓고 크고 둥글고 차면 나의 집도 넓고 크고 둥글고 차느니라."

《대승기신론》의 함허 득통선사의 서문에

"승이라는 것은 이 家傳의 보배며, 실어 나르는 도구요, 열어 제도하는 작용이라. 승으로써 승이 되는 것은 체體로는 원만하지 않음이 없으며, 모양[相]으로는 갖추지 않음이 없으며,

작용用으로는 두루 하지 않음이 없다. 그러므로 그 사람이 아니면 감히 전하지 못함이요, 그 힘이 아니면 능히 다룰 수 없음이요, 그 지혜가 아니면 능히 인도하지 못하는 것을 승이라 한다. 이에 가전의 보배란 세세로 서로 전하고 전하여 지금까지 내려온 것이요, 나르는 도구라는 것은 모든 물건을 다 실을 수 있는 큰 수레를 말함이요, 널리 베풀어 대중을 구제한다는 것은 실은 물건이 수승하여 일체중생들에게 이익되게 하는 것이니, 높기로는 위가 없으며, 넓기로는 비교할 것이 없으며, 이것이 체로써 원만하고 모양으로써 원만하고 쓰임으로써 원만함을 대大라.……이러한 대승을 이을 수 있는 것은 오직 적자嫡子라야 능히 감당할 수 있다."

큰 그릇이 아니면 능히 짊어지지 못하고, 지혜가 밝고 통달하지 아니하면 사용하지 못하는 것이다. 그러므로 부처님법의 일대사 법인法印을 전하려면 자성이 없는 인연법의 연결고리를 모두 잘라야 한다. 이것은 반드시 대승만이 할 수 있다고 설하였다.

〚 경문 〛 "비밀주야! 저가 이와 같이 무아를 버리면 마음의 머무름이 자재하여 자심이 본래 불생이라는 것을 깨달을 것이니라."

이 부분은 십주심 중에 제7주심인 각심불생심覺心不生心이다. 각심불생심이란 마음의 불생不生을 깨달아 마음이 자재를 얻은 경지를 말한다. 우리의 본심은 일체 만물을 자유자재할 수 있는 주인이다. 그리고 생사가 없이 영원히 존재하는 것이다. 즉 불생불멸不生不滅이다. 시작은 법계와 동시이며, 크기는 허공과 같으며, 공능功能은 법신불과 같으며, 마침이 없는 영원의 존재이다. 그러므로 마음은 모든 만물의 주인공이며, 자유자재할 수 있는 능력을 지니고 있다.

이러한 능력을 발휘하지 못하는 것은 나라는 집착이 있기 때문이다. 나[我]라는 집착을 버리는 것이 무아無我를 버린다고 하는 것이다. 아我와 무아는 같은 의미이다. 상대성으로 구분하는 것뿐이다. 아라고 할 때는 나만의 존재를 의미하는 것이며, 무아라고 하는 것은 상대의 존재를 의미하는 것이다. 나도 버리고 상대도 버리게 하는 것이 무아를 버린다는 의미이다. 중생 세계에 일어나는 모든 것은 아로 인한 것 같지만 그 아는 곧 업業에 의하여 만들어진 존재이다. 업에 의하여 만들어진 존재는 자유자재할 수 있는 능력이 없다. 업에 의하여 작용할 뿐이다. 업은 자신도 모르는 사이에 윤회 바퀴에 들어가 돌아가는 것이다. 그 중심에 인간세계가 있다. 불보살의 세계에서 보면 그 어떤 것으로도 존재하지 않는 것이다. 불심인 마음[心印]은 마치 허공과 같고, 깨달음과 같다. 마음이 모양이 있겠는가? 깨달음이 모양이 있겠는가? 허공이 모양이 있겠는가? 이 셋은 차별이 없으며 셋이면서도 하나이다. 육조혜능이 본래무일물本來無一物이라고 주장하는 것도 이러한 뜻이다. 이것을 얻기 위하여 지혜로운 자는 발심출가發心出家한다.

발심과 출가는 하나이다. 발심만 하여도 그 자체가 수행이다. 진각성존은 한 사람이 불공을 심인당에 걸어두면, 그 가정이 공덕을 입고 이웃이 공덕을 입고 그 마을이 공덕을 입고 그 나라가 공덕을 입는다고 하였다. 불공을 심인당에 걸어둔다는 것이 곧 발심이다. 발심을 하고 난 다음 출가까지 한다면 그 공덕은 헤아릴 수 없이 크다. 여기서 출가란 형상을 말하는 것이 아니다. 마음의 출가를 뜻한다. 그러나 순서상으로는 발심하고 출가하며 출가하여 수행하며, 수행 중에 깨달음을 얻으며 깨달음을 얻은 후 중생을 교화하는 것이다. 육조가 나뭇짐을 지고 저자에 나갔을 때 화주승의 외우는 "응무소주이생기심應無所住以生其心"의 《금강경》 구절을 듣고 발심하여 황매현의 홍인대사를 찾아 오랑캐라는 비난을 받으면서도 청석을 짊어지고 방아를 찧는 고행을 하였다. 그 속에서 깨달음을 얻었다. 즉 마음을 보게 된 것이다. 이때의 마음은 새로운 마음이 아닌 본래의 마음이다. 본래의 마음은 본래 무일물일 뿐이다. 본래의 마음이 곧 나의 주인공이다. 노행자는 조실방 뒷문으로 들어가 인가認可를 받고 불조佛祖의 가사袈裟와 발우鉢盂를 들고 강을 건너 숨어 지냈다. 37년이 지난 뒤 "깃발이 흔들리는가 바람이 흔드는가?"의 질문에, 교화의 인연이 되었음을 알고 "바람도 깃발도 아닌 마음이 흔들리는 것이다"는 법어를 시작으로 교화의 문을 열어 중국 선종에 큰 꽃을 피우게 된 것이다. 마음의 자유자재란 곧 깃발에 있는 것도 아니며, 바람에 있는 것도 아니다. 모두가 다 마음의 작용에 있다. 깃발에 있다함은 아我에 집착하는 것이며, 바람에 있다 함은 무아無我에 집착하는 것이다. 마음에 있다는 것이 상대를 여읜 본래무일물의 진리이다. 이것이 대자유인이 되는 것이며, 이 경에서 말하는 마음의 주가 자재하여 본래부터 불생불멸 한다고 하는 것이다.

우리는 어떤 사물을 대하면 그 순간에 숨어 있던 마음이 일어난다. 이것을 견물생심見物生心이라 하며, 이것이 무명無明을 근본으로 하는 아는 마음이다. 우리는 본래 있는 마음은 영원한 것이다. 세상의 삼라만상은 주인인 내 마음에 의해서 만들어진 하나의 소유물이다. 주인이 소유물을 만들어 놓고 그 소유물을 마음대로 못한다면 그것은 주인과 객이 뒤바뀐 것이다. 주인과 객이 바뀐 동기는 바로 주인 의식을 버리고 항상 탐진치에 이끌려 있기 때문이다.

중생 삶 속에서 주인 노릇을 하는 길은 삼라만상을 내 몸과 같이 생각하면 된다. 비로자나불의 세계를 깨달으면 만물이 나와 한 몸임을 알게 된다. 그것은 모든 것은 나를 위해서 존재하기 때문이다. 삼라만상에 상처가 나면 내 몸에 상처가 난 것과 같은 것이다. 그러므로 자연에 상처를 내면 결국 그 상처가 곧 나의 상처이다. 나를 생각한다면 저 자연에 상처를 낼 수도 없고 파괴시킬 수도 없다. 그것은 나 자신을 파괴하는 것이 되기 때문이다. 교화하는 스승들은 교도들이 아픔의 상처를 가지고 질문할 때 마음으로 질문자의 고통을 느껴야 한다. 고통을 느끼지 못한다면 다시 수행에 용맹을 세워야 할 것이다. 진각성존의 당체법문도 이것을 말한다. 삼라만상이 곧 나요, 내가 곧 삼라만상이다, 삼라만상은 허공 중에 존재하고 나 역시 허공 중에 윤회하고 있다.

부처님은 허공에 대해서 많은 설법을 하였다. 중국의 천태지의 선사에 의하면 부처님의 49년 설법 중에 22년간 공의 진리를 설하였다고 하였다. 공이라는 것은 곧 허공을 의미한다. 중생들이 공의 세계를 안다면, 곧 부처님의 세계를 아는 것이다. 공은 무한하다. 무한하다는 것은 끝이 없다는 것이다. 끝이 없는 것이 허공 중에 또 하나 있다. 태양이다. 태양의 빛도 무한하다. 무한한 태양은 스스로를 태우지 않는다. 태양 주위에 있는 많은 티끌을 태우는 것이다. 만약 태양의 자체가 타고 있다면, 언젠가는 소진되어 끝이 있을 것이다. 즉 공을 태우는 것이다. 공은 타되 다함이 없으며 끝이 없다. 이것이 허공의 도리이다.

허공 중에 태양이 있듯이 만물을 성장시키는 물[水]의 기운도 있다. 빛의 기운과 물의 기운이 조화를 이룰 때 비로소 물체를 이루게 된다. 이렇게 이루어진 물체는 영원성이 없다. 언젠가는 사라지게 된다. 그러나 그 빛이나 물의 기운이나 허공은 영원히 남아 있다. 이것이 우리의 마음과 같은 것이다. 물이 아我이고 빛이 무아無我이며 만물이 곧 집착이다. 작용이 보리菩提며 작용처가 허공虛空이며 그 중심에 불심인佛心印이 있다. 허공세계는 조화를 이룰 수가 있다. 조화를 이루는 주인공이 곧 마음이다. 마음은 허공과 함께 자유자재 하는 것이다. 이 길을 어찌 갈 것인가?

허공 중에는 십법계十法界가 있다. 천상과 지옥도 있고 성문과 연각세계도 있으며, 보살과 불의 세계도 이 허공 중에 있다. 육안肉眼으로 보면 인간세계와 축생세계만을 볼 수 있으며, 천안天眼을 가지면 천상세계와 지옥세계를 볼 수 있고, 법안法眼을 가지면 성문과 연각의 세계를 볼 수 있고, 혜안慧眼을 가지면 보살의 세계를 볼 수 있고, 불안佛眼을 가지면 부처님의 세계까지 볼 수 있다. 십법계는 수미산 너머 있는 것이 아니다. 우리가 살고 있는 이 세계에 있다. 모든 법계가 수미산을 중심으로 한다는 것도 이 허공을 중심으로 한다는 것이다. 수미는 곧 나의 마음이며 자유자재 하는 만물이다. 수미산 정상에서 흘러내려 감돌던 한 줄기의 물은 곧 두 줄기로 나누어진다. 오른편으로 흘러 이루어진 호수는 생명이 살고 있는 생명수호生命水湖이며, 왼편으로 흘러 이루어진 호수는 생명이 살지 못하는 사해수호死海水湖이다. 다시 두 호수의 물은 넘쳐 흘러 흐르면서 한 줄기가 된다. 이것이 생사수生死水이다. 중생계의 중생들은 생사가 합쳐진 호수의 물을 근원으로 살아가고 있다. 이것을 뛰어넘는 것이 해탈하는 길이다. 중생은 견물생심의 마음으로 어느 하나에 집착하고 있기 때문에 생사수를 버릴 수 없다. 발심출가 수행을 통하여 생사수를 소화시키는 대화합의 자유인이 되어야 한다. 그런데 왜 우리는 아직도 생사윤회의 틀을 벗어나지 못하는가? 공의 진리에 관하여는 다시 한번 깊이 논의하여야 할 것이다.

〚 경문 〛 "어찌한 까닭인가? 비밀주야! 과거에도 미래에도 가히 얻지 못하기 때문이니라. 이와 같이 자심의 성품을 알면, 이것이 2겁을 초월하는 유기행이 되느니라."

이 부분은 십주심의 제8 일도무위심一道無爲心에 들어가는 마지막 관문의 수행을 말하는 것이다. 일도무위심의 경지에서 마음의 자유자재에 관하여 밝히고자 한다. 자유자재할 수 있는 몸은 오직 비로자나불의 경지에서만 가능하다. 비로자나불의 몸은 여섯으로 구성되어 있다. 이것이 육대연기설六大緣起說이다. 땅의 성품은 단단한 것으로 만물을 지탱하는 근본이며, 물의 성품은 습한 것으로 하향下向하는 근본이며, 불의 성품은 따뜻한 것으로 상승上昇하는 근본이며, 바람의 성품은 움직이는 것으로 수평水平하는 근본이며, 공의 성은 포용성으로 공간을 제공하는 근본이며, 식識의 성품은 아는 것으로 모든 것을 조화하는 근본이다. 지탱하고 상승하고 하향하고 수평을 이루는 모든 것은 허공을 터로 하고 있다. 그러나 조화의 공능이 없이는 그 어떤 것도 만들 수 없다. 조화 작용에는 반드시 물이 필요하다. 저 수미정상을 흘러내리는 생사의 물이 필요하다.

　　　　육대 중에 성장의 업을 지닌 대표적인 것이 물이다. 만물이 생성하고 유지되고 파괴 소멸시키는 것은 모두 물의 작용이다. 허공이 가물가물하게 보이는 것은 허공 중에 물의 성품이 가득하기 때문이다. 나무가 자라는 것도 시들게 하는 것도 물의 조화이며, 사람의 성장과 죽음도 물의 작용이다. 자연을 지탱하는 것도 물의 작용이다. 바위의 단단함을 지탱하는 것도 물의 작용이다. 바위가 가을이 되면 물을 밖으로 품어내고 봄이 되면 다시 바위는 물을 머금는다. 겨울에 물을 뱉는 것은 동파凍破를 막기 위한 것이며, 봄에 물을 머금는 것은 건조되어 파손을 막기 위한 것이다. 이것이 바위가 살아가는 원리이다.

　　　　이러한 육대의 성품은 각각이면서 하나이다. 육대의 성품을 깨닫는 것이 곧 법신비로자나불과 동일체가 되는 즉신성불이다. 법신비로자나불과 동일체에서 만물을 화현시킬 수 있다. 그중에 가장 먼저 출현하는 것이 동적動的으로는 오불이며, 다음으로 사바라밀보살 16대 보살 8공양 4섭이며, 1061존의 제존상이다. 정적靜的으로는 산천초목의 삼라만상이다. 우리가 백 년을 사바세계에 머무는 중에 필요한 모든 것은 모두 법신비로자나불로부터 출현한 법계이다. 비로자나불이 우리에게 많은 것을 제공하는 이유는 모두 법신비로자나불을 닮기를 바라는 마음에서 제공되는 대자비의 출현이다. 출현된 만물은 잠시 잠깐도 머무르지 않고 변화하는 것이다. 그 변화의 자체가 곧 비로자나불의 경지로 나아가는 불사이다. 처음 태어난 어린아이의 걸음마를 배우고 재롱을 떠는 모습도 화신이고, 책가방을 메고 다니는 학생의 모습도 화신의 모습이며, 청년의 모습, 결혼해서 아버지 어머니가 되는 모습도 화신의 모습이며, 손발이 마르고 주름살이 생겨나고 흰머리가 돋아나는 늙은 이의 모습과 죽음의 최후 모습도 모두 화신의 모습이다. 화신의 모습이 어찌 생명체를 가진 유정뿐이겠는가. 무정물無情物의 변화도 모두 화신의 모습이다.

변화하는 화신의 모습을 죽음으로 표현한다면, 사람으로 태어나서 사람의 일을 다하고 죽는 것만이 죽음이 아니다. 어린아이로서 걸음마를 배우면 그것이 태어나는 것이며, 학교에 가면 어린 시절이 사라지고[죽음] 학생으로 태어나는 것이며, 결혼하면 청장년 시절이 사라지고[죽음] 부부로서 태어나는 것이며, 자식을 두면 신혼부부 시절이 사라지고[죽음] 부모로서 태어나는 것이며, 나이가 들면 젊음이 사라지고[죽음] 할아버지 할머니로 태어나는 것이다. 명이 다하여 죽음을 맞이하면 이 생에서는 죽음이지만 다음 생에서는 다시 태어나는 것이 된다. 몸만 이렇게 죽고 나는 것이 아니다. 학문을 배우면 무식이 사라지고[죽음] 유식이 태어나는 것이며, 직장에 들어가면 실업자로서 사라지고[죽음] 직장인으로서 태어나는 것이며, 승진하면 현직은 사라지고[죽음] 높은 직위에 태어나는 것이며, 물건을 만들면 없는 것이 사라지고[죽음] 새로운 것이 태어나게 되는 것이다. 이와 같이 중생이던 만물이든 한번 사라지면 다시는 그와 같은 것을 보전할 수 없다. 항상 새로운 것이 태어나서 새로운 것이 보전되는 것이다. 시간도 마찬가지이다. 이렇게 사라지고 태어나는 것이 반복되면서 다시 애착을 느껴 집착을 하게 된다. 이러한 것은 동업중생이라 하여도 자신 혼자가 행하는 윤회의 업이다. 이러한 이치를 깨달으면 해탈이요 열반이다. 그러한 경지에 오른 것을 대자유인이라 하며 즉신성불이라 한다.

　　　　　끝없는 생사의 틀 속에 살아가는 우리는 언제 생사로부터 대자유인이 되겠는가. 화신의 모습은 집착할 것이 못 된다. 중생은 변화하는 화신의 모습에 애착을 느껴 집착하는 것이다. 이것에 집착하면 대자유인이 못된다. 밀교는 법신비로자나불의 참 모습을 알게 하는 수행법을 전하고 있다. 매일 죽어지고 매일 태어나는데, 우리는 죽어지는 것은 생각하지 아니하고 태어나는 것만 자꾸 생각하는 것이다. 이것이 무명에 가린 어리석음이며, 이로 인하여 탐심이 생겨난다. 무엇인가를 만져야 하고, 가져야 하고, 성공해야 하고, 올라가야 하고, 정상을 탈취해야 한다. 끝없이 무엇인가를 갈망하면서 살아간다. 모든 것을 소유하여도 마음으로 만족함이 없는 것이 중생심이다. 소유욕을 버려야 한다. 중생 세계는 영원한 것이 없다. 그러므로 얻을 때는 잃을 것을 생각하여야 하고, 가질 때는 버릴 것을 생각하여야 하고, 있을 때는 없을 때를 생각하여야 하고, 밝을 때는 어두울 때를 생각하여야 하고, 추울 때는 더울 때를 생각하여야 하고, 무거울 때는 가벼울 때를 생각하여야 하고, 좋을 때는 나쁠 때를 생각하여야 하고, 웃을 때는 울 때를 생각하여야 하고, 행복할 때는 불행할 때를 생각하여야 한다. 이 상대성이 사라지는 것이 대자유인이다. 이를 위하여 부처님은 45년간 전법하였다.

　　　　　생사에 구애받지 않는 영원히 존재하는 것이 있다. 그것이 우리의 본심이다. 비로자나불의 법계에 한 방울의 물이 태평양을 이루고 있다. 태평양의 물은 수만 년 동안 물로서 존재하고 있다. 더하지도 덜하지도 않게 존재하고 있다. 빛에 의해서 증발이 되어 구름이 되었다가 다시 빗물이 되기도 하고, 눈이 되어 처마 끝에 매달리는 고드름도 되기도 하지만 혹은 히말라야 산의 만년설이 되기도 한다. 빗물이나 고드름이나 만년설은 모두 태평양으로 돌아오는 과정에서 생사의 절차를 밟고 있는 습성濕性을 지닌 물이다. 이 습성은 무엇이 되어도 그것에 애착을 가지거나 집착하지 않는다. 그러므로 우리의 본심의 자유자재를 육대 중에 물에 비유하는 것이다. 물의 습성濕性이 영원하듯이 마음의 본성本性도 영원한 것이다.

자심의 본성本性을 아는 데는 하루아침에 알 수 있는 것은 아니다. 화신불의 가르침으로는 삼아승지겁三阿僧祇劫이 지나도록 수행하여야 하고, 법신불의 가르침으로는 이 몸 이대로 깨달음을 얻을 수 있다. 이 두 가지 설은 어느 하나가 좋고 나쁘다는 것을 말하는 것이 아니다. 같은 말씀으로, 수행의 방법이나 체득의 차원을 나눈 것뿐이다. 법신불의 즉신성불은 화신불의 가르침을 먼저 배우고 익혀야 한다. 중생이 즉신성불의 경지까지 오는데 이미 3아승기겁이 소요되었던 것이다. 그러므로 이것을 대승의 경지를 초월한 초대승超大乘의 경지라 하는 것이다. 육대의 연기설에서 땅의 진리와 물의 진리와 불의 진리와 바람의 진리와 허공의 진리를 낱낱이 깨닫고 난 다음, 다시 조화하는 주인공인 심식心識의 진리를 깨달아야 한다. 이 자리가 곧 대자유인이 되는 경지이다. 이제 경의 부분은 대자유자재의 경지에 오르기 위하여 2아승기겁의 수행이 필요하다고 설하고 있다. 2아승기겁은 화신불의 52보살계위 중에 47위를 말한다. 47위는 십지중의 제7위를 말하는 원행지遠行地이다. 원행지는 다만 자신의 윤회 고통만을 벗어난 해탈의 자리일 뿐이다. 다시 한번 중생 세계에 돌아와서 수행해야 하는 경지이기도 하다.

이것을 비로자나불은 제2겁 유기행이라 하였다. 원행지를 지나면 제8 부동지不動地이다. 부동지는 윤회하지 않는 경지이다. 인간계에 태어나는 것은 중생을 교화하기 위한 방편으로 한 번 더 태어나게 된다. 이것이 제7지 보살이다.

　　　　중국의 《화엄경》의 대가이신 청량 국사는 9대조의 국사를 지낸 분으로 초지보살이라 하고, 신라의 원효 스님을 제8지보살이라고 한다. 청량 국사는 국사로 있으면서 현실적 공덕을 쌓은 분이라 인간계에 다시 돌아와 그 공덕을 소진하여야 하지만, 원효 스님은 인간계에 돌아오지 않아도 된다는 것은 현실적 공덕을 쌓은 것이 아니라 법의 공덕을 쌓았기 때문이다. 만일 인간계에 다시 태어난다면 그것은 교화를 위한 방편의 출현일 것이다. 진각성존도 마찬가지이다. 30년 뒤에 오신다는 것은 교화를 위한 방편의 출현을 의미하는 것이다. 이것은 육자진언의 깨달음의 경지에서 완성한 '육자관념도'의 원리를 깨달으면 그 의미를 확연하게 알 수 있을 것이다.

〚경문〛 "다시 또 비밀주야! 진언문에서 보살행을 수행하는 모든 보살들은 무량무수 백천구지나유타겁에 무량한 공덕과 지혜를 적집積集하고 제행諸行을 갖추어 닦아 무량한 지혜 방편을 모두 다 성취하느니라."

진언문의 보살행은 3아승기겁의 수행을 마친 후 다시 초지初地부터 시작하여 10지까지 수행하는 경지를 말한다. 이 때 10지는 보살52계위의 십지十地와 같은 용어이나 그 수행법은 다른 것이다. 즉 보살계위의 십지를 초월한 십지이다. 그것은 보살이 제1아승기겁에서 십신十信 십주十住 십행十行 십회향十回向을 닦고 제2아승기겁에서 제1지부터 제7지까지 닦고 3아승기겁에서 제8지 제9지 제10지를 닦아 등각等覺과 묘각妙覺의 경지에 오른 것이다. 이제 진언문을 수행하는 보살은 이미 무량한 백천구지나유다겁 동안 무량한 공덕을 쌓는 수행을 하였기에 52단계를 거치는 것이 아니라, 52단계를 초월한 수행이다. 이 52

단계의 수행은 모두 10바라밀의 방편方便 원願 력力 지智를 합한 지혜방편의 수행하여 등각과 묘각을 성취한 단계이다. 진언문의 수행은 이미 중생계에서 무량한 공덕과 무량한 방편과 무량한 지혜를 성취하였기 때문에 다시 십지보살의 수행을 한다 하여도 보살계위의 수행은 아니다. 이것은 법신비로자나불의 화현신인 금강수보살의 수행이며, 금강살타의 수행이며 모든 집금강의 수행으로서, 경문의 초기에 19집금강의 경지를 모두 성취한 비로자나보살로서의 수행이다.

다시 말하면, 무량한 지혜방편이 성취되었다는 것은 화신의 가르침을 따르는 화신보살化身菩薩의 수행이 아니다. 화신불과 화신보살의 경지를 넘어 법신의 가르침세계로 들어갔다는 뜻이다. 즉 법신불의 위치에서 법신보살法身菩薩이 되어 진언을 수행하는 것이다. 진각성존은 이를 반야보살般若菩薩로 표현하기도 하였다. 방편에 있어서도 일반적인 방편과 밀교적 방편이 다르다. 일반적인 방편은 응기방편應機方便이라면 법신불의 방편은 진실방편眞實方便이다. 진실방편은 중생 세계의 모든 지혜방편을 성취하였을 때 성취된다. 이를 진실방편이라 한다. 진실방편은 법신비로자나불로부터 시방삼세의 모든 여래에게 가지加持를 하였을 때 이루어진다. 법신비로자나불의 5지의 청정법수淸淨法水를 수행자에게 가지하는 것을 말한다. 법신비로자나불이 아축불에게 보리심菩提心을 가지하고, 보생불에게 공덕취功德聚를 가지하고, 아미타불에게 지혜문智慧門을 가지하고, 불공성취불에게 대정진력을 가지한다. 이 것을 다시 중앙의 법신에게 모두 가지하니 이것이 청정한 법수이다. 법신불이 법신보살로서 십지보살을 수행하는 것은 이 법수를 가지한 연후에 행하는 수행법이다. 이때는 오로지 진언만을 수행한다. 진언 중에서도 비로법신의 마음이며, 아축, 보생, 미타, 불공보신不空報身의 마음이며, 제 보살화신菩薩化身의 마음인 육자진언 옴마니반메훔의 수행이다. 이 수행이 법신 수행문 중에 가장 최후의 수행이면서 가장 뛰어난 수행법이다. 육자진언을 한번 염송하게 될 때 오역죄를 소멸하게 되고 108번 염송하면 삼악도에 떨어지지 않으며, 구경에는 법신비로자나불과 동일체가 되는 동체대비의 공능을 지니게 된다. 모두가 지혜방편 성취에서 이루어지는 공덕이다.

우리는 흔히 '지혜가 없으면 손발이 괴롭고 지혜가 있으면 손발이 편안하다'고 한다. 즉 지혜로운 삶을 살면 고통이 없고, 지혜롭지 못한 삶은 고통이 많다는 뜻이다. 석가모니부처님은 중생들에게 현실 생활 가운데 인간으로서 슬기롭게 사는 방법을 말씀하였다. 덧붙여 도덕적 삶도 강조하였다. 이 두 가지는 같은 의미를 지니고 있다. 지혜롭게 산다는 것은 깨달음을 얻었다는 것이며, 도덕적 생활을 한다는 것은 율법을 지키고 산다는 것이다. 중생들이 불심과 불의 지혜가 하나가 되기를 바란다. 하나가 될 때 도덕적 삶이 이루어진다. 부처님이 열반시에 제자들에게 "계로써 스승 삼아라[以戒爲師]"고 하였다. 율법은 중생세계의 조화를 이루는 첩경捷徑이다. 그러나 도덕적 삶이 부처라는 것은 아니다. 다만 현실적 지혜방편이다. 지혜방편을 잘 사용하면 물건의 가치를 잘 알게 된다. 이것이 인간세계의 성심성의誠心誠意에 도달하는 격물치지格物致知 수행법이기도 하다. 사람은 사람의 격이 있고 축생은 축생의 격이 있다. 무엇이든지 사람의 격을 갖추면 사람으로 태어날 것이며, 축생의 격을 갖추면 축생으로 태어날 것이다. 이것이 윤회의 법칙이다. 축생이 오백 년이든 천년이든 고행한다 하여도 인간다움을 배우지 않는다면 인간으로 태어나지 못한다.

중생들은 부처님의 말씀을 통하여 본성本性을 찾아야 한다. 본성을 찾았을 때, 윤회의 틀에서 벗어나는 해탈을 얻게 된다. 해탈수행에는 지혜방편이 필요하다. 육바라밀 중 제6이 반야바라밀이다. 이 반야바라밀을 다시 방편方便 원願 력力 지智의 4종바라밀로 그 작용을 구분하였다. 이 4종바라밀이 모두 지혜방편에 속한다. 지혜방편으로 생활한다면 억지를 부리거나 탐진치의 삼독을 행하지 않을 것이다. 예를 들면, 태어나면서 자신의 업業이 대통령이 된다는 것을 안다면, 40년이고 50년이고 오로지 대통령이 되기 위하여 투쟁하지 않을 것이다. 다만 대통령으로서 어떻게 하면 국민들을 편안하게 살게 할 수 있을까? 그 방법을 수련하면서 조용히 기다릴 것이다. 《보리심론》에 다음과 같이 말하고 있다.

"명관名官을 탐하는 자는 명관을 구하는 마음을 발하여 그 명관을 다스리는 행을 닦고, 만일 재보財寶를 탐하는 자는 재보를 구하는 마음을 발하여 그 재물을 경영하는 행을 지음과 같다. 이와 같이 사람은 선과 악을 하고자 함에는 먼저 그 마음을 발하고 그러한 뒤에 그 뜻을 이루게 된다."

이 말씀과 같이 되기를 서원하는 것이 아니다. 되고 난 다음에 할 일을 준비할 것이다. 간단한 부처님의 말씀으로, "지혜롭게 살아라", "슬기롭게 살아라", "인간답게 살아라", "도덕적 삶을 살아라"라는 이러한 쉬운 가르침을 중생들은 너무 어렵게 생각하고 있다. 과거칠불도 "모든 나쁜 일을 하지 말고, 모든 착한 일을 두루 행하라. 스스로 마음을 깨끗하게 하는 것 그것이 모든 부처님의 가르침이다[諸惡莫作 重善奉行 自淨其意 是諸佛敎]"고 하는 명료한 가르침이 있다.

별도의 제재制裁나 계율이 필요로 하지 않은 순수한 그 자체이다. 그러나 끝없는 윤회를 거듭하면서 번뇌와 번뇌에 물들어 본성이 변질되어 탐진치로 가득하게 되니, 부처님의 가르침은 제재하고 금지하는 조항을 말씀하면서 차츰 어렵고 난해한 것으로 바뀌었다. 예를 들면, 깊이 들어간 물고기를 잡으려면 더 긴 낚시가 필요하듯이 중생의 무명이 너무 깊어서 부처님의 말씀이 8만장경으로 많은 것이다. 그러나 세월이 아무리 흘러도 본심의 자리가 바뀐 것은 아니다. 그리고 본심이 물든 것은 아니다. 다만 중생심에 무명의 그림자가 드리워져 헤매고 있을 뿐이다. 다시 본성인 자성自性의 자리로 돌아가면 부처님의 법은 간단명료하게 들릴 것이다. 큰 욕심과 성냄과 어리석음을 버리면 자신의 주위에 선업을 지을 수 있을 것이다.

우리는 일상생활 속에서 지혜방편법을 성취할 수 있다. 국가에는 충성할 것이며, 부모에게는 효도할 것이며, 가정에서는 화목할 것이며, 형제자매에게는 우애가 있을 것이며, 친구 사이에는 의리가 있을 것이다. 이것이 도덕적 삶이다. 중생에게 베풀지 아니하고, 자기만을 생각한다면 이것이 탐심이며, 형제와 친구에게 우애와 의를 나누지 않는다면 이것이 어리석음이다. 중생은 둘 이상 모이면 화합을 생명으로 하여야 한다. 단체생활의 기반은 가정이다. 가정은 화합을 먹고 자란다. 출가인은 승단僧團이 가정과 같은 것이다. 승단 역시 화합을 먹고 살아야 한다. 화합을 한다는 것은 나의 본성에 지혜방편을 실현하여 하나가 되는 것이다. 본심과 지혜가 따로따로 움직인다면 그것은 화합을 이루지 못하며 또한 도덕적 삶도 이루어지지 않을 것이다. 이 화합의 지혜 방편의 성취에서 원만하게 이루어진다.

〚 경문 〛 "(그러한 보살들은) 하늘과 인간세간의 귀의하는 바가 되며, 일체 성문과 벽지불지를 지난 것이 되어서 석제환인 등이 친근하여 경례하나니라. 이른바 공한 성품은 저 6근과 6경계를 여의어서 모습도 없고 경계도 없으며, 모든 희론을 초월하느니라. 허공과 같이 가가없는 일체의 불법은 이것에 의지하여 상속하여 생함이니라. 유위와 무위계無爲界를 여의고 모든 조작을 여의며, 안이비설신의를 여의어서 지극히 자성 없는 마음을 생하느니라."

제9주심인 극무자성심極無自性心을 설명하는 부분이다. 앞에 일도무위심一道無爲心의 경지를 지나 법신비로자나불의 경지 오르기 위한 마지막 계위이다. 만유는 모두 자성이 없고 진여가 연에 의하여 나타난다는 것을 깨닫는 경지이다. 경으로는《화엄경》에 해당된다.《화엄경》은 비로자나불을 주불로 하면서도 한마디의 말씀이 없이 오로지 금강지권의 결인과 진언으로 만물이 곧 법신비로자나불의 장엄이라는 것을 밝힌 경전이다. 《화엄경》의 경지를 지나면 《대일경》의 경지에 이른다. 이것이 법신비로자나불이 중생을 위하여 배푸는 대자비의 설법이다.

극무자성심이란? 중생은 처음부터 무명번뇌에 물들기 좋도록 노출되었던가 하는 생각이다. 본래 법신비로자나불로부터 출생하였다면 법신불을 닮아 지혜로워야 할 중생이다. 어찌 지혜방편이 필요로 하는 중생이 되었겠는가? 자신만을 위하고 남을 이해하지 못하는 중생들, 그러면서도 자신의 능력이 부족하다면서 항상 그 무엇인가에 의지하려는 마음들, 자기가 살고 있는 세상을 믿지 못하고 항상 이상以上의 세계를 꿈꾸고 있는 중생들, 인간 세상보다는 천상세계에 태어나기를 바라고, 인간으로 태어난다 하여도 존경받는 인간으로 태어나기를 바라는 중생들, 그러면서도 불가사의한 힘을 지니고 태어나기를 바라는 마음들, 그 가운데는 수미산정須彌山頂에 머물면서 천하를 호령하는 석제환인釋帝桓因이 되려는 꿈을 가지고 있다. 어디 이것뿐이겠는가?

무시광대겁으로부터 흘러오면서 변해버린 마음, 이제는 본성이 거닐던 자성의 자리조차도 잃어버린 무명중생이 되어 있다. 이 가운데 지혜로운 자는 다시 고향으로 돌아가고자 불법佛法에 입문하여 선지식을 찾아 길을 나서기도 한다. 인간 세상에 귀의歸依할 만한 것이 있다면 그것이 설사 사이비라도 마음으로 귀의하면서 길을 나선다. 성문聲聞과 벽지불辟支佛과 석제환인에게도 공양을 올리면서 가르침을 구하기도 한다. 밤과 낮을 구분하지 않고 용맹정진할 법문을 구하기도 한다. 자신이 가진 육근六根과 육근의 경계인 육경六境을 여의고 나아가 만물에 애착을 여의면서 그 어떤 신비로운 힘을 지닌 모양을 찾기도 한다. 그러면서도 다시 모양과 경계에도 마음을 일으키지 않으려고 노력한다. 물物을 보아도 마음을 일으키지 않도록 단속하고 단속하지만 그것이 쉽지만은 않다. 그리고 모든 희론戱論을 초월하려고 허공을 향하여 마음을 모은다. 끝없는 허공을 응시하고 마음에 새기면서 일체의 부처님의 법에 의지하기를 바란다. 오늘 이루지 못한 것을 후회하면서 잠자리에 들어도 마음은 편안하지 않다. 잠자는 사이에 그나마 지금까지 익힌 법이 사라질까 되새기고 또 되새긴다. 혹 금생에 깨달음을 얻지 못하여 다음 생으로 넘어갔을 때, 지금까지 익힌 부처님의 가르침을 만나지 못할까 상속相續의 인을 짓기도 한다. 영원할 것으로 믿는 유위有爲의 세계와 영원할 것이 없다는 무위無爲의 세계에서 벗어나기를 바라기도 하면서, 윤회의 업業이 되는 모든 조작의 환상법에서 벗어나려고 최선을 다하기도 한다. 또는 금생에 받은 눈과 귀와 코와 혀와 몸으로 인하여 익힌 습관을 버리고, 불보살의 수행습관을 익히려고 마음으로 다짐하기도 한다. 눈과 귀와 코와 혀와 몸 그 속에는 본래의 자성이 없다는 것을 부처님으로부터 듣고 애착과 집착을 여의고자 대정진을 하기도 한다.

이러한 우리 중생은 본래는 법신비로자나불의 몸과 같은 능력을 지녔다. 그러하던 우리 몸이 어찌 이렇게까지 견물생심見物生心으로 윤회를 하는지? 항상 밝은 지혜를 얻는다는 것이 오히려 어리석음을 일으키는 중생이 되었는가? 부처님이 말하는 인간의 역사를 보면, 그 원인을 알 수 있을 것이다.

"사람들은 처음에 허공을 날아다녔다. 몸이 가벼워서 허공을 날아다녔다. 날아다니면서 허공에 있는 허공 꽃이나 허공 열매나 허공의 이슬을 먹고 살았다. 그러던 어느 날 땅에서 자라나는 지초地草의 꽃과 지초의 열매를 맛보게 되었다. 지초의 꽃과 지초의 열매를 먹다 보니까, 허공을 날던 몸이 점점 무거워지기 시작하였다. 허공을 나를 때는 몸의 피곤함을 느끼지 않았으나 지초를 먹기 시작하고 난 다음부터 피곤함을 느끼게 되었다. 이에 잠시 잠깐씩 땅에 내려와 쉬게 되었다. 쉬는 중에 허공의 꽃과 허공의 열매보다도 지초 꽃과 지초의 열매를 더 많이 먹게 되었다. 지초의 꽃과 열매를 먹을수록 몸은 더욱 무거워졌다. 땅에서 자라나는 것은 무거운 것이 본성本性이며, 허공의 것은 가벼운 것이 본성이다. 물속에 것은 퍼지는 것이 본성이며, 불 속에 것은 태워지는 것이 본성이다. 바람의 것은 움직이는 것이 본성이다.

허공을 날던 인간은 땅에서 자라나는 지초 꽃, 지초 잎을 먹으면서 땅의 무거운 본성을 본받게 되었다. 몸이 점점 무거워지면서 허공을 나는 시간은 점점 줄고 땅에 머무는 시간이 많아지게 되었다. 땅에 있는 시간이 길어지면서 갈증이 생기게 된다. 이것이 또 하나의 땅의 습성이다. 허공 속에는 산소와 수소라는 것이 있어서 언제든지 허공을 들어 마시면 수분이 우리 체내에서 만들어져 갈증이 없다. 그러나 땅에서 자라나면 땅은 모든 것을 끌어당기는 힘이 있기 때문에 수분水分을 땅에 빼앗기게 된다. 이것을 뉴턴은 만유인력萬有引力의 법칙이라 하였던 것이다. 결국은 땅 가까이 있으면 수분뿐 아니라 몸까지도 당기는 힘 때문에 무거움을 느끼게 되는 것이다. 인간은 땅에 머물면서 지초 꽃과 열매를 먹으면서 허공을 나는 것조차 사라지게 되었다. 허공을 날면서 먹는다면 언제든지 먹을 수 있고 또한 아무리 먹어도 먹을 것이 남을 터인데, 땅 위에 머무는 시간이 많아지면서 먹을 것이 귀하게 되었다. 지초 꽃과 열매가 피어나고 맺어지는 충분한 시간도 없이 꽃과 열매가 사라지고 있었다. 즉 지초의 꽃과 열매가 피고 익기도 전에 먹게 되니 귀하게 되었다. 사람들은 내일의 먹을 것을 미리 채취하여 저장하기 시작하였다. 이로써 물건을 축적하는 창고가 생기면서 욕심이 생겼다. 이렇게 축적하고 모으다 보니 남보다 빨리 모아야 하고, 남보다 많은 것을 축적해야 하고, 또 축적이 되었으면 그걸 지켜야 한다. 이로써 서로서로 물건을 쟁탈하는 마음이 생겼다. 이러한 투쟁을 해결하기 위하여 힘 있는 자를 선발하여 다스리게 하였다. 이들이 왕이다. 왕의 치하에서 골고루 분배하여 약자弱子까지도 살 수 있는 기틀을 만들었다. 국가의 형성과 투쟁의 형성이 이루어지면서 탐진치貪嗔癡는 계속하여 짙어지게 되었다. 그리고 사람은 땅과 가까이 지내면서 땅을 파괴하면서 살고 있었다.

처음에 허공을 나르다가, 땅에 내려왔을 때는 무거운 몸 때문에 네 발로 움직였다. 그러다가 세월이 지나면서 네발 중에 두 발이 가벼워지고 두 발은 더욱 무거워졌다. 무거운 두발은 발이 되고 가벼운 두발은 손이 되었다. 손놀림을 하다 보니 두뇌 사용이 둔해지게 되었다. 이로써 무명이 생겨나게 된 것이다. 먼 허공을 보던 눈의 능력이 사라지게 되었다. 또한 미래를 보는 혜안慧眼도 사라졌다. 비 오고 바람 부는 미래의 그 어떤 것도 알 수 없게 되었다. 이로써 법신불이 가진 공능은 사라지게 되고 육도를 윤회하는 업業만을 짓게 되었다."

이것이 인간의 역사이다. 이제 다시 그것을 찾고자 부처님으로부터 지혜의 말씀을 듣게 되었다. 자신의 본래면목을 되찾는 지혜의 눈을 얻기 위해서 오늘도 우리 열심히 수행정진하고 있는 것이다.

〖경문〗 "비밀주야! 이와 같은 초심은 부처님께서 '성불의 인'이라고 설하신 까닭으로, 저 업과 번뇌에서 해탈하더라도 업과 번뇌에 한 가지로 의지하는 것이 되나니, 세간이 받들어 모시며 항상 응대하여 공양하느니라."

이하는 십주심 중에 제10 비밀장엄심秘密莊嚴心을 밝히는 부분이다. 이 경의 십주심은 9현1밀九顯一密이며, 9현10밀九顯十密이라고도 한다. 9현1밀은 앞의 아홉은 현교顯敎적 가르침이며, 제10심만이 밀교의 가르침이라는 것이다. 밀교적인 9현10밀은 현교적 교설도 모두 밀교적인 교설이라는 것이다. 즉 현교니 밀교니 구분을 하지 않는 10종심이라는 것이다. 일본에서는 9현1밀적인 교화방편을 사용하고 있으며, 티베트는 9현10밀적인 교설로써 교화를 하고 있다. 진각종도 9현10밀적인 교설에 의하여 교화의 문을 개창한 것이다. 현교적 교설은 초심初心 자체가 수행을 중심으로 말하는 것이고, 밀교적 교설은 초심자체가 성불을 중심으로 말하는 것이다. 그러므로 현교는 종인향과從因向果를 설하고 밀교는 종과향인從果向因을 설하는 것이다. 이 부분에서는 비밀장엄심을 말하면서 그 비밀장엄심은 9현을 품에 안은 10밀이다.

초심은 초발심初發心으로 허공의 법계심法界心을 깨닫는다는 뜻이다. 초심은 곧 성불의 인因이지만, 발심도 수없이 일으켜야 하고 수행도 수없는 시간을 해야 한다. 헤아릴 수 없는 해탈과 헤아릴 수 없는 열반涅槃을 하지만 성불은 오로지 단 한 번뿐이다. 그러므로 성불은 해탈보다도 열반보다도 어려운 것이다. 수행자는 누구나 다 성불을 구하지만 쉽게 이루어지는 것이 아니다. 다만 초발심을 성불이라 할뿐 아니라 해탈을 성불이라 하고, 열반도 성불이라 한다. 이것 뿐아니라 세간의 모든 행위도 모두 성불이라 한다. 아라한과를 얻는 것도 성불이며, 성문과 연각의 경지에 오르는 것도 성불이며, 작불作佛, 득불得佛, 성도成道, 득도得道, 성정각成正覺, 성보리成菩提, 현등각現等覺등을 모두 성불이라 한다. 수행의 모든 계위를 하나하나 성취하였을 때도 역겁성불歷劫成佛이라 하며, 보살수행계위 중에 십신十信의 경지를 신만성불信滿成佛, 십주十住의 경지를 해만성불解滿成佛, 십지十地의 경지를 행만성불行滿成佛, 불과에 도달하면 증만성불證滿成佛이라 하며, 염불을 외워 극락정토에 태어난 것을 왕생성불往生成佛이라 한다. 선종禪宗에서도 성품을 보면 견성성불見性成佛이라 하였으며, 밀교에서는 이 몸 이대로 이구성불理具成佛이라 하고, 부처님으로부터 가지 받음을 가지성불加持成佛이라 하고, 부처님처럼 살아가는 것을 현덕성불顯德成佛이라 한다. 모든 것을 성불이라 한 것은 성불이 희망사항으로서 성불이 그만큼 어렵다는 것을 의미하는 것이다.

《화엄경》은 현교의 모든 경전의 내용을 함축하고 있는 대승의 경전이며 밀교초문의 경전이다. 《화엄경》에 초발심시변성정각初發心時便成正覺이라 하여 초발심 자체를 성불이라 하였다. 중생은 이 어려운 성불을 얻기 위하여 부처님의 가르침 따라 수행한다. 수행하여 먼저 얻는 것이 해탈이다. 해탈 다음으로 얻는 것이 열반이며, 열반 다음으로 성불한다. 먼저 해탈하려면 중생 세계의 업業과 번뇌煩惱에서 벗어나야 한다. 업과 번뇌는 이것이 이고득락의 해탈이다. 해탈이 인이 되어 도피안의 열반을 얻는다. 열반은 다시 성불하는 인이 되는 것이다. 업과 번뇌를 여읜다는 것은 버린다는 것이 아니다. 업과 번뇌 속에서 깨달음을 얻어야 한다. 번뇌즉보리煩惱卽菩提 보리즉번뇌菩提卽煩惱이다. 중생은 업과 번뇌를 만나면 싫어하지 말고 오히려 받들어 공양하는 마음을 가져야 할 것이다. 소승적인 마음을 가진 자는 버리기만 할 것이지만, 대승적인 마음을 가진 자는 그 속에서 해탈을 얻으려 할 것이다. 해탈의 경지는 천상에 태어나면 천왕이 될 것이며, 아귀로 태어나면 귀왕鬼王이 될 것이다. 축생으로 태어나면 금수왕禽獸王이 될 것이요, 지옥에 태어나면 염마왕이 될 것이며, 인간세계에 태어나면 전륜성왕이 될 것이다.

이와 같이 해탈의 경지에서 교화방편문을 열게 된다. 이 방편문에서 많은 공덕을 쌓아야 비로소 3천 위의威儀와 8만 세행細行을 얻게 된다. 위의와 세행을 얻은 후 열반의 경지에 오른다. 다시 열반의 경지에서 수없이 생사문生死門을 오가면서 공덕을 쌓는다. 1상 1호를 구족하게 하기 위하여 수행한다. 1상 1호가 구족할 때마다 생사는 거듭된다. 그 경지를 성문사과聲聞四果라 하기도 하고 연각이라 하기도 하며, 모든 보살의 상을 출현하기도 한다. 수행하는 자는 세상에 버릴 것이라고는

아무것도 없다. 해탈의 경지에서 가장 경계해야 할 것은 탐진치만의貪
嗔癡慢疑이며, 열반의 경지에서 가정 경계해야 할 것이 소승의 법집法執
이다.

　　　　실달태자가 보리수 아래에서 깨달음을 얻기 직전에 마왕파
순이를 깨운 것은 마왕파순이가 가지고 있는 탐진치만의와 법집의 극
세번뇌極細煩惱이다. 마왕파순이를 통하야 극세번뇌에서 반열반의 경지
를 얻을 수 있기 때문이다. 설산에서 53명의 선지식을 만났으나 극세
번뇌를 얻지 못했다. 마지막으로 마왕파순이로부터 극세번뇌가 있음을
알고 그를 깨운 것이다. 실달태자에게는 마왕파순이가 성불의 마지막
선지식이다. 수없이 많은 선지식을 만나고 수 없는 공덕을 쌓은 연후에
비로소 해탈의 경지를 넘고 열반의 경지를 넘어 성불하였다. 이제 이
경문에서는 성불하는 차제를 10주심의 차제대로 비밀장엄심의 경지에
서 밝히고자 하는 것이다.

　　　　부처님에게 공양하고자 하는 마음, 귀명하고자 하는 마음,
믿고자 하는 마음, 존경하는 마음만 일으켜도 그때부터 성불의 인이 하
나씩 돋아난다. 성불의 인은 인간 세상에서만 생기는 것은 아니다. 저
지옥세계에서도 성불의 인이 생길 수 있고, 아귀세계에서도 성불의 인
이 생길 수 있고, 축생세계에서도 성불의 인이 생길 수 있고, 수라세계
나 천상세계에서도 성불의 인이 생길 수 있다. 해탈과 열반은 욕계에서
도 색계에서도 무색계에서도 얻을 수 있다. 그리고 지옥, 아귀, 축생, 수
라, 천상, 성문, 연각세계에서도 얻을 수 있지만, 성불만은 반드시 인간
세계에서만 이룰 수 있다. 인간세계가 성불을 이루는 관문이 된다. 그
러므로 부처님의 모든 법은 인간세계를 중심으로 설법하는 것이다. 인

생난득人生難得이요 불법난봉佛法難逢이라 하였다. 천상에 태어나는 것을 바라지 말며, 성문과 연각이 되는 것을 원하지 말라. 사람의 몸 받음이 얼마나 소중하고 귀한 것인가. 그리고 정법을 만난 것을 더욱 기뻐해야 할 것이다. 사람의 몸을 받는 것이 무량수이며, 소승법을 만난 것도 무량이며, 대승법을 만난 것도 무량이다. 그러나 초대승의 밀법密法을 만난 것은 불가사의하고 희유한 일이다. 중생 세계에 있는 모든 만물은 모두가 성불의 인이 되는 것을 알고 싫어하거나 두려워하지 말아야 할 것이다. 날마다 발심하고, 날마다 수행하고, 날마다 해탈하며, 날마다 열반하는 것이 모두 성불의 인을 꽃피우는 정진이 된다.

출가와 공양

성불의 인 다음으로 이루어지는 것이 출가와 수행과 공양이다. 성불의 인이 깊어지면 출가의 꽃이 피어난다. 머리를 깎고 먹물 옷을 입는 것만이 출가가 아니다. 출가에는 여러 종류가 있다. 마음으로 하는 심출가心出家와 육체인 신출가身出家가 있다. 심출가든, 신출가든 출가 자체가 중요한 것은 아니다. 출가의 목적은 수행이다. 수행의 목적은 원하는 것을 달성하기 위한 행위이다. 중생은 일상생활을 하면서 많을 것을 구하려 한다. 그럴 때마다 출가하는 것이다. 출가를 쉽게 말하면, 이 울타리 안에 있다가 저 울타리로 향하는 것을 말한다. 즉 옮겨가는 것은 모두 출가라 할 수 있다. 사람들이 불법을 배우기 위하여 산에 들어가는 것을 입산入山이라 한다면, 공부하기 위하여 학교에 들어가는 것은 입교入校이다. 입산만 출가가 아니라 입교도 출가이다. 즉 어린아이가 유치원에 들어가는 것도 출가이며, 초등학교를 시작으로 중학교와 고등학교와 대학에 들어가는 것이 모두 출가이다. 배움을 달성하고 직장에 들어가는 것을 입사入社라 하면 그것이 또한 출가이다. 이와 같이 어떤 목적을 이루기 위하여 행위를 하거나 집을 나서는 모든 것은 출가인 것이다.

    실달태자도 부처가 될 때까지 여러 번 출가하였다. 크게 열 등분으로 나눌 수 있다. 도솔천에서 인간세계로 태어나는 것이 첫 번째 법계출가法界出家이다. 중생은 한 생만을 보지 말라. 끝없는 세월 속에서 무한한 생生을 받아 오가고 하였다. 때로는 슬프기도 하고, 때로는 기쁘기도 하고, 때로는 즐겁기도 하고, 때로는 괴롭기도 하고, 때로는 아프기도 하고, 때로는 건강하기도 하면서 잠시 머물다가 다시 다른 세계로 태어나곤 하였다. 그러면서 최종의 목적은 하나이며 같은 것이다. 즉 부처를 이루는 것이다. 이러한 목적을 달성하기 위하여 인간 세상에 왔다. 이것을 실달태자가 주인공이 되어 드라마를 연출하였다. 실달태자는 첫 번째 룸비니 동산에서 법계로부터 출가하는 연출하였다. 법계로부터 첫 번째 출가하여 성취한 것은 마야부인의 품속이다. 마야부인의 품은 집안을 말하는 것이다. 한 집안의 법도를 배우면서 자신도 가정을 이루기 위하여 야소다라공주와 결혼하였다. 이것이 가정을 이루는 두 번째 출가이다. 이 출가로 얻은 것은 효孝를 이룬 행복한 가정이다. 야소다라와의 생활에서 가법家法을 잇는 자식이 태어나게 된다. 이것이 아버지가 되는 세 번째 출가이다. 얻은 것은 라후라이다. 태자는 다시 집안에 집착하지 아니하고 사회로 눈을 돌리게 되었다. 동서남북 사대문을 나섰다. 이것이 사문유관四門遊觀의 네 번째 출가이다. 얻은 것은 생노병사를 여의는 수행법이다. 실달태자는 부모와 가정을 버리고 국가까지 버리면서 밤에 성을 넘는다. 이것이 성을 넘는 다섯 번째 출가이다. 얻은 것은 고행의 숲속으로 들어가는 육신출가이다. 고행의 길에서 53선지식을 만나게 되었다. 이것이 법계품에 들어가는 여섯 번째는 출가이다. 얻은 것은 비상비비상처천非想非非想處天에 태어날 수 있는 공덕이다. 태자는 다시 비상비비상처천도 윤회를 벗어나는 경지가 아님을 알고, 선지식들을 하직하고 설산雪山을 내려와 정각산正覺山으로 들어간다. 이것이 일곱 번째 정각산 출가이다. 얻은 것은 피골이 상접한 가운데 수자타의 우미죽이다. 태자는 파계승이라는 낙인을 받고 강을 건너 귀신들이 나온다는 숲으로 들어간다. 이것이 여덟 번째 보리도량菩提道場출가이다. 얻은 것은 틀에 박힌 규율에서 벗어나는 정도正道수행이다. 수행을 마친 다음 마왕 파순이를 깨운다. 이것이 인간세계가 아닌 법계을 만나는 아홉 번째 출가이다. 얻은 것은 마왕의 항복으로 아라한이 된 것이다. 아라한이 된 연후에 열반을 구하였으나, 천신들의 만류로 퇴설삼승退說三乘의 법으로 중생교화의 문을 택하여 바라나시로 향한다. 이것이 열 번째 출가이다. 얻은 것은 법신환원法身還元이다. 중생을 위한 45년간 설법은 아라한으로서 성불을 얻기 위한 고행이다. 마지막 순타의 공양으로 고행을 마친 실달태자는 쿠시나가라에 이르러 열반의 모습을 보이면서 비로소 성불의 경지에 오른 것이다. 법신환원할 때 까지 10종류의 출가를 지나 10종의 해탈과 10종의 열반을 거쳐 최종목적인 성불을 이룬 것이다. 실달태자는 법신에서 화신으로[태자탄생], 다시 화신에서 보신으로[보리수하 깨달음], 다시 보신에서 법신으로[쿠시나가라 열반상] 돌아가는 과정을 실달태자는 중생들에게 방편으로 보여주었다. 이와 같이 중생들도 단계마다 출가하고 수행하면서 해탈과 열반을 거듭하면서 성불의 목적지로 향하여 가고 있는 것이다.

　　　　　육체적 출가에서 다시 마음의 출가를 한다. 육체적 출가는 카비라성을 넘은 것이며, 마음의 출가는 니련선하강을 건넌 것이다. 육체적인 출가에는 육신의 고행이 뒤따른다. 설산의 고행과 정각산의 피골이 상접한 고행이 그것이다. 보리도량에 이른 것이 마음의 출가이다. 이때는 육신을 돌보고 신분을 돌보아주던 5비구마저 떠나게 된다. 그리고 마음의 출가에는 공양이 따른다. 공양에는 크게 4가지가 있다. 첫 번째 보리수 아래에서 제석천으로부터 길상초를 공양받는다. 두 번째 범천梵天으로부터 퇴설삼승하라는 정법륜正法輪을 공양받았으며, 세 번째 아라한이 된 다음에 사천왕으로부터 발우를 공양받고, 네 번째 초발심보살[두 상인]로부터 건식乾食을 공양받았다. 첫 번째 제석천의 길상초 공양은 중생들의 삶을 이익되게 하고 편안하게 하라는 뜻이며, 두 번째 범천의 정법공양은 정도만을 전하라는 뜻이다. 세 번째 사천왕의 발우 공양은 중생들의 근기를 살피라는 뜻이다. 사천왕이 올린 발우는 크기가 같은 것이었다. 실달태자는 네 개를 발우를 포개었을 때 자연스럽게 크기가 변하여 하나의 모습으로 바뀌었다. 이것은 중생들의 근기는 천차만별이다. 그 추구하는 목적은 하나라는 것을 의미한다. 네 번째 초발심보살로부터 받은 건식공양은 초발심보살을 공경하라는 뜻이다. 정각 후 보리수하에 77일 머무는 중에 설한《화엄경》에서 "초발심시변성정각初發心時便成正覺"이라 한 것도 초발심보살을 공경 공양하라는 말씀이며, 열반하실 때도 "일체중생개유불성一切衆生皆有佛性이라" 하여 모든 중생은 모두 부처 될 성품을 지니고 있기 때문에 부처처럼 공경공양하라고 하신 것도 같은 맥락의 말씀이다.

중생은 누구나 다 불성을 지니고 있다. 그 불성을 찾아 다시 되돌아가려 한다. 되돌아가는 관문 그 첫 번째가 출가이며, 다음으로 수행이다. 출가와 수행을 통하여 해탈과 열반의 공양을 얻게 된다. 수없는 해탈과 열반을 얻으면서 성불할 때까지 수없는 생사문生死門을 드나들고 있다. 최후 마지막으로 단 한 번을 위하여 윤회한다. 최후의 마지막 한 번이 성불이다. 이를 구경성불究竟成佛이라 한다.《진각교전》의 〈교리참회문〉에서 다음과 같이 말하고 있다.

"유위 무위 일체 일[事]과 이치理致에 지혜가 밝고 대비 결정코 용예勇銳하여 육행으로 내 종지를 굳게 세워 마군을 항복받고 외도를 제어하여 구경성불하겠습니다."

진각성존의 출가, 수행, 해탈, 열반, 성불을 단계적으로 말씀하신 것이다.

일상생활 속에서 아침에 출가하여 고행한다. 저녁이면 해탈을 맛보고, 밤이면 열반을 즐긴다. 다시 내일 아침 출가의 문으로 들어간다. 낮에 고행하고, 저녁에 해탈하며, 밤이면 열반에 머문다. 이렇게 반복하다가 그 어느 날 해탈을 능가하고 열반을 능가하는 성불의 날이 올 것이다. 그 날을 위하여 좋은 인을 지으면서 원하면서 기다린다. 출가와 수행과 해탈과 열반을 반복하면서 원하고 기다리는 것이다. 원하고 기다리면서 얻는 것은 공양 공경이다. 나를 포함한 일체중생을 공양하고 공경하면서 불법승 삼보에 귀명하는 것이다.

제19화

10지
十地

〖 경문 〗 "다시 비밀주야! 신해행지는 세 가지 마음을 관찰하여 무량한 바라밀다의 지혜로써 사섭법을 관하나니, 신해지는 상대가 없으며 무량하여서 불사의 한 것이니라. 열 가지 마음에 미쳐서 무변지가 일어나니, 나의 일체의 모든 설하는 것은 모두 이것을 의지하여 그리하여 얻은 것이니라. 이런 까닭으로 지혜로운 자는 마땅히 이 일체지와 신해지를 사유하여야 하리니, 다시 일겁을 넘어서 이 경지에 올라 머무는 것이니라. 이것이 사분의 일로 저 신해지에 도달한 것이니라."

앞에는 출가를 말하였고, 이하는 십지보살의 수행위修行位를 설하는 부분이다. 수행의 계위에는 크게 10종이 있다. 그중에 하나가 신해행지이다. 신해행지는 보살심을 구하는 마음으로 수행계위 중에 제10지보살위 까지를 말하는 것으로, 밀교의 독특한 십지이다. 현교의 모든 수행위를 통합하여 일시에 수행하는 자리이다. 제11지와 같은 지이다.

신해행지는《화엄경》십지十地 전체를 모두 포함한 제 십일지十一地라고도 할 수 있는 것이다. 십지 이전은 성문연각의 경지이며, 십지는 보살의 경지이며, 신해행지는 성불의 인因이 되는 경지이다. 성문과 연각은 이승二乘으로서 성불의 인이 되지 못하며, 보살은 중생을 교화하기 위한 경지이기 때문에 해탈과 열반의 인은 될 수 있지만 성불의 인을 얻으려면 다시 신해지를 가져야 한다. 신해행지만이 성불의 인이라 할 수 있기 때문이다. 밀교에서는 중생이든 성문연각이든 보살이든 모두 같은 경지로 본다. 신해행지는 믿고 알고 행하고 증득한다는 뜻이다. 신해행지는 무량바라밀과 사섭법四攝法을 포함하고 있다. 그러므로 신해행지를 얻으면 무량한 바라밀이 성취되고 사섭법을 실행할 수 있게 된다. 무량바라밀과 사섭법은 모두 방편법이다.

신해행지는 4단계로 구분한다. 믿음과 이해와 수행과 증과이다. 이것을 교리행과라고도 한다. 첫 번째의 믿음은 부처의 무량한 경지에 들어가는 제일의 관문이다. 믿음이 확고한 연후에 가르침을 들을 수 있고 따를 수 있고 이해할 수 있다. 믿음이 없이는 가르침을 따르고 이해하지 못한다. 가르침을 이해한 연후에 출가 수행하는 것이다. 출가는 마음의 망심을 버리는 것이며, 수행은 그 가르침에 따라 정진하는 것을 말한다. 정진의 결과가 증득이며 이를 지혜라 한다. 그 지혜를 넷으로 나눈 것이 4바라밀이다. 즉 금강바라밀의 대원경지大圓鏡智와 보바라밀의 평등성지平等性智와 법바라밀의 묘관찰지妙觀察智와 업바라밀의 성소작지成所作智이다. 이 네 바라밀의 지혜는 모두 법계체성지法界體性智에서 출생한 지혜이다. 이것을 통합한 것이 신해행지로서 제11지와 같은 자리이다.

신해행지는 이와 같이 십지경계를 모두 구족하기 때문에 이 속에는 8심과 16대보살과 5종방편과 5전법과 3구3심을 모두 통합하고 있다. 3구는 보리를 인으로 하고[보리심], 대비를 근으로 하고[대비심], 방편을 구경으로 한다[방편심]. 5전은 《금강정경》의 전법으로서 발심, 수행, 보리, 열반, 방편의 문을 말하는 것이다. 8심이란 중생 세계의 비유로서 종자심種子心, 아심芽心, 포심苞心, 엽심葉心, 부화심敷華心, 과심果心, 수용종자심受用種子心, 무외의심無畏依心을 말한다. 십지는 환희지, 이구지, 발광지, 염혜지, 난승지, 현전지, 원행지, 부동지, 선혜지, 법운지를 말한다. 화신석가모니불의 8만 4천 경전은 보리심과 자비심과 방편심을 벗어나고 설한 부분은 없다. 그러므로 신해행지는 삼심을 관찰한다고 하는 것이다.

또한 신해행지는 삼심三心을 관찰할 뿐만 아니라, 무량한 바라밀이 생하게 된다. 무량한 바라밀의 중심 뜻은 지혜이다. 이것이 마하비로자나불의 가지신인 금강수비밀주의 권속 18보살이며, 4대보살의 자내증의 경지에 오를 수 있는 관문이다. 《화엄경》에서 중생들에게 무언의 인결로써 그 공능을 표현하였다. 《금강정경》에서 4바라밀의 지혜로 표현하고 있다. 이상황을 가장 잘 나타낸 것이 북인도 따보사TABO 대비로자나당이다. 그곳에는 법신비로자나불의 조각상은 없다. 4바라밀보살이 법당에 본존으로 되어 있다.

신해행지는 제11지로서 무변법계지無邊法界智라고도 한다. 무변법계지는 일체법평등지로서 삼라만상을 모두 법신비로자나불의 자내증에서 나타나는 현상세계이다. 현상세계는 중생의 위에서 보면 영원성이 없는 헛된 것이지만 부처의 위에서 보면 사실적인 것이다. 허공의 원리도 마찬가지이다. 중생의 자리에서 보면 텅 비어 아무것도 없는 것으로 보이지만, 부처의 위에서 보면 허공 중에는 무한의 세계가 존재하는 진실 된 세계이다. 허공을 진실된 세계로 보는 지혜를 가지는 것이 곧 신해행지에 오른 것이며, 무변의 법계지를 얻은 것이 된다. 이러한 경지에 올랐을 때 신해행지가 성불경지의 4분의 1을 초월한 경지를 얻은 것이 된다. 4분의 1을 초월하였다는 것은 소승과 대승과 성문과 연각 등각의 경지를 초월하였다는 뜻이다. 그러므로 신해행지는 묘각의 경지이다. 이 경지를 초월하면 대각大覺의 경지에 오른다. 대각의 경지에서 비로소 진실방편을 쓸 수 있다.

신해행지의 위에서 보면 실달태자의 깨달음의 경지가 대각의 경지이나, 신해행지 법으로써 교화문敎化門을 열어 처음 성문의 경지에서 20여 년을 교화하고, 연각의 경지에서 20여 년을 교화하고, 다시 묘각[妙法蓮華經]의 경지에서 10여 년간 교화하다가 열반에 들어 비로소 대각인 법신의 위에 오른 것이다. 중생은 곧바로 대각에 오른다는 것은 어려운 일이다. 중생들이 부처님의 가르침에 따라 수행하면 먼저 업장 소멸의 문에서 해탈을 얻게 되고, 다음으로 공덕의 문에서 열반을 얻게 된다. 해탈과 열반을 얻은 다음 성불의 경지에 오르게 되는 것이다. 그러나 많은 수행자는 이러한 이치를 알지 못하고 수행을 하면 곧바로 성불에 경지에 오르는 것으로 알고 있다. 이것은 부처님의 선방편善方便을 잘못 해석한 것이다. 중생들은 누겁을 흘려오면서 인연의 굴레에서 너무나 많은 윤회의 업業을 지었다. 이러한 윤회의 업이 하루아침에 소멸하기는 어려운 것이다. 먼저 윤회의 업장業障을 녹여야 한다. 그것이 해탈이다. 해탈이란 작은 것으로는 일시적인 병마나 가난이나 불화의 옷을 벗는 것이지만, 큰 것으로는 윤회의 탈을 벗어버리는 것이 대해탈이다. 해탈이 고통을 벗어나는 것이라면 열반은 이익과 안락을 얻는 것이다. 육도중생 세계에서는 해탈과 열반을 동시에 맛볼 수 있다. 이것을 부처님은 바르게 알리기 위하여 방편설법을 하였다. 화엄방편華嚴方便을 시작으로 아함방편阿含方便 방등방편方等方便 반야방편般若方便 법화열반방편法華涅槃方便으로 법륜을 굴리셨다.

       선종禪宗의 사교입선捨敎入禪도 이 뜻이다. 먼저 교리를 알고 난 다음 그 교리의 집착에서 벗어나 선으로 들어간다는 것이다. 부처님의 가르침을 학문으로 이해하고 알려고 한다면 어느 누구도 깨달음을 얻을 수 없다. 석가모니부처님 열반 후에 결집과정에서 가섭존자와 아난존자의 법거량에서 잘 나타나 있다. 사교입선의 법을 잘못 알면 또 하나의 병폐를 만들게 된다. 사교捨敎하라는 말을 교를 배우지 말라는 법으로 알아들을 수 있다는 것이다. 버린다는 의미는 가진 것을 버린다는 뜻이다. 가지지도 않는 것은 버릴 수가 없다. 그러므로 교를 배운 연후에 집착하지 말고 버려야 한다. 선종의 사교입선은 교를 반드시 배워야 한다는 의미가 들어있다. 이제 신해행지는 8만 4천의 모든 법문을 익힌 연후에 수행하여 깨달음을 얻는다는 것이다. 밀교에서는 시간적으로는 범부의 위에서든지 성문연각의 자리에서든지 보살의 자리에서든지 상관없다. 언제든지 이 몸 이대로 성불의 인을 가지는 수행을 할 수 있다는 것이 즉신성불이다. 이와 같이 밀교는 현교의 모든 교리와 수행법을 익힌 연후에 삼밀관행을 하여야 한다. 일부 밀교수행자들이 이러한 절차를 밟지 않고 수행하는 이는 진정한 밀교수행자라 할 수 없다. 석가모니부처님의 문자로 된 팔만사천 경이 아닌 우주자연 자체가 곧 살아 있는 8만 4천의 말씀으로 체득한다. 동녘에 해 뜨고, 달 뜨고, 비 오고, 바람 부는 이 모든 것이 8만장경이다. 자연을 믿고[信] 자연의 섭리를 알고[解] 자연과 함께 생활하면서[行] 자연과 동화가 되는 것[知]이 신해행지이다.

무량바라밀다의 지혜로서 사섭법을 관한다

사섭법은 최고의 방편법이다. 상대할 것도 없고, 양도 없이 무량하여 불사의 한 것이다. 사섭법은 첫 번째 보시하는 마음이다. 보시의 목적은 구경에 깨달음을 얻는 수행의 길로 인도하는 것이다. 욕심 많은 중생에게 자비의 길을 가르쳐 일체중생들은 모두 불성을 가지고 있음을 알려 불보살처럼 보시하게 하는 것이다. 두 번째 사랑스러운 말로써 중생을 포섭하는 것이다. 중생들은 언어로 많은 악업을 짓는다. 그로 인하여 무한한 고통을 받는다. 고통을 받느라 공덕 쌓는 인이 무엇인지 알지 못한다. 일체중생은 불보살과 조금도 다를 바가 없는 불성을 지니고 있다. 그 불성에 따라 일체중생을 동등하게 보도록 하는 것이다. 세 번째 중생에게 이로운 행동으로 보이면서 수행의 길로 인도하는 것을 말한다. 중생들은 자신의 이익만을 위하여 존재한다. 이를 불보살의 자리에서 본다면 모두가 다 이익과 안락을 누려야 하는 권리가 있다. 그 권리를 찾도록 행동하는 것이 진정한 이행이다. 네 번째 중생이 하는 일을 함께하면서 수행의 길로 인도하는 것이다. 일체중생은 자기만의 행동을 존중한다. 그 행동 속에는 곧 불보살의 행동이 있다. 중생들 마음속에 자리한 불보살의 행동을 할 수 있도록 생활을 하면서 가르친다. 이러한 사섭법은 말로만 하는 것이 아니다. 사섭법 속에 삼밀관행법이 있다. 동사섭과 이행섭은 신밀身密이며, 애어섭은 구밀口密이며, 보시는 의밀意密이다. 중생들을 차안에서 피안으로 건네주기 위한 것이다. 이를 바라밀다의 지혜라 한다. 또한 바라밀다는 시대를 초월하여 말씀한 부처님의 지혜를 말한다. 2,500여년전에는 지금이나 언제든지 그 시대에 맞는 인도법이며, 장소로는 동쪽이든 남쪽이든 서방이든 북방이든 장소에도 맞는 인도법이며, 남녀노소 빈부귀천 어느 근기에도 맞는 법이 바라밀다의 지혜이다. 결국 시간이나 장소나 인간 어느 것에도 맞는 법이 바라밀다의 지혜이며, 바라밀다의 지혜로 사섭법을 사용하며, 그로 인하여 성불의 인이 되는 신해행지를 닦는 것이다.

바라밀다지혜의 사섭법이 곧 삼밀관행이다

부처님의 말씀을 많이 듣고 익히고 하는 것도 중요하다. 특히 부처님의 말씀은 실천의 말씀이기 때문에 어떻게 실천할 것인가를 생각해야 한다. 부처님 말씀을 어느 한 특수한 장소에서 어떤 특수한 시기에 익히는 것이 아니다. 일상생활 하는 가운데 부처님처럼 살 수 있어야 한다. 부처님처럼 산다는 것은 일상생활의 삼밀관행이다. 정진 수행이란 고요한 아란야에 앉아 참선하거나 헤드는 창가에 앉아 독경하거나 향불을 피우고 절을 하거니 염주알을 굴리면서 염불하거나 하는 것만이 수행이 아니다. 삼밀관행도 마찬가지이다. 반드시 금강권이나 금강지권인을 결하고 하는 것만은 아니다. 밀교의 수행은 일상생활에 있다. 일상생활이 곧 삼밀관행이며 삼밀수행이다. 행동에서 언어에서 생각에서 모두 부처님처럼 말하고 행동하고 생각하는 것이 진정한 삼밀관행이기 때문이다. 이러한 삼밀수행은 해탈과 열반을 얻을 수 있으며 성불의 인까지를 얻을 수 있다. 신해행지를 얻기까지는 자유로운 정진을 하여도 된다. 얻은 연후에는 남은 것은 성불이다. 구경성불은 법계정인을 결하거나 금강권이나 금강지권을 결하고 정진하여야 한다. 법계정인法界定印은 보신불과 하나가 되는 결인이며, 금강권이나 금강지권인은 법신비로자나불과 수행자가 하나가 되는 인계법이다. 법계정인을 할 때는 우주법계의 명상에 잠기는 것이며, 금강권과 금강지권인은 비로자나불의 진실된 본심의 소리를 관하면서 해야 한다. 이것이 성불을 이루는 삼밀관행의 기본적인 모습이다.

제20화

6무외
六無畏

〖 경문 〗 이때에 집금강 비밀주가 부처님께 아뢰어 말씀하시었다.

"세존이시여! 원하옵건대 세상을 구하는 자시여! 마음의 상을 연설하여 주시옵소서. 보살은 몇 가지의 무외처를 얻음이 있습니까?"

6무외를 설하는 장이다. 무외無畏란 무소외라고도 번역한다. 어떤 일이든 두려워함이 없이 완전한 자신을 가지고 안심하고 용감하게 법을 설하는 부처님의 덕의 하나이다. 무외에는 현교顯敎의 무외와 밀교密敎의 무외가 있다. 현교의 무외에는 불보살이 설법을 할 때 두려움 없이 행하는 법을 말한다. 밀교는 진언수행자가 수행과정에서 두려워하지 않는 용맹심을 말한다. 현교의 무외에는 다시 불佛의 무외와 보살의 무외가 있다.《대지도론》에 불의 4종무외와 보살의 4종무외가 설해져 있다. 불의 4종무외는 첫째 일체제법을 깨달아 다른 이의 힐난을 두려워하지 않은 다는 정등각무외正等覺無畏이다. 둘째는 모든 번뇌를 끊어서 외교外敎를 두려워하지 않는다는 누영진무외漏永盡無畏이다. 셋째는 보리를 장애하는 것을 악법惡法이라 하여 다른 이의 비난을 두려워하지 아니하는 설장법무외說障法無畏이다. 넷째 고통세계서 벗어나는 요긴한 길을 표시하여 다른 이의 비난을 두려워하지 아니하는 설출도무외說出道無畏이다. 《대지도론》에 보살의 4종무외는 첫째 교법을 듣고 명구문名句文과 그 의리義理를 잊지 아니하여 남에게 가르치며 먼저 두려워하지 아니하는 능지무외能持無畏이다. 둘째는 근기와 근성根性이 예리하고 또는 우둔함을 알아서 알맞는 벌을 말하여서 두려워하지 아니하는 지근무외知根無畏이다. 셋째는 다른 이의 의심을 파하여 적당한 대답을 하여 두려워하지 아니하는 결의무외決疑無畏이다. 넷째는 여러 가지 문난問難에 대하여 자유자재하며 용납하여 두려워하지 아니하는 답보무외答報無畏이다. 밀교에서는 6종이 있다.

《대일경》의 근본 물음인 3구문에 의하여 다시 세분하여 9종의 물음이 있다. 첫째, 어떻게 하여 이 마음을 보리심의 종자種子로 나타낼 수 있습니까? 둘째, 깨달음을 구하는 마음을 나타낼 때 그것은 어떤 형태입니까? 셋째, 깨달음을 구하는 마음은 어떠한 과정을 거쳐 얻습니까? 넷째, 깨달음을 구하는 마음의 모양은 어떤 모양입니까? 다섯째, 어느 정도의 시간을 걸쳐 구극적究極的인 청정한 깨달음을 구하는 마음을 얻을 수 있습니까? 여섯째, 이 마음의 공덕이 취하는 때는 어느 정도입니까? 일곱째, 어떠한 실천수행에 따라 무상無上의 불가사의한 효험을 얻을 수 있습니까? 여덟째, 사람들의 행위에 결과를 얻는다는 마음은 어떤 형태입니까? 아홉째, 밀교 수행자의 특수한 마음은 어떠한 마음입니까? 그 가운데 제8문인 심상을 묻는 것에 답하는 것이 6무외이다. 이것은 집금강비밀주가 마하비로자나불에게 보살로서 진언수행을 하는 중에 일어나는 두려움을 여의는 방법을 물었을 때, 마하비로자나 법신은 자내증의 자리에서 답하는 내용이다.

〖 경문 〗 이와 같이 말씀을 마치니, 마하비로자나부처님께서 금강수에게 고하여 말씀하시었다.

"자세하게 듣고 극히 잘 생각하라. 비밀주야! 저 우동범부는 모든 착한 업을 닦아서 착하지 않은 업을 없애면 마땅히 선무외를 얻은 것이니라."

마하비로자나불은 금강수비밀주에게 당부한다. 진언수행자가 진정한 수행을 하려면, 보살이다, 연각이다, 성문이다 하는 경지가 중요한 것이 아니다. 먼저 두려운 마음부터 제거해야 한다. 어리석은 범부라도 두려움만 여의면, 언제든지 성불의 인을 얻어 구경성불할 수 있다는 것을 설하면서 자세하게 그 내용을 듣기를 강조한다. 이에 금강수비밀주는 마음을 가다듬고 법을 들을 자세를 갖추고 법을 듣는다. 금강수비밀주는 누구인가? 곧 우리 중생이며 곧 나 자신이다. 보살이나 연각이나 성문이 아닌 우동범부라도 법을 듣고 실천하는 데는 근기차별이 없다. 금강수비밀주가 아닌 우리 자신도 마찬가지이다. 이 법을 허심청법虛心請法하면 곧 그 자리가 마하비로자나불의 설법회상에 동석한 것이 된다. 이것이 밀교의 즉신성불의 사상이다.

밀교의 6무외는 수행자가 수행하는 과정에서 두려워하지 않는 용맹심을 말한다. 여섯 가지란 무엇인가? 선무외善無畏, 신무외身無畏, 무아무외無我無畏, 법무외法無畏, 법무아무외法無我無畏, 일체법자성평등무외一切法自性平等無畏 등이 그것이다. 이 여섯 가지의 두려움이 사라질 때 '아! 이때부터 비로소 묘득이 일어나겠구나' 하는 생각을 하여야 한다. 지금까지 진언수행에서 이 여섯 가지 두려움 중에 어느 하나라도 멸하지 못했다면, 공덕은 쉽게 일어나지 않을 것이다. 여섯 가지 두려움을 멸하는 데는 순서가 있다. 그 공덕도 각각 다르다. 선무외에서 법무아무외를 얻고 난 연후에 여섯 번째 일체법자성평등무외을 얻어 비로소 자성의 이치를 깨달아 부처님의 경지에 들어설 수 있다. 이제 여섯 가지 두려움을 여의는 경지를 좀 더 자세하게 설하고자 한다.

첫 번째 범부중생이 두려워하는 것이 무엇인가? 중생들은 착한 것이 두려운 것이다. 선을 구하면서도 그 선을 두려워하는 것이 범부중생이다. 실지로는 두려워하지 않아야 할 것을 두려워하고 있다. 그것은 시기와 질투심으로 남이 잘되는 것을 싫어하는 마음이 있기 때문이다. 중생들은 악惡을 행하기 쉽도록 되어있다. 그러므로 많은 선지식들이 선을 행하도록 강조한다. 과거칠불도 "모든 악을 짓지 말고 착함을 소중하여 받들 듯 행하여 스스로 그 뜻을 맑게 하는 것이 이것이 모든 부처님의 가르침이다.諸惡莫作 重善奉行 自淨其意 是諸佛教" 하였다. 중국의 사상도 선과 악에 중심축으로 가르침을 펴고 있다. 맹자

B.C 372~289는 공자의 인의仁義사상을 바탕으로 사람은 본래부터 착하다는 성선설性善說을 주장하였으며, 순자B.C 315~236는 인성人性은 본래부터 악하다는 성악설性惡說을 주장하였다. 한비자B.C ?~233와 이사B.C 284~208는 스승의 성악설을 근간으로 신상필벌信賞必罰을 엄격히 하는 법치法治로써 진시황을 도와 전국통치를 하면서 사상을 통일하기 위하여 분서갱유焚書坑儒하였다. 이것은 성악性惡의 시작이 되는 이기심利己心을 다스릴 수 있다고 주장한 것이다. 인의예지仁義禮智를 중심으로 하는 성선설이든 법치法治를 주장하는 성악설이든 이것은 모두 중생들은 선악善惡의 굴레에 묶여 생활한다는 것을 말하는 것이다. 가정의 인성교육을 받으면서 처음으로 배우는 법이 선악법이다. 어릴 때 밤하늘 별빛 아래에서 들려주던 할아버지 할머니의 이야기 내용도 모두 권선징악勸善懲惡을 중심으로 이루어져 있다. 부모님들은 자녀들을 기를 때에 자녀들이 착하지를 못할까봐 전전긍긍戰兢兢하고 있다. 이로 보아 선악법은 중생의 가장 근본적인 법으로 해결해야 하는 법이다. 그러므로 6무외법 중에 선무외를 제1위에 두어 중요시 하는 것도 중생들의 본성을 가르치는 근본이 선에 있기 때문이다.

　　　　　　착함은 두려운 것이 아니다. 다만 착함을 잊어버리고 악을 행할까 두려운 것이다. 선무외는 실지적으로는 없는 것이다. 선을 행하는데 무엇이 두렵겠는가? 선을 행하지 못할까 두려워하기 전에 악을 행하는 자를 보면, 측은지심惻隱之心을 일으켜야 한다. 이것이 선무외 경지를 얻은 것이다. 그런데 중생 세계는 죄를 짓고도 지은 줄 모르는 어리석음이 있다. 오히려 죄지은 자가 당당하고 선을 행한 자가 부끄러워해야 할 때가 있다. 실지로는 선이냐, 악이냐 하는 것은 중요한 것이 아니다. 내가 지금 하는 말이 선한 쪽이냐 악한 쪽이냐, 나의 행동은 악한 것인가 선한 행동인가 하는 것에 지나치게 집착할 필요는 없다. 오히려 당당해야 할 것이다.

선善을 닦는 데는 계율이 근본이다. 계율이 중생심을 청청케 하는 제일 좋은 길이기 때문이다. 실달태자가 쿠시나가라에서 열반을 할 때 아난이 물었다.

"부처님이 열반하시면 이제 우리는 누구를 스승으로 삼으리까?" 그때 부처님은 "계로써 스승 삼아라[以戒爲師]" 라고 하였다.

계율은 곧 선을 만드는 근본이다. 계율의 근본은 삼귀명계三歸命戒이다. 삼귀명계를 중심으로 오계五戒, 십선계十善계, 48경계輕戒, 250계 등이 있다. 이것은 모두 순세팔심順世八心을 얻기 위한 것이다. 순세팔심은 앞에서 밝혔듯이 공양수행이다. 밀교의 수행인 삼밀관행도 삼밀공양의 수행에 속한다.

〖 경문 〗 "만약 실상과 같이 자신을 알 때에는 마땅히 신무외를 얻을 것이며, 만약 5온을 취하여 모인 바 내 몸에서 스스로 색상을 버림을 관하면 마땅히 무아무외를 얻은 것이니라. 만약 저 5온을 해하여 법의 반연에 머무를 때는 당연히 법무외를 얻게 될 것이며, 만약 법을 버리고 무연에 머무르면 당연히 법무아무외를 얻은 것이니라."

두 번째 신무외이다. 신무외는 몸에 대하여 두려움을 여읜 경지를 말한다. 우리는 자신의 몸에 애착이 많다. 이 애착은 방일과 게으름을 불러일으킨다. 내 몸이 건강하지 못하면 매사에 자신이 없다. 어떤 물건을 들더라도, 어디를 가더라도, 남과 움직일 때도 불안하고, 심지어 노래를 부르는 데도 불안하다. 이렇게 어떤 행동을 하더라도 불안하게 생각한다. 이것은 자신의 몸에 대하여 자신감이 없기 때문이다. 먼저 몸에 자신을 가지려면, 자기의 몸을 잘 알아야 한다. 그리고 자신의 몸을 잘 다스려야 한다. 자신의 몸에 맞는 일들이 있을 것이다. 이 몸에 대하여 자신감이 없는 것은 몸에 어떤 결점이 있기 때문이다. 부처님이나 전륜성왕은 32상 80종호를 갖추어 태어난다. 이것은 가장 청정하고 가장 원만한 몸이다. 이러한 몸을 얻기 위하여 많은 겁 동안 수행하였다. 32상과 80종호를 얻는 것이 신무외에서 얻어진 공덕이다.

　　　중생은 인연 결과에 의하여 받은 지금의 육신에 대하여 믿음을 가져야 할 것이다. 그런데 자신이 없다. 중생 몸을 돌아보니 36종의 부정한 것으로 이루어졌다. 이에 수행자는 부정한 몸을 벗어나게 하기 위하여 먼저 부정관不淨觀을 행한다. 부정관은 오정심관의 하나로 먼저 자신의 몸을 형성하고 있는 부위를 하나하나 관하는 관법이다. 우리 몸은 36종으로 구분하여 몸이 생긴 근본부터 시작하여 몸이 행하는 주위의 모든 것을 관한다. 이에 5부정관이 있다. 5부정관은 첫째 종자부정種子不淨으로 이 몸이 과거의 번뇌와 업에 종자로 현재의 부모 정혈精血의 종자로 생겼으며, 둘째 주처부정住處不淨으로 10개월 동안 모태의 부정한 곳에서 자랐으며, 셋째 자재부정自在不淨으로 이 몸은 사대의 부정한 것으로 이루어졌으며, 넷째 외상부정外相不淨으로 아홉 구멍에서 항상 더러운 것이 나오며, 다섯째 구경부정究竟不淨으로 이 몸은 현재뿐만 아니라 죽은 후에도 몸이 썩어 악취가 가득히 난다. 이와 같이 원만하지 못한 몸에 두려움을 느끼고 그 두려움에서 해탈하기 위하여 수행한다. 《대일경》에 "실상같이 자심을 알아야 한다"는 것에서, 실상은 곧 육신을 가리키기도 한다. 우리의 육신은 마음을 닮았다. 육신을 보고 마음을 다스린다. 신무외는 마음을 다스리기 위하여 세우는 법이다. 건강한 육체에 건전한 마음이 깃든다는 일반적인 용어가 있다. 마음이 건강하면 몸은 자연히 건전하게 된다. 해탈의 몸이나 열반의 몸이나 성불의 몸은 모두 마음의 모양에 따라 나타난 형상이다. 밀교진언수행자가 신무외를 얻게 되면 본존삼매의 뭇 상이 현전하는 위를 얻게 될 것이다.

　　　　신무외는 현교에서 말하는 부분하고, 밀교에서 말하는 부분하고 조금 차이가 있다. 참선하는 법중에 부정관법이 있다. 밀교는 부정관이 없다. 밀교는 이 몸 이대로 부처가 된다고 설명하는데, 어찌 더럽다 깨끗하다는 생각을 하겠는가? 부정관이 없으니 백골관도 없다. 밀교는 오히려 수식관을 중요시 한다. 진언을 수행하면서도 수식관을 한다. 대승불교에서도 부정관은 없다. 역시 백골관도 없다. 근본불교나 소승불교에서는 오부정관 백골관이 있다. 5부정관이나 백골관을 잘못 관하게 되면 일상생활에 부정하는 일이 생긴다. 중생으로서 일상생활을 하지 못하는 것이다. 이로 인하여 오로지 천상에 태어나고자 하는 사상을 심어주는 계기가 되기도 한다. 밀교는 현실 생활을 긍정하는 가르침이다. 그러므로 부정관이나 백골관 같은 것은 없는 것이다. 지금 인도에서는 이러한 부정관과 백골관이 성하다. 이로 인하여 기복적 흐름이 된 것이다. 인도인은 금생은 비록 가난하게 살면서 죄를 짓지 아니하면 내생에는 가난한 사람은 부자로 태어나고 부자는 가난하게 태어난다는 설을 믿는다. 이러한 사상에 의하여 보시를 받는 사람들이 당당하고 보시하는 자가 공손한 자세를 취하는 상황이 생기게 되었다. 실지 부정관을 하게 되는 것은 일체 만물을 바르게 인식하라는 의미인데 범부중생은 실물적인 깨끗하다 더럽다 분별하는 것으로 생각하고 있다.

　　　　세 번째 무아무외심이다. 앞에 착함은 두려움이 없다. 그리고 두 번째 몸에도 두려움이 없어야 된다. 이제 세 번째 무아무외는 아라는 것에 집착하지 않으면 곧바로 두려움이 없어진다. 우리는 '나'라는 것에 집착을 하다 보면, 세상을 살아가는 데도 늘 불편하다. '나'라는 존재를 인식하면 편할 것 같지만 실상은 불편하다.《금강경》에 사상 중에 아상我相과 인상人相이 있다. 부처님이 중생들에게 아상을 끊으라 하는 것은 '나'에 대한 집착을 끊으라는 법문이다. 중생은 자신의 몸에 대한 집착[我相]과 자신이 만들어내는 것에 대한 집착[人相]과 자신이 가진 것에 대한 집착[衆生相]과 자신이 누리는 모든 행위에 대한 집착[壽者相]이 강하다. 그 중에도 특히 자신의 몸에 대한 집착은 유별하다. 정진을 방해하는 방일과 게으름이 이로부터 생긴다. 다음으로 자신이 만들어낸 것에 대한 집착이 강하다. 이것은 부모가 자녀들을 볼 때 자녀들의 모습이나 행동이 아무리 부족하고 결함이 많아도 사랑스럽고 귀엽다고 집착한다.

　　　　　세상에 제일 두려워하는 것이 무엇이겠는가? 죽음이다. 죽음은 육신을 버리는 것을 말한다. 나를 버리면 죽음까지도 초월할 수가 있다. 자신이란 것을 버리지 못하면 죽음 또한 초월할 수 없다. 이것이 무아무외법을 증득한 경지이다. 육무외 중에 선무외는 범부로서 이익과 안락을 얻은 경지이며, 신무외는 육도 가운데 천상세계의 낙을 즐기는 경지이며, 무아무외는 성문의 경지에 들어가는 것이다. 성문이 인공무루人空無漏의 지혜를 증득하는 경지와 같은 경지이다. 이것은 수행자가 유가瑜伽의 경계境界에서 일체의 분단 중에서 능히 마음은 가히 얻어지는 것이 아니라는 것을 관하여 스스로 교만심이 일어나지 아니하는 자리를 말한다. 우리의 몸은 색수상행식色受想行識의 오온五蘊이 모여 만들어진 몸이다. 온蘊을 취온取蘊이라고도 한다. 여기서 취는 번뇌를 의미한다. 오온이란 다섯 가지 번뇌가 모였다는 뜻이다. 인과법칙에 의하여 색수상행식이 모이고 이로 인하여 몸이 된다. 그 몸에 다시 번뇌가 쌓이게 된다. 이를 취온이라 한다. 밀교의 수행은 번뇌의 취온을 없애는 것이다. 오온을 육체적 정신적 욕망을 억제하고[戒蘊], 마음을 적정하게 하여[定蘊], 지혜를 닦고[慧蘊], 일체의 속박에서 해방되고[解脫蘊], 그 해방된 마음으로 말미암아 스스로 의식하는 개오開悟의 경지로 깊숙이 들어가게 된다[解脫知見蘊]. 이것이 오분법신이다. 번뇌의 근본인 유루의 취온이 사라질 때 얻어지는 것이 무아무외이다. 밀교는 선무외에서도 해탈을 얻을 수 있고 신무외에서도 해탈을 얻을 수 있고 무아무외에서도 해탈을 얻을 수 있다.

넷째 법무외이다. 소승小乘의 최이근最利根의 적연계보살寂然界菩薩이 일중一重의 법집法執을 여의어서 현상現相을 밝히는 것이며, 수행자는 모든 경계는 거울 속에 모양이나 물속에 달과 같다 하여 무성무생無性無生을 깨닫는 자리를 말한다. 법무외는 어떤 법에 있어도 두려워하지 않는 것이다. 이것은 당당한 삶을 살아야 한다는 것을 뜻한다. 당당한 삶이란 인간이 제정한 법이든, 부처님의 법이든 어떤 법에 주하더라도 나는 그것에 전혀 두려울 바가 없다고 생각하는 경지이다. 오히려 어쩌면은 내가 법을 만들어 낼 수 있는 경지까지 왔다는 것이다. 우리는 많은 법을 만들고 있다. 자기 스스로 자기의 법을 만든다. 그리고 그 법에 구속을 당한다. 이것이 두려움이다.

예를 들면, 아침에 나는 몇 시에 일어난다. 일어나면 나는 뭔가를 타고 어디에 간다. 누구를 만난다. 만날 때 나는 꼭 다방에 앉아서 나는 커피만을 시킨다. 나는 오렌지 주스만을 시킨다. 여러분은 한 사람을 만나는데도 이렇게 많은 법을 만들고 있다. 중생들은 법을 만드는 전문가이다. 이왕 법을 만들려면, 일체중생에게 이익을 주고 안락을 주는 법을 만들었으면 얼마나 좋겠는가! 그러나 우리는 자신만을 위하는 보호하는 법을 만들고 있다. 법무외의 경지에 들어가려면 자기를 위하여 만든 법에 집착하는 모든 행위를 버려야 한다. 오로지 일체중생을 위하여 이익과 안락의 법만을 만들어야 하고 그것에 머물러야 한다. 이것이 법무외의 경지이다. 이것은 또한 법집에 집착하지 말라는 것이다. 법집에 머물지 않으면 연각緣覺의 위를 얻게 된다. 진언행자의 수행은 중생 세계의 모든 법의 경계는 거울 속에 모양이나 물속에 비치는 달과 같은 것이다. 진실이 없다. 성性도 없고 상相도 없다. 무연無緣의 중생심으로 돌아가는 것이다. 이것이 연각의 경지까지 뛰어넘는 9현10밀九顯十密중에 타연대승심他緣大乘心에 속하는 것이다.

　　　　　다섯 번째 법무아무외이다. 삼승교三乘敎의 보살이 만법유식萬法唯識의 이理를 일으키는 자리로서, 존재하고 있는 곳에 자아에 대하여 집착은 들어내어 마음 편안하게 가지는 것을 말한다. 법에는 상이 없다. 어떤 식으로 만든 법이든 결국은 법은 법일 뿐이다. 그래서 법의 집착에서 벗어나 법공에 들어가야 한다. 삼승三乘의 보살이 만법유식의 이치를 증득한 법공의 경지이다. 법에 집착하면 아직도 연각의 경지에 머물고 있는 것이 된다. 보살의 경지는 다른 세상에 있는 것이 아니다. 중생들과 함께하면서 법을 만들지도 아니하면서도 질서가 세워지고 강요하지 않으면서도 율법을 지키는 곳이다. 보살의 세계는 넓은 마음과 깊은 마음과 깨달음의 마음으로 살아가는 것이다. 누구의 간섭을 받지도 않으면서 서로서로 위하는 마음이다. 베푸는 마음과 감싸는 마음이 동시에 전개되는 세상이다. 진언수행자는 차례로 얻으라는 것은 아니다. 앞의 4가지 무외를 얻지 않고 곧바로 법무외法無畏만을 얻어도 된다. 성문과 연각위를 무시하여도 된다. 이 자리는 소승법이니 대승의 보살도에 범부로서 곧바로 머무를 수 있는 심자재心自在의 경지를 얻은 자리이다.

〖 경문 〗 "만약 다시 일체의 5온과 18계와 12처와 능집과 소집과 나와 수명 등과 법의 무연이 공하여 자성이 무성이어서, 이 공의 지혜가 일어날 때는 당연히 일체법 자성평등 무외를 얻게 될 것이니라."

여섯 번째 일체법자성평등무외이다. 이것은 부처님의 경지이다. 일체의 모든 법은 평등하다. 그것은 일체의 모든 법에는 자성이 없기 때문이다. 5온蘊과 12계界와 18처處와 능집과 소집과 나[我]와 수명壽命과 법法과 무연無緣이 모두 공空하여서 자성이 없다. 만물에 자성이 없기 때문에 무위無爲 능소能所 본말本末 차별이 없이 하나로 융통무애融通無碍함을 관하여 평등법계에 머무는 것이다. 평등법계에 머무는 것은 상대성의 벽을 허물어뜨리는 것이다. 중생계는 모든 것이 상대성으로 생각하는 것이다. 이로 인하여 선과 악의 업業을 짓고, 선과 후가 생기며, 본과 말을 구분하고, 옳고 그름을 판단하는 것이다. 평등성에는 옳고 그름도 하나이며, 너와 내가 없이 하나이다. 현실과 진리도 차별 없이 하나이다. 이와 같이 선악시비선후본말善惡是非先後本末의 팔풍八風도 차별이 없다. 상대적 대립된 모든 것은 불佛의 법으로는 오직 하나뿐이다.

차별의 상대성을 벗어난다 하여 그것을 버린다는 것은 아니다. 둘의 근본이 하나인데 어느 것을 버리고 어느 것을 취하겠는가? 같은 위치에서 만물을 관상하면 근본이 하나임을 알게 된다. 이 사상이 평등사상이다. 평등의 사상을 가장 잘 나타내는 것이 육대법계六大法界이다. 땅과 물은 흔들고 흐르면서 낮은 곳을 높게 하여 수평으로 만들고, 불과 바람은 태우면서 불며 높은 곳을 낮게 하여 수평을 만든다. 허공은 모든 것을 받아들이면서 평등을 만들고 심식은 돌면서 수평을 만든다. 중생이 육도六道를 벗어나려면 육도를 평정해야 한다. 육도를 평정한다는 것은 천상업과 수라업과 인간업과 축생업과 아귀업과 지옥업을 평등하게 한다. 어느 하나라도 높게 쌓이면 그곳에 태어나서 그 업장을 녹여야 하고, 낮게 쌓으면 그곳에 태어나서 공덕을 쌓아야 한다. 육도가 모두 한결같이 평등하게 되었을 때 윤회의 업을 벗어날 수가 있다. 차별심을 가지는 것은 악업이다. 살생업을 짓고 자비를 베풀지 않으면 지옥업이 되어 무한한 고통을 받게 된다. 그 고통을 받는 동안에는 윤회의 업을 벗어나지 못한다. 업을 수평으로 만드는 것이 중생수행이다. 중생으로 하여금 수평의 업을 이루도록 하기 위하여 석가모니불은 허공의 도를 설하였다.

중생 세계는 모든 것이 상대성이다. 예를 들면, 부富하다는 것은 가난함이 있기 때문이며, 잘한다는 것은 못하는 것이 있기 때문이며, 높다는 것은 낮음이 있고 넓다는 것은 좁음이 있기 때문이다. 모두 중생들의 생각에 맞춰놓은 기준이다. 상대성을 평등으로 만드는 법이 부처님의 가르침이다. 부처님의 가르침은 자연법계에도 있다. 자연법계는 육대법신으로 이루어졌으니, 육대법신의 가르침이 평등법계를 가르치기 위하여 설하는 법신비로자나불의 연기설이다. 육대법신은 지수화풍공식이다. 지수화풍은 곧 법신비로자나불의 몸이다. 그 평등성을 살펴보면, 땅과 물과 불과 바람으로 만들어진 만물에는 자성이 없다. 허공과 심식心識으로 업으로 만들었기 때문에 자성이 없다. 자성이 없는 일체의 법은 차별에 의하여 만들어진 것이다. 그러므로 육도만물은 차별성을 가지고 있다. 그 속에는 자성이 없다. 자성은 평등한 것을 본성으로 하고 있다. 일체법이 평등할 때 자성이 있다. 중생들은 불성에 탐진치가 가리워져 교만심과 의심을 일으킨다. 탐심과 진심과 어리석음은 자신의 내면에서 생기는 번뇌심이며, 교만심과 의심은 상대의 의하여 생겨나는 번뇌심이다. 탐진치만의貪嗔癡慢疑가 사라지는 가운데 일체의 평등법이 성취된다.

　　　　　중생 세계의 상대성은 두려운 것이다. 자신이 낮은 곳에 있으면 높은 곳이 두렵고, 넓으면 좁아질까 두렵고, 잘하면 못할까 두렵고, 부하면 가난하여질까 두렵다. 결국 높으면 높은 대로, 낮으면 낮은 대로, 있으면 있는 대로, 없으면 없는 대로, 잘하면 잘하는 대로, 모두가 못하면 못하는 대로 두려운 것이다. 중생 세계는 모든 행위가 두려움 투성이다. 이 두려움을 여의려면 자성을 관하여야 한다. 마음이란 변화무상變化無常하다. 눈으로 보아도 마음이 변하고, 귀로 들어도 마음이 변하고, 코로 냄새를 맡아도 마음이 변하고, 몸에 닿아도 마음이 변한다.

이 마음을 다스리려면 보고 듣고 맡고 만지는 그 모든 대상에 자성이 없다는 것을 관하면 된다. 마음의 자성을 관한다는 것은 곧 마음의 변화를 다스리는 것을 말한다. 마음의 변화무상을 비유 들면, 음식점에서 음식을 주문하면서 주방장에게 맛있게 만들어 주기를 주문한다. 물론 음식의 맛은 주방장의 손끝에서 만들어진다. 어떤 주방장이 음식을 맛이 없게 만들고자 하겠는가? 실지로는 음식의 맛은 그 음식을 먹는 사람이 만드는 것이다. 주방에서 아무리 맛있게 만들어도 담은 그릇이 지저분하면 음식의 맛은 사라진다. 서비스하는 사람의 불친절에서도, 식당에서 바퀴벌레만 보아도 그 음식 맛은 사라진다. 결국 음식 맛은 먹는 사람의 눈으로 보고 귀로 듣고 코로 냄새를 맡는 과정에서 일어나기도 하고 사라지기도 하는 것이다. 이것은 그 음식 또한 만법에 속하기 때문에 자신을 주장할 수 있는 자성이 없다. 맛을 감지하는 자성은 그 음식을 먹는 사람에게 있기 때문이다.

위와 같이 선에 대한 무외, 몸에 대한 무외, 무아에 대한 무외, 법에 대한 무외, 법이 없다는 것에 대한 무외, 그리고 일체법의 자성이 모두 평등하다는 육종무외는 마하비로자나부처님께서 금강수비밀주에서 답변한 설법이다. 범부중생들은 일상생활 속에서 여섯 가지 무외법의 경지에 도달할 수 있다. 이 6무외법의 수행이 즉신성불의 경지에 이르게 되는 밀교의 수행법이다. 진언수행으로 완전한 6무외를 증득할 수 있다. 육자진언 중에 '훔'자를 염송하면 선무외를 얻게 되고, '메'자를 염송하면 신무외를 얻게 되고, '반'자를 염송하면 무아무외를 얻게 되고, '니'자를 염송하면 법무외를 얻게 되고, '마'자를 염송하면 법무아무외를 얻게 되고, '옴'자를 염송하게 되면 일체법자성평등무외의 경지에 들어가게 된다. 이것은 '옴'은 마하비로자나불을 상징하는 것이며, 마하비로자나불이 가진 공능인 법계체성지와 일체법자성평등무외의 경지와 같기 때문이다. '마'자는 아축불을 상징하는 것이며 아축불이 가진 공능인 대원경지가 법무아무외의 경지와 같기 때문이며, '니'자는 보생불을 상징하는 것으로 보생불의 공능인 평등성지와 법무외의 경지와 같기 때문이며, '반'자는 아미타불을 상징하는 것이며 아미타불이 가진 공능인 묘관찰지와 무아무외의 경지가 같기 때문이며, '메'자는 불공성취불을 상징하는 것으로 불공성취불이 가진 공능인 성소작지와 몸으로부터 해탈을 구하는 신무외의 경지가 같기 때문이며, '훔'자는 금강살타보살을 상징하는 것으로 금강살타보살이 가진 공능인 일체선법과 선무외의 경지가 같기 때문이다. 이와 같이 '옴마니반메훔'을 염송하면, 6무외경지에 들어설 수 있다. 육자진언을 육자대명왕진언이라 한다. 대명왕의 대大는 법계 우주에 가득하여 비할 바가 없이 크다는 뜻이며, 명明은 무명중생無明衆生에 비하여 태양보다도 밝은 지혜를 상징하는 것이며, 왕王은 삼계의 법왕인 부처님을 뜻한다. 다시 대大는 시간 가운데 가장 빠른 시간을 뜻하며, 명明은 공간 가운데 가장 밝음을 뜻하며, 왕王은 인간 가운데 가장 뛰어난 인간을 말한다. 6무외법에서 대명왕은 진언수행자 자신을 의미하는 것이다. 자신이 처한 시간이나 머무는 공간이나 자신이 지닌 심성心性들은 모두 최고의 경지에 오를 수 있는 상상근기上上根機만이 지닐 수 있기 때문에 육자진언을 염송할 수 있다. 그러나 육자진언은 '옴'자가 근본이다. '옴'자 한자만을 염송하여도 불가사의한 공덕이 일어난다. 범부중생은 처음부터 상상근기를 일으키지 못하기 때문에 중생근기를 생각하여 마하비로자나불이 대자비심으로 본법本法과 방편법을 동시에 설하여 보다 쉽게 정진수행할 수 있도록 하기 위하여 육자를 출현하였다.

마하비로자나불은 생멸生滅이 없고, 구정垢淨이 없고, 증감增減이 없다. '옴'자도 이와 같다. 마하비로자나불이 머무는 금강법계궁도 마찬가지이다. 아축불은 자성불이다. 최초의 성불의 인因을 지니고 있는 부처님이다. '마'자도 금강견고한 성을 지니고 있으며 중생들의 본성은 이와 같다. 보생불은 무량한 공덕을 가지고 있는 부처님이다. '니'자도 마니주의 무궁무진한 공덕을 지니고 있다. 아미타불은 지혜를 지닌 부처님이다. '반'자도 원만한 지혜를 성취시킬 수 있다. 불공성취불은 정진력을 지니고 있는 부처님이다. '메'자도 방일함이 없고 게으름이 없는 용맹심을 지니고 있다. 불공성취불은 보살로서 부처님이 지닌 모든 것을 중생들에게 응용하는 보살이다. '훔'자에는 일체의 방편법을 다 가지고 있으며 중생들은 견물생심見物生心의 마음을 가졌기 때문에 무엇이든지 이룰 수 있는 능력을 발휘할 수 있다. 이것이 육자진언의 묘리를 증득할 수 있는 대명왕의 주인공이 되는 것이다.

제21화

10연생구
十緣生句

〚 경문 〛 "비밀주야! 만약 진언문에서 보살행을 닦는 모든 보살은 깊이 십연생구를 관찰하고 닦아서 마땅히 저 진언행에 있어서 통달하여 증득함을 지을 것이니라. 어떠한 것이 열 가지가 되는가? 이른바 꼭두각시와 아지랑이와 꿈과 그림자와 신기루와 메아리와 물에 비친 달과 물거품과 허공 꽃과 돌아가는 불 바퀴 같은 것이니라."

이하는 《대비로자나경》〈주심품〉의 결론을 짓는 부분이다. 밀교의 십주심 중에 비밀장엄심秘密莊嚴心을 설하는 것으로 십종의 비유법으로 밝히고 있다. 십종 비유법이 십연생구十緣生句이다. 십연생구를 십연생관十緣生觀 또는 십유관十喩觀이라고도 한다. 밀교에서 인연에 의하여 생긴 만유萬有의 모든 현상은 그 자성自性이 없는 것 열 가지를 비유들어 표시한 것이다. 즉 미집迷執을 제어하는 관문觀門을 밝힌 것으로, 진언행자는 이 십유관十喩觀에 의하여 여러 가지 장애되고 어려운 망정

妄情 소견所見의 상相은 다 공空이라 하여 재어함을 얻는 것이다.

　　　　　현교의 교리행과처럼 이 부분은 밀교의 수행증과차제로써 심수深修와 관찰觀察과 통달通達과 작증作證에 대하여 바르게 알아야 한다. 심수는 깊이 닦아야 한다는 뜻이고, 관찰은 마음으로 성찰省察하라는 뜻이며, 통달은 법계진리에 통달해야 하고 작증은 증득의 맛을 실행한다는 뜻이다. 세분하면, 마하비로자나불의 진언을 깊이 믿고, 비유법인 십연생구를 관찰한 연후에 자연법이自然法爾에 통달하여 일상생활에 실천하는 것을 말한다. 이 네 단어는《대일경》〈주심품〉의 결론 구절이다. 앞에서 마음의 상을 보이고, 지재법持齋法을 보였으며, 방편바라밀법과 사섭법과 6무외법도 보였다. 이제 종합적인 교리행과를 보이는 부분이다. 심수와 관찰과 통달과 작증을 세분하여 설명한다.

　　　　　심수深修는 불법승 삼보에 귀명하는 것이다. 심수하기 좋은 것은 삼밀관행이다. 선종에서는 1,700공안 중에 어느 한 공안을 들고 깊이 수행하는 것과 같다. 닦음에 깊고 낮음이 있는 것이 아니다. 깊이 닦는다는 것은 믿음을 굳건히 한다는 것이다. 끝없이 수행했는데도 공덕이나 묘득을 맛보지 못한 것은 믿음에 문제가 있기 때문이다. 심수가 되지 않으면 공덕은 일어나지 않는다. 예를 들어 경전을 사경寫經하려면 먼저 경전을 정하고 다음으로 그 경전의 뜻을 믿고 한 자 한 자 기록할 때마다 부처님의 설법의 의미를 믿으면서 공경하고 공양하는 마음을 가져야 한다. 문자만 쓰고자 하는 자세에서는 아무리 많은 경전을 사경한다 하여도 공덕은 없다. 만일 경의 내용을 알지 못하여 그 뜻을 믿을 수 없다면 부처님을 공경하는 마음만이라도 깊어야 한다. 부처님의 모든 것을 믿는다는 것이다. 사경뿐만 아니라 일상생활도 이와 같다. 하고자 하는 일의 본의를 알고 그 본의를 믿고 행한다면 그 일은 원만하게 성취될 것이다. 도자기를 굽는 사람이 흙을 믿고 물을 믿고 가마를 믿고 불꽃을 믿고 시간을 믿을 때 바라는 도자기가 구워질 것이다. 모두가 믿음이 근본이기 때문이다. 진언수행자는 진언이 곧 법신비로자나불의 본심이라는 것을 믿을 때 서원은 성취된다. 시간을 믿고 공간을 믿고 스승의 말을 믿고 수행하는 것이 심수深修이다. 염불의 문을 택하든, 간경看經의 문을 택하든, 참선의 문을 택하든, 진언의 문을 택하든, 하나를 택해도 깨달음을 얻을 수 있다는 것을 굳게 믿어야 한다.

관찰觀察은 우주법계의 원리를 관찰하는 것을 말한다. 우주법계의 진실성은 모든 우주법계를 다 관찰하여야 하는 것은 아니다. 한 조각의 티끌에서도 우주법계원리를 관찰할 수 있다. 범부중생은 우주법계의 진실성을 쉽게 관찰되는 것이 아니다. 우주법계의 원리를 깨달음의 경지에서 보면 영원불멸하는 것이지만, 범부중생凡夫衆生의 입장에서 보면 모든 것이 허상일 뿐이다. 그것은 자신을 형성하고 있는 육체가 허상이며 육체 속에 주인 노릇을 하는 중생심 또한 영원성이 없는 허상이기 때문이다. 그러나 중생은 허상에 집착하고 있다. 이것을 깨우쳐주기 위하여 열 가지 허상을 보여 진실을 관찰하게 하는 것이다. 이것이 십연생구이다. 열 가지란 꼭두각시와 아지랑이와 꿈과 그림자와 신기루와 메아리와 물속의 달과 거품과 허공 꽃과 불의 바퀴이다. 이 중에 어느 하나만으로도 알 수 있지만 부처님은 중생을 생각하는 노파심에서 열 가지 허상으로 비유법을 설하는 것이다. 이 세상의 만물은 나를 위하여 잠시 존재할 뿐이다. 나를 위하여 우리 부모가 먼저 세상에 오셨다. 그리고 농사짓는 농부와 베를 짜는 직녀도 나를 위하여 세상에 먼저 나온 것이다. 어디 이것뿐이겠는가? 봄과 여름과 가을과 겨울도 나를 위하여 바뀌며, 해와 달과 별들도 나를 위하여 존재하며, 흙과 물과 불과 바람과 허공 등도 나를 위하여 존재하는 것이다. 실달태자가 이 세상에 태어나 "천상천하유아독존天上天下唯我獨尊"이나 서정주의 "한송이 국화꽃을 피우기 위하여 소쩍새는 그렇게 울었나보다" 한 것은 이것을 두고 한 말들이다. 그러므로 나를 위해 존재하는 이 모든 것에 집착할 필요가 없다. 내가 사라지면 이 모든 것은 사라지게 된다. 내가 이 세상에 있을 동안에는 소중하지만 내가 사라지면 모든 것은 허상이다. 내가 영원하면 만물도 영원할 것이지만 나의 육신이 영원하지 않는데 어찌 만물이 영원히 존재하겠는가? 나는 영원성의 마음이 마하비로자나불로부터 잠시 외유外遊를 한 것일 뿐이다. 이것을 관찰하는 것이 심연생구의 관찰이다.

　　　　　심수관찰深修觀察 뒤에 통달작증通達作證이다. 통달은 깨달음을 말한다. 여기서 깨달음은 완전한 부처가 되기 위한 깨달음이 아니다. 통달은 여러 가지 부분이 있다. 이곳에서는 자연의 섭리를 통달한다는 뜻이다. 학문하는 사람이 조예가 깊어지는 것, 기술자가 기술에 숙달된 경지가 통달이다. 어느 한 분야에 달인이 되는 것이 통달이다. 통달은 수행하지 않아도 가능하다. 수행 이전에 통달하고 수행 이후에 작증을 한다. 작증은 통달의 부분을 일상생활에 활용하는 실천을 말한다. 참선수행자가 깨달음을 얻고 보림補任의 기간을 작증이라고도 한다. 관찰하여 하나를 내 것으로 만드는 것이 통달이라면 내 것을 상대에게 활용하는 것이 작증이다. 실달태자가 보리수 아래에서 깨달음을 얻은 후 45년간 오천축五天竺을 다니면서 전하는 법이 곧 작증의 법이다. 현실의

예를 들면, 운전면허를 얻고자 하는 사람이 차량에 대하여 알고자 하는 것이 심수며, 운전기술을 익히는 것이 관찰이며, 면허를 획득한 것이 통달이다. 면허를 획득하였다 하고 곧바로 핸들을 잡고 복잡한 거리로 나갈 수는 없다. 연수를 받아야 할 것이다. 이 연수 기간이 작증이다. 작증을 체득이라고도 한다. 체득을 진각성존은 당체법문을 보는 것이라고 하였다. 법문을 본다는 것은 수행을 통하는 것이다. 올바른 통달을 하려면 수행을 동반한 통달이 깨달음의 통달이다. 학문에서의 문리文理를 얻은 것과는 다르다. 깨달음의 통달은 영원하지만 깨달음이 없는 통달은 일시적인 것이다. 작증도 깨달음을 동반한 통달에서 행하는 작증과 통달만을 얻은 상태에서의 작증이 다르다. 앞의 것은 영원하지만 뒤의 것은 금생만 존재할 뿐이다. 그리고 앞의 것이 꽃을 수놓은 비단이라[錦上添花]면 뒤의 것은 그냥 비단일 뿐이다. 심수 후에 관찰하고 관찰 후에 통달하며 통달 후에 작증하는 것이 올바른 깨달음을 얻는 길이다. 이 가운데 어느 하나라도 궐하면 완전한 경지에 오르지 못한다. 이와 같은 네 단계는 일체 만물은 법신부처님의 몸이라고 알게 하는 밀교의 가르침이다. 이를 통하여 나 자신도 만물과 동체며 법신비로자나불과 동체임을 자각하게 된다. 이것이 진정한 깨달음의 경지이며 밀교에서 말하는 9현10밀九顯十密의 최후경지에 이르는 것이다.

〖 경문 〗 "비밀주야! 저 진언문의 보살의 행을 닦는 모든 보살은 마땅히 이와 같이 관찰할지니라. 무엇을 꼭두각시라 하는가? 주술과 약물의 힘으로 능히 만들거나 만들어진 가지가지 색상 같은 것은 스스로의 눈을 현혹케 하는 까닭에 희유한 일로 보게 되는 것이니라. 구르고 굴러서 서로 나타나서 시방에 왕래하는 것이나, 그것은 가는 것도 아니며 가지 아니하는 것도 아니니라. 왜냐하면 본래의 성품은 청정한 까닭이니라. 이와 같이 진언의 꼭두각시도 지송하여 성취하면 능히 일체를 생겨나게 할 수 있느니라."

심연생구를 관찰하는 부분이다. 이 부분은 진언을 수행하는 보살의 최고의 수행계위이다. 심수가 자自의 무자성無自性을 관하는 삼밀수행이라면 관찰은 타他의 무자성인 십연생구를 관찰하여 자신의 세계를 깨달아 가는 것을 말한다. 자自는 자성본성自性本性을 말하고 타他

는 삼라만상을 뜻한다. 영원성이 없는 삼라만상을 관하면서 허상의 사물에 비유하여 관찰하게 한다. 관찰을 열 가지로 비유하지만 간단하게 세 가지를 관한다. 첫 번째는 공간空間이다. 공간은 삼라만상은 모두 인연에 의해서 생긴 것으로 그 실체가 없고, 자성이 없는 것이다. 《금강경》의 공사상空思想과 같다. 이것이 즉공환卽空幻이다[初劫의 所觀]. 두 번째는 심관心觀이다. 이것은 만법은 오직 마음에서 전개된다는 일체유심조一體唯心造를 말한다. 《법화경》, 《화엄경》의 사상과 같다. 이것이 즉심환卽心幻이다. 세 번째 불사의관이다. 불사의관은 진리는 생각할 수도 없고 비교할 수도 없는 불가사의한 것이라고 관하는 것이다. 《대일경》, 《금강정경》의 사상과 같다. 이것이 즉불사의환卽不思議幻이다.

심연생구의 첫 비유는 환幻이다. 환은 꼭두각시이다. 본성이 없는 빈 몸을 환화공신幻化空身이라 한다. 환화공신에 관하여는 비바시불, 시기불, 비사부불, 구로손불, 구나함모니불, 가섭불 등이 제자에게 깨달음의 법을 전법하면서 한결같이 환화공신에 집착하지 말라는 법을 전하였다. 심지어 석가모니불까지도 환화공신에 대해서 전법게傳法偈를 남기고 있다. 인간 세상은 마음을 제외한 만물은 모두 환과 같은 것이다. 그러나 중생들은 만상의 존재가 영원한 것처럼 집착하여 그로 인하여 육도를 윤회하는 업을 짓고 있다. 이제 육도윤회를 벗어나려면 현재 우리 몸은 꼭두각시와 같은 몸이라는 것을 알아야 한다. 그리고 몸을 위하는 사물인 주술呪術과 약력藥力과 능조能造이든 소조所造이든 가지가지 색상도 마찬가지이다. 모두 스스로의 눈을 현혹케 하는 허상일 뿐이다. 이 허상이 시방에 왕래하면서 나타나지만 그것은 가는 것도 아니며 가지 않는 것도 아니다. 그 이유는 본성이 청정한 연고이다. 진언수행도 이와 같다. 진언도 또한 자성이 없다. 진언도 꼭두각시처럼 지송하여 성취하면 능히 8만 4천의 방편법이 생하게 된다. 생한다는 것은 법신부처님의 본연청정本然淸淨의 법이다. 중생이 법신불의 본성을 간직하고 있다면, 삼라만상도 법신불의 본연청정성을 함장하고 있다. 그것은 삼라만상은 곧 법신비로자나불의 방편의 몸이기 때문이다. 이에 대하여 많은 선지식들이 증명하고 있다.

본성청정을 청정본연이라고도 한다. 본연청정은 우주자연 법계의 자성이다. 이것은 또한 법신부처님의 본래의 청정성이다.

"청정본연하거늘 어찌하여 산하대지山河大地가 나타났습니까?" 부처님은 "여래가 항상 말하는 성각性覺은 오묘하고 밝으며, 본각本覺은 밝고 오묘하다 하였다. 이와 같이 깨달은 성품이 밝으면 모든 것이 밝고 깨달음이 크면 모든 것이 크게 나타난다. 그러므로 깨달음의 본성이 청정본연이면 나타난 산하대지도 청정본연한 것이다." 하였다. 《선문염송》제29권 장수長水 스님이 혜각慧覺 스님에게 묻기를 "청정본연하거늘 어찌 산하대지가 생겼습니까?" 혜각 스님은 "청정본연하거늘 어찌하여 문득 산하대지가 생겼다 하는가"라고 답하였다. 장수 스님은 일언지하에 그 깨달음을 얻었다. 청정본연은 본래의 마음이고, 산하대지는 더럽고 차별적인 것이다. 그러나 깨달음의 경지에서 보면 본연청정이나 산하대지는 둘이 아닌 하나인 것이다. 중생의 마음이 작으면 모든 것이 작아서 부처도 작게 보인다. 중생의 마음이 크면 부처도 크게 보이는 것이다. 어찌하여 청정본연과 산하대지를 차별로 보겠는가? 청정본연과 산하대지를 둘로 보지 말라. 둘로 보는 것은 세간의 지식이다. 일체 만물을 다 꼭두각시로 봤을 때 그것은 둘로 보는 것이다. 꼭두각시가 진정한 거로 보이면 그 순간이 깨달음의 순간이다.

다시 설명하면, 꼭두각시의 주인공은 실을 움직이는 사람이다. 우리 몸의 주인공은 누구인가?. 법신의 청정한 마음이다. 꼭두각시가 실을 잡은 자의 손놀림에 따라 팔다리가 움직이듯이 육대로 이루어진 우리 몸도 주인공인 마음의 움직임에 따라 작용한다. 그로 인하여 선악시비선후본말善惡是非先後本末의 업을 짓게 된다. 진언의 환幻도 이와 같다. 진언은 본래 법신비로자나불의 청정본연을 표현하는 진실한 언어지만 그 실체는 허상이다. 진언의 허상에 집착해서는 아니 된다. 그 허상을 이용하여 정진수행 하면 법신불의 진실된 법을 성취할 수 있다. 진언은 법신불의 본심이며 수행자의 본심이다. 같은 본심이기 때문에 비록 허상이지만 깨달음의 법은 진실법이다. 진언수행에 의하여 법이 성취되면 수행자 앞에 만상이 나타나게 된다. 그 만상은 모두 부처이며 이 부처는 깨달은 자의 마음을 닮게 된다. 깨달은 자의 마음이 모래알처럼 작으면 나타나는 부처도 모래알처럼 작을 것이며, 마음이 태산 같으면 나타나는 부처도 태산 같다. 마음이 붉으면 나타나는 부처님도 붉을 것이며 마음이 희면 나타나는 부처도 흰 부처일 것이며, 마음이 검으면 나타나는 부처도 검은 부처이다. 부처는 곧 만물이다. 밝으면 밝은 대로 어두우면 어두운 대로 세상은 만들어진다. 이 원리를 깨달을 수 있는 것이 진언의 꼭두각시의 비유로 수행한 공덕이다.

진언을 염송하는 수행자는 주술적이거나 혹은 약의 힘이거나, 능조와 소조 등 이런 것들에 현혹되지 않는다. 주술이나 약력이나 능조나 소조는 육도윤회를 벗어나게 할 수 없다. 그리고 진언수행자는 천상에 태어나기를 바라는 것이 아니다. 만일 천상에 태어나기 위하여 주술이든 선약이든 그 어떤 것을 동원하여 천상에 태어난다 하여도 그 곳의 과보가 다하면 다시 인간계에 태어나야 한다. 이것이 윤회업輪廻業이다. 육도의 중심은 인간계와 축생계이다. 천상계에서 곧바로 지옥이나 아귀로 들어갈 수는 없으며, 지옥에서 천상이나 수라도로 바로 갈 수도 없다. 반드시 인간계나 축생계를 거쳐야 한다. 해탈과 열반과 성불을 할 수 있는 곳은 인간계이다. 인간으로 태어난 것은 제일 좋은 기회를 만난 것이다. 인간 세상에서 다시 부처님의 해탈과 열반과 성불법을 만났으니 얼마나 좋은 기회를 만났는가. 진언수행자가 염송하는 것은 마음을 울리게 하기 위한 수행이다. 잠자는 본심의 자리를 울리는 것이다. 비록 꼭두각시와 같은 몸이지만 울림과 떨림에 의하여 깊숙이 자리하고 있는 본성을 깨우는 것이다. 이것이 심수, 관찰, 통달, 작증의 진언의 지송성취이다. 이로써 능히 법중일여法衆一如를 증득하게 되는 지혜가 출생하게 된다.

〚 경문 〛 "다시 또 비밀주야! 아지랑이의 성품은 공이지만, 저 세상 사람들의 망상에 의지하여 성립되어 서로 의지하는 것과 같으니라. 이와 같이 진언의 모습도 오직 임시로 사용하는 가명인 것이니라."

두 번째 아지랑이[陽焰] 비유이다. 아지랑이의 성性은 공空이다. 세상 사람들이 망상에 의하여 성립되는 것이 허공중의 아지랑이다. 땅과 허공과 봄바람의 장난으로 생긴 하나의 눈병이다. 배고플 때, 어떤 욕망이 생겼을 때, 갈증이 생겼을 때, 생기는 눈의 병이다. 아지랑이는 마치 뛰어노는 망아지처럼 솟아오르는 폭포처럼 아른거리면서 오르내리는 환상이다. 만질 수도 없는 아지랑이는 본성이 없는 허상일 뿐이다. 그러나 이 허상에서 중생들은 마음 가운데 속박과 욕망과 배고픔과 굶주림과 갈증 등에서 벗어나는 즐거움을 얻기도 한다. 진언수행도 마찬가지이다. 진언수행을 하면 자신의 몸이 한결 가벼워 허공 중에 피어

오르는 느낌을 받을 때도 있다. 이러할 때 아지랑이를 생각하라. 허상은 사라질 것이다. 청량산에 들어가 공양주를 하면서 문수보살을 친근하고자 수행하던 무착無着선사는 팥죽에 김이 오를 때 김 속에 문수보살이 나타난다. 그렇게 간곡히 친근하기를 바라던 문수보살이다. 그러나 무착선사는 주걱으로 문수보살의 뺨을 때렸다. 김 속에 나타난 문수는 문수보살이 아니다. 팥죽의 김일 뿐이다.

간혹 수행자들이 허상을 보고 몸을 상하게 하는 잘못을 행하기도 한다. 특히 독성각獨聖閣에서 나반존자를 부르는 정진 중에 흔히 일어나며, 때로는 관음전에서 관세음보살 명호를 부르는 중에 일어난다. 삿된 원을 가지고 기도하면 생기는 잘못된 현상이다. 신체의 일부를 자르기도 하는 악한 상황에까지 이르기도 한다. 참선에서 화두話頭공부를 잘못하여도 헛소리를 하고 다니기도 한다. 진언수행자도 진언을 염송하는 중에 마음을 바르게 가지지 못하면 본존本尊이 불에 타 보이기도 하고 부처님의 상이 나타나 보이기도 한다. 이것은 모두 아지랑이의 교훈을 모르기 때문이다. 허상에 속지 않게 하기 위하여 아지랑이의 비유법을 전하는 것이다. 우리는 허상에 속아서는 안 된다. 아지랑이의 비유는 허상에 속지 말라는 법문이다. 이제 진언수행자는 아지랑이와 같이 허상을 보는 정진이지만 그 가운데 청정본성이 모든 업장을 떨쳐버리고 깊숙이 자리하고 있는 본성이 깨어날 것이다. 이것이 심수, 관찰, 통달, 작증의 진언의 지송성취이다. 이로써 불보살의 진면목을 보는 법중일여法衆一如를 증득하게 되는 지혜가 출생하게 된다.

〖 경문 〗 "다시 또 비밀주야! 꿈속에 보는 것의 하루 낮이나 모호율다 车呼栗多와 찰나와 세시歲時에 함께 머물면서 가지가지 다른 류가 되어 모든 고락을 받는 것 같다가, 깨고 나면 모두 다 볼 수 없는 것과 같으니라. 이와 같이 진언행의 꿈도 마땅히 알지니 또한 이와 같으니라."

　　　　세 번째 꿈夢의 비유이다. 꿈이라는 것은 꾸민다는 뜻이다. 꾸민다는 것은 허상이다. 꿈은 봄, 여름, 가을, 겨울처럼 순수한 우리말이다. 봄이라는 것은 본다, 보인다 등의 뜻을 가지고 있다. 겨울이 지나고 따뜻한 계절이 되면 땅에서 무엇인가 올라오고 가지마다 무엇인가 나타난다. 없던 새로운 것들이 보인다는 것이다. 이를 간편하게 발음하여 '봄'이라 하는 것이다. 꿈도 봄과 같이 없던 것을 꾸며내는 것을 간편하게 말하여 '꿈'이라 하는 것이다. 꾸미는 것은 반드시 잠자리에서만 꾸미는 것은 아니다. 일상생활 속에서도 얼마든지 꾸밀 수 있다. 꿈을 꾸는 데는 많은 시간이 소요되는 것은 아니다. 찰나에 이루어진다. 1찰나의 꿈속에서 1모호율다48분를 만든다. 보통 꿈은 15초에서 20초 정도로 꾼다. 1시간 정도 꿈을 꾸면 일생의 삶을 꿈속에서 살게 된다. 꿈은 깊은 잠을 잘 때는 꿈을 꾸지 않는다. 현실 생활도 무엇인가를 열심히 할 때는 꿈을 꾸지 않는다. 선잠을 자거나 망상妄想에서 꿈을 꾸는 것이다. 진언수행자도 마찬가지이다. 유가삼밀 가운데서는 허상의 꿈을 꾸지 않는다. 반드시 해탈이나 열반이나 성불의 공덕을 얻게 된다. 진언수행중에 나타나는 모든 현상은 망상이며 허상이다. 망상과 허상에 현혹되지 않아야 한다. 비록 정진 중에는 불보살을 보아도 초연해야 한다. 중생은 현재에 살면서 과거를 생각하고 미래를 꿈꾼다. 꿈을 꾸는 동안은 노력과 정진을 올바르게 할 수 없다. 최선의 노력과 용맹정진은 진실한 마음에서 이루어진다. 삼세의 인과를 깨닫지 못한 중생들은 미래에 대하여 상당히 궁금하게 생각한다. 미래에 대하여 안다면 초연해질 수도 있다. 꿈은 막연한 기대감을 만들어낸다. 그 기대감의 맛은 허무하다. 꿈이 때로는 삶에 도움이 되기도 하지만 노력과 정진보다는 못하다. 의뢰심을 키우는 단점이 되기도 한다.

  꿈은 상상에 의하여 생기기도 한다. 비유하면, 한 여인이 불공을 하기 위하여 새벽에 사찰을 찾아간다. 가는 중 일주문 밖에서 발에 뭐가 밟히면서 '찍'소리를 들었다. 그러나 여인은 대수롭지 않게 생각하고 법당에 들어 불공하였다. 불공하는 중에 일주문 밖의 밟은 "찍" 소리가 생각났다. '아하! 내가 개구리를 밟았구나' 하는 생각에 마음이 불안하였다. 부처님의 상을 보니 뒤의 탱화에 큰 개구리가 보이면서 "네가 잘되기 위해서 남의 생명을 죽이느냐" 하고 호통을 치면서 내려

다보고 있었다. 여인은 무릎을 꿇고 개구리에게 용서를 빌었다. "개구리님 잘못했습니다. 좋은 곳에 환생토록 축원하면서 기도하겠습니다. 그리고 양지바른 곳에 묻어드리겠습니다." 용서를 빌었다. 여인은 불공을 마치고 일주문 밖 개구리를 밟은 장소에 왔다. 그곳에는 개구리는 없고 발에 밟힌 가지가 놓여 있었다. 스님들이 채소밭에서 가지를 따서 오는 중 떨어뜨렸던 것이다. 밟을 때 '찍'소리도 가지가 터지는 소리였던 것이다. 이것이 허상인 상상몽이다. 마음이 허약하고 신심이 약하면 헛된 망상의 꿈을 꾸게 된다. 무명번뇌에 싸여 있는 중생은 꿈이 많다. 진언수행자도 수행 중에 허상을 본다. 이제 진언수행자는 꿈과 같은 허상을 보는 정진이지만 그 가운데 청정본성이 모든 업장을 떨쳐버리고 깊숙이 자리하고 있는 본성이 깨어나게 할 것이다. 이것이 심수, 관찰, 통달, 작증의 진언의 지송성취이다. 이로써 불보살의 진면목을 보는 법중일여法衆一如를 증득하게 되는 지혜가 출생하게 된다.

〖 경문 〗 "다시 또 비밀주야! 그림자의 비유로써 진언이 능히 실지를 일으킨다는 것을 알아 요달할지니라. 마치 얼굴이 저 거울을 대하면 거울은 얼굴의 형상을 나타내는 것과 같이 저 진언의 실지도 마땅히 이와 같음을 알지니라."

심연생의 네 번째 그림자[影] 비유이다. 그림자는 본체에서 나온 허상의 모양이다. 그림자는 본체의 형상을 벗어나지 못한다. 그림자는 빛에 의해서 비치는 물체이다. 그리고 거울에 비치는 것도 그림자이다. 우리는 그림자를 보고 놀라기도 하고, 안도의 숨을 쉬기도 한다. 다만 빛에 의하여 나타난 그림자는 흑백이며, 거울 속에 나타나는 그림자는 색상이 본래의 자연의 색상을 모두 나타낼 수 있다. 빛으로 나타나는 그림자와 흑백으로 나타나는 그림자 중에 특히 빛으로 나타나는 그림자에 현혹당하기가 쉽다. 그림자는 실체를 나타내는 것이기 때문에 거울에 비치는 자신의 모습만 그림자가 아니라 자신이 가진 물건들도 자신의 마음의 그림자이다. 마음이 모가 나면 모난 물건을 좋아하고 마음이 둥글면 둥근 물건들을 좋아한다. 색상도 마찬가지이다. 마음이 밝으면 밝은색을 좋아하게 되기 때문에 가진 물건들도 밝은 것이 많다. 마음이 어두우면 어두운 그림자가 나타나기 때문에 가진 물건들도 어두운 색상을 지닌 물건을 좋아한다. 물건만 그러한 것은 아니다. 만나는 사람들도 모두 나의 마음을 닮는다. 먼저 가족이 나의 마음을 닮고 모여 사는 이웃이 나의 마음을 닮고 친구가 나의 마음을 닮는다. 그림자인 상대를 보고 자신의 본래면목을 알아야 한다. 길흉화복도 자신의 마음의 그림자이다.

그림자의 비유는 나의 잘못을 찾아 고치도록 한다는 뜻을 담고 있다. 본체는 변함이 없지만 그림자는 변할 수 있기 때문이다. 비치는 각도에 따라 다르며 색상에 따라 다르다. 다르다는 것은 바꿀 수 있다는 것이다. 바꿀 수 있다는 것은 고칠 수 있다는 것이다. 그림자를 보고 본체를 바꾸거나 고칠 수 있다는 것이 그림자 비유의 가르침이다. 육도를 윤회하는 중생은 육도는 본심의 그림자이다. 이 그림자를 통하여 해탈과 열반과 성불의 공덕을 얻을 수 있다. 진언수행은 그림자를 보고 본성을 찾아가는 진실된 수행법이다. 잘못된 업의 본체를 진언수행으로 바꾸고 고칠 수 있다. 32상과 80종호를 지닌 부처님의 원만한 본체를 보고 나의 마음의 그림자를 바꿀 수도 있지만, 8만 4천의 말씀만으로도 중생심을 불심으로 고쳐나갈 수 있는 것이다. 2,500여 년 전에 사라진 육신의 불보다 그분이 남겨 놓은 말씀으로 윤회의 업을 좋은 것으로 바꾸는 것이 정진이다. 이제 진언수행자는 그림자와 같은 허상을 보는 정진이지만 그 가운데 청정본성이 모든 업장을 떨쳐버리고 깊숙이 자리하고 있는 본성이 깨어나게 할 것이다. 이것이 심수, 관찰, 통달, 작증의 진언의 지송성취이다. 이로써 불보살의 진면목을 보는 법중일여法衆一如를 증득하게 되는 지혜가 출생하게 된다.

〖 경문 〗 "다시 또 비밀주야! 신기루의 비유로써 진언이 실지궁을 성취함을 알아 요달할지니라."

심연생구의 다섯 번째 신기루로 나타난 성[乾闥婆城]의 비유이다. 신기루는 무자성의 존재로 나타나는 심향성尋香城이다. 거짓으로 나타난 장엄되고 화려한 성을 말한다. 진언의 실지궁을 성취하여야 한다. 《법화경》〈화성유품〉에 오백 리 길의 먼 곳의 보배의 성을 찾아 길을 가는 중에 먼 길을 가는 자의 마음을 달래기 위하여 삼백 리쯤에 성을 만들었다. 이것이 신기루의 화성이다. 중생들의 살림살이에서도 어떤 목적을 세우고 그 목적을 향하여 전진할 때 반 정도를 넘어서면 나태한 생각이 일어난다. 이 나태한 생각을 다스리기 위하여 목적지와 같은 모습의 법을 전하게 된다. 실지 염송수행에서도 마음에 어떤 일이 나타난다 하더라도 그것은 신기루에 불가하다는 것을 알아야 한다. 만약 나타난 그 어떤 상을 진실 상으로 보면 진언수행의 공덕을 얻을 수 없다. 설사 법신비로자나부처님의 궁전인 금강법계궁이 나타난다 하여도 그 궁전에 집착하지 말고 오히려 그 궁전을 마음으로부터 허물어야 할 것이다. 우리의 마음이 실체가 없는데 어찌 실지궁이 실체가 있는 궁전이겠는가? 진언의 실지궁은 중생계에서는 얻을 수 없다. 다만 법계의 청정심연에서만 얻을 수 있는 성이다. 이에 3가지가 있으니, 첫째 상단에는 밀엄정토密嚴淨土이며, 중단에는 시방정토十方淨土이며, 하단은 제천수라궁諸天修羅宮이다. 모두 마음의 궁전이다. 수행자가 3품의 실지궁을 얻을 때 이를 신기루인 건달바성이라 한다.

인간 세상에도 건달바성이 있다. 부처님 당시 유마힐 거사가 문수보살의 문병을 받을 때 문수보살을 따라온 500명의 부처님 제자들이 모두 유마힐 거사의 십홀방장안으로 들어가게 된다. 십홀의 좁은 공간이 유마힐 거사의 마음의 벽이 허물어지고 대중들의 생각의 벽이 허물어져 유마힐 거사와 마주하게 된다. 이것이 시방정토이며, 마음의 실지궁인 건달바성이다. 진언수행자도 마음의 벽을 허물면 그 자리가 곧 법신비로자나불의 금강법계궁에 들게 된다. 이 궁전은 인간계나 현실계에 잠시 나타나 존재하는 궁전이 아니다. 진리법계에 영원히 존재하는 궁전이다. 법신비로자나불의 세계와 나의 세계가 하나 되는 그 자리가 실지궁이다. 중생의 마음에는 탐진치가 일어난다. 탐진치가 치성하면 본심은 어두워져서 물질의 궁전에 집착하게 된다. 물질의 궁전은 영원성이 없다. 이제 진언수행을 전하여 영원성이 있는 진리의 실지궁을 찾도록 허상의 신기루성을 보여주면서 깊숙이 자리하고 있는 본성이 깨어나게 할 것이다. 이것이 심수, 관찰, 통달, 작증의 진언의 지송 성취이다. 이로써 불보살의 진면목을 보는 법중일여法衆一如를 증득하게 되는 지혜가 출생하게 된다.

〖 경문 〗 "다시 또 비밀주야! 메아리의 비유로써 진언의 소리를 알아 요달하여 아는 것이니라. 마치 소리로 인연하여서 메아리가 있는 것과 같이 저 진언도 마땅히 이와 같음을 알지니라."

　　　　　십연생구의 여섯 번째 메아리[響] 비유이다. 메아리는 보통의 소리가 아니다. 자연에 부딪혀 나오는 떨림의 소리이다. 허공을 오가는 실물 없는 소리이다. 모든 소리가 허공 중에 잠시 머물다 사라지지만 특히 메아리는 자신이 만들어낸 소리가 아니다. 타의에 의하고 허공을 장애하면서 만들어진 울림의 소리이다. 울림의 소리는 일종의 귓병이다. 중생은 많은 번뇌를 일으킨다. 자의에 의하여 일으키는 번뇌와 타의에 의하여 일으키는 번뇌가 있다. 타의에 의하여 일으키는 번뇌 중에 눈으로 일으키는 번뇌, 귀로 일으키는 번뇌가 있다. 메아리 비유는 귀로 일으키는 번뇌에서 자신의 진실을 찾도록 하는 것이다. 번뇌는 깨달음의 지름길이다. 번뇌가 없으면 깨달음은 없다. 선지식은 수행 중에 번뇌가 생기지 않으면 도리어 번뇌를 일으키는 업을 짓는다. 실달태자가 보리수 아래에서 마지막 깨달음의 법을 증득하고자할 때 보다 큰 법을 얻기 위하여 잠자는 마왕 파순이를 깨우는 것도 번뇌를 일부러 만드는 작업이다. 허상인 메아리가 진실법으로 알듯이 진언수행에서 메아리 비유를 하는 것은 헛된 것이 허상으로 끝나는 것이 아니라 그 소리 속에도 진실법이 있다는 것을 깨닫게 하고자 하는 법문이다.

  법신불의 진언의 소리는 그 속에 진실성이 내포되어 있다. 그러나 진언을 부르는 우리는 아직도 진실성을 터득하지 못하고 있다. 일반소리가 아닌 떨림의 소리에는 진실성이 담겨 있다. 염송은 마음속의 떨림의 소리로 해야 한다. 그 소리 속에서 마음의 심천을 알 수 있고, 그 사람의 길흉화복과 부귀빈천을 알 수가 있다. 우리의 마음속에 끝없이 메아리치는 메아리를 잘 관찰하면 자성본심을 알게 된다. 이제 진언수행을 전하여 영원성의 소리를 찾도록 허상의 메아리를 보여주면서 깊숙이 자리하고 있는 본성이 떨림의 진언 소리로 깨어나게 할 것이다. 이것이 심수, 관찰, 통달, 작증의 진언의 지송성취이다. 이로써 불보살의 진면목을 보는 법중일여法衆一如를 증득하게 되는 지혜가 출생하게 된다.

〖 경문 〗 "다시 또 비밀주야! 마치 달이 나옴을 인연하여 저 맑은 물에 비추지만, 그러나 물에 나타난 것은 달의 그림자 모양인 것과 같이, 이와 같이 진언도 물속의 달에 비유하는 것처럼 저를 밝히는 것도 마땅히 이와 같다고 설할지니라."

십연생구의 일곱 번째 달그림자[月影] 비유이다. 달그림자는 물속에 비친 달을 말한다. 달그림자는 눈으로 볼 수 있으나 손으로 만질 수는 없다. 달을 잡으려고 물속에 손을 넣으면 달그림자는 산산이 부서져 사라진다. 진정한 형체가 없기 때문이다. 물이 고요해지면 다시 나타나는 것이 달그림자이다. 진언수행도 불심을 얻으려면 삼매에 들어야 한다. 삼매는 실체가 없다 그러나 그 속에서 불의 본심을 원만하게 모을 수 있다. 만일 어떤 상에 의하여 잡으려고 한다면 곧 사라지고 없다. 영원히 불심을 보려면 행주좌와 어묵동정에 삼매에 노닐어야 한다. 한순간 흐트러지면 지금까지 쌓은 모든 상이 사라지게 된다. 오매불

망하라는 선지식들의 가르침도, 평상심이 도라는 것도, 육자진언의 항송법도 모두 이를 두고 하는 가르침이다. 밀교의 현덕성불도 마찬가지이다. 일상생활에서 부처님처럼 생활하는 것을 뜻한다. 세상의 사물은 한번 깨어지면 흔적을 남기기는 하지만 다시 그 형태를 유지할 수는 없다. 그러므로 사물을 비유로 들지 않고 달그림자를 비유하여 진언수행의 길을 가르친다. 달그림자는 산산이 조각난다 하여도 흔적을 남기지 않을 뿐 아니라 고요하면 다시 형성되기 때문이다. 중생들의 마음도 구경성불에 오를 때까지 수없이 번뇌에 부서지고 사라지고 하지만 언제나 마음만 모으면 다시 본래의 불심으로 돌아간다. 그러면서도 번뇌의 흔적을 남기지 않는 특성이 있다. 중생이 업번뇌에 의하여 육도를 윤회하지만 실상은 흔적을 남기지 못한다. 언제나 처음처럼 머물다가 사라지고 다시 머물다 사라질 뿐이다. 진언수행의 법도 이와 같다. 물빛이 흔들리면 달그림자도 흔들리듯이 진언수행의 마음이 흔들리면 본자성도 흔들린다. 그러면서도 언젠가는 본래의 모습으로 돌아간다. 돌아갈 때는 지금까지의 윤회업은 모두 허상임 깨닫게 된다. 그러나 깨달음의 모습을 손으로 잡을 수 없다.

　　　　달그림자는 물속에만 있는 것은 아니다 허공 중에도 달그림자가 있다. 본 달의 주변에 또 하나의 달무리가 있다. 이것은 허공의 물방울에 달이 비치어 모여 생긴 그림자이다. 이와 같이 중생들의 마음속에도 달그림자가 있다. 그 달그림자를 진언수행으로 불러내는 것이다. 일본 진언종에서 월륜관을 하는 것은 마음속의 달그림자를 찾는 수행법이다. 이제 진언수행을 전하여 영원성의 '마음 달'을 찾도록 허상의 달그림자를 보여주면서 깊숙이 자리하고 있는 본성이 깨어나게 할 것이다. 이것이 심수, 관찰, 통달, 작증의 진언의 지송성취이다. 이로써 불보살의 진면목을 보는 법중일여法衆一如를 증득하게 되는 지혜가 출생하게 된다.

〖 경문 〗 "다시 또 비밀주야! 마치 하늘에서 비가 내리면 물거품을 나게 하는 것과 같이, 저 진언의 실지가 가지가지 변화하는 것도 마땅히 알지니라. 또한 이와 같음이니라."

　　　　십연생구의 여덟 번째 물거품[浮包] 비유이다. 물거품은 하늘에서 비가 내려올 때 땅에 고여 있는 물에 빗방울이 떨어지면 방울이 생긴다. 물방울이 강해지면 물거품이 된다. 물거품은 다시 모여 물거품의 군상을 이룬다. 이것이 취말聚沫이다. 중생들의 삶도 살펴보면 물거품과 같은 것이다. 진언수행을 하는 것은 물거품의 중생살림살이를 본심인 불성의 살림살이로 바꾸고자 하기 위함이다. 진언염송은 법신비로자나불로부터 가지관정을 받는 과정이다. 가지를 받는 것이 물방울을 만드는 것과 같고, 관정을 받는 것은 거품을 만드는 것과 같다.
　　　　비가 온다 하여 모든 빗줄기가 물방울을 만드는 것은 아니다. 빗물에 물방울이 생기는 것은 적은 비에서 생기는 것이 아니다. 큰 비가 오거나 홍수가 지려할 때 빗방울에 물방울이 생기는 것이다. 진언수행도 한 번의 염송으로 법신불로부터 가지를 받는 것은 아니다. 법신불로부터 가지를 받으려면 마음을 모으는 정진이 필요하다. 가지를 받았다 하여도 관정을 받지 못하면 깨달음은 없다. 다시 관정을 받으려면 삼매정진을 해야 한다. 물에 비치는 달그림자, 물거품, 메아리 등은 모두 허상이다. 그 허상에는 흔적이 남는 것과 흔적이 없는 것이 있다. 십연생구 중에 아지랑이와 꿈과 그림자와 신기루와 메아리와 달그림자와 허공 꽃과 불의 바퀴 등은 본래 흔적이 없다. 그러나 물거품만은 흔적이 있다. 물거품은 물방울이 떨어짐으로 인해서 그 물 자체에서 생겨나기 때문에 흔적이 있다. 법신비로자나불의 가지는 형체가 없으나 법신비로자나불의 관정은 형체가 있다. 법신비로자나불의 본심진언은 본체가 없으나 염송으로 그 본체를 느껴야 한다. 이것이 삼라만상이 곧 법신불의 당체임을 깨달아야 한다는 법문이다. 이제 진언수행을 전하여 법신불의 본성을 가지 관정받기 위하여 허상의 물거품을 보여주면서 깊숙이 자리하고 있는 본성이 깨어나게 할 것이다. 이것이 심수, 관찰, 통달, 작증의 진언의 지송성취이다. 이로써 불보살의 진면목을 보는 법중일여法衆一如를 증득하게 되는 지혜가 출생하게 된다.

〖 경문 〗 "다시 또 비밀주야! 마치 허공 중에는 중생도 없고 수명도 없는 것과 같이 저 짓는 자도 가히 얻을 수 없느니라. 마음이 미혹하고 어지러운 까닭으로 그리하여 이와 같은 여러 가지 망령된 견해를 일으키는 것이니라."

심연생구 중에 아홉 번째 허공의 꽃[空華] 비유이다. 저 허공 가운데는 중생도 없고, 생명체도 없으며, 수명의 한정도 없다. 허공은 영원한 것이다. 언제부터 시작하고 언제부터 마친다는 기약도 없다. 이러한 허공은 누가 만들거나 부수는 것이 아니다. 주인공도 없으면서 다만 그렇게 존재할 뿐이다. 태양과 달과 모든 별이 그 가운데 존재한다. 이 허공에 또 하나가 존재한다. 그것이 허공의 꽃이다. 허공의 꽃은 중생이 만들어낸다. 손으로 눈 주위를 눌러보라. 그러면 허공 가운데 일곱 빛이 찬란한 원형의 꽃이 보일 것이다. 눈 주위를 누르는 것에 따라 원형의 꽃도 변화무상으로 피어나는 것을 볼 수 있을 것이다. 이 꽃은 눈을 뜨면 사라지고 없는 것이다. 꽃은 다른 사람은 보지 못한다. 만드는 본인만이 볼 수 있는 눈병의 꽃이다. 중생 세계에 부처님이 탄생하는 것도 이와 같은 원리이다. 중생들이 부처님을 원력으로 부른 것이다. 중생이 부처님을 간절하게 원할 때는 세상이 사악함이 지나치기 때문에 구원의 손길을 바라면서 중생마다 원력을 세워 그 원력을 법신비로자나부처님이 수용하여 각각 화신불로 탄생하신 것이다.

악이 충만한 중생 세계에 부처님의 위대함이 나타난다. 진흙에 자라는 연꽃처럼 나타난다. 진언수행도 마찬가지이다. 8만 4천의 번뇌에 묻혀 있는 중생도 불성이 있다. 불성이 있기 때문에 일체중생은 모두 부처님이다. 불성을 지니고 있으면서도 그 지닌지를 모른다. 비록 허상의 허공의 꽃이지만 나의 마음속에 있다. 손을 누르면 보듯이 정진하면 내 속에 있는 불성을 볼 수 있다. 눈의 현혹이나 귀의 현혹에 따라가지 않는 그 자리가 곧 깨달음의 자리이다. 이제 진언수행을 전하여 법신불이 허상의 허공의 꽃을 보여주면서 깊숙이 자리하고 있는 본성이 깨어나게 하는 것이다. 이것이 심수, 관찰, 통달, 작증의 진언의 지송 성취이다. 이로써 불보살의 진면목을 보는 법중일여法衆一如를 증득하게 되는 지혜가 출생하게 된다.

〖 경문 〗 "다시 또 비밀주야! 비유하면 불탄 끝을 만약 사람이 손에 쥐고 허공 중에 돌리면 불빛의 수레바퀴 형상이 나타나는 것과 같음이니라."

십연생구의 열 번째 불의 바퀴[旋花輪] 비유이다. 선화륜는 불 바퀴 꽃이다. 불 바퀴 꽃은 불탄 가지를 잡고 허공에 돌리면 생기는 원을 말한다. 정월 보름에 망월놀이를 하면서 깡통 속에 불을 담고 돌리는 것을 말한다. 이때 허공에는 둥근 불 바퀴 꽃이 생긴다. 돌림이 빠르면 빠를수록 불 바퀴 꽃은 더욱 원만하게 나타난다. 그리고 불 바퀴 꽃의 중심에 주인공이 있다. 이 불 바퀴 꽃은 허상이다. 한 점點의 불일 뿐이다. 중생의 마음도 하나의 점과 같은 것인데 육도六道를 돌면 윤회의 바퀴가 생기게 된다. 그 속에서 희노애락의 근본이 무엇인지 느끼지 못한 채 오히려 그것에 집착하여 즐기고자 하는 마음이 생한다. 이 즐기고자 하는 마음은 모든 만물에 전파하여 정情이라는 집착의 번뇌가 생긴다. 사람을 보면 사람에 정을 두고, 물질을 보면 물질에 정이 머물고, 권력을 잡으면 권력에 정을 둔다. 이와 같은 오욕칠정五慾七情은 중심이 없다. 언제든지 옮겨 다닌다. 허공에 나타나는 불 바퀴 꽃도 주인공의 움직임에 따라 옮겨 다닌다. 세상에는 돌지 않는 것이 없다. 태양도 자전自轉과 공전空轉을 거듭하며 지구도 자전과 공전을 거듭한다. 모든 은하계가 자전과 공전을 동시에 행하고 있다. 그 속에 머물고 있는 중생도 마음이 자전과 공전을 행하고 있다. 자전과 공전이 없는 것은 법신 비로자나불의 불성이다. 이 이치를 깨닫게 하기 위하여 불 바퀴 꽃의 허상을 비유하고 있다. 불 바퀴 꽃은 한 점의 불에서 나타나는 허상이듯이 중생의 오욕칠정도 한 점의 본심에서 나타나는 번뇌임을 알게 하기 비유법이다.

움직이는 중생심과 부동의 법신본성에 관하여 선종禪宗에서 "마음에 점을 찍을 뿐 문자를 세워서 아는 것도 아니며, 언어마저 끊어진 자리가 곧 불의 자리다"라 하고, 육조혜능 스님은 "본래무일물本來無一物인데 깃발은 무엇이며, 바람은 무엇인가? 모두가 마음의 작용일 뿐이다" 하였다. 밀교의 만다라 사상도 마찬가지이다. 만다라의 중심은 점點이다. 두 점을 찍으면 선線이 된다. 선들이 모이면 만다라의 작용이 된다. 여기서 점은 법신본성法身本性이며 선은 중생심이다. 사찰에 불상을 조성하고 탑을 조성한다. 그리고 고승을 초청하여 점안법회點眼法會를 개최한다. 이때의 점안은 법신본성을 불탑에 가지관정加持灌頂하는 불사이다. 이로써 사물의 조각품은 비로소 법신불의 공능을 가지게 된다. 점에서 시작한 불 바퀴 꽃의 비유를 보고, 진언수행자도 일체만법은 모두 법신불의 본성인 진언의 한 점에서 만들어진 세계라는 것을 알아야 한다. 한 점의 불은 먼 곳을 비추지 못하지만 허공에 돌려 불 바퀴를 만들면 보다 먼 곳까지 빛을 보낼 수 있다. 태양도 공전만 한다면 은하계에 그 빛을 보낼 수 없을 것이다. 자전 때문에 은하계에 빛과 열을 보낼 수 있다. 진언의 한 점도 마찬가지이다. 한 점의 본성으로는 법신 본성을 나타낼 수 없지만, 윤회의 본성을 첨가하면 영원히 삼천대천세계에 법신의 법이 길이 빛날 것이다. 이제 진언수행을 전하여 법신불이 한 점의 본성을 불의 바퀴로 보여주면서 중생심 깊숙이 자리하고 있는 본성이 깨어나게 하는 것이다. 이것이 심수, 관찰, 통달, 작증의 진언의 지송성취이다. 이로써 불보살의 진면목을 보는 법중일여法衆一如를 증득하게 되는 지혜가 출생하게 된다. 《대비로자나경》〈주심품〉의 십연생의 비유법은 십주심十住心에서 구현九顯의 중생심을 십밀十密의 본심으로 바꿔주기 위한 것이다.

〖경문〗 "비밀주야! 이와 같이 대승의 구절과 심의 구절과 동등할 것이 없는 구절과 반드시 정해진 구절과 바른 깨달음의 구절과 점차로 대승이 생하는 구절임을 요달하여 알면, 당연히 법재法財를 구족하고 가지가지 공교한 큰 지혜를 출생하여 실답게 일체의 마음의 모습을 두루 알음을 얻을지니라."

〈입진언문주심품〉의 종결 부분으로 진언도구법과 진언도청정구법과 심상구법과 십연생구법을 찬탄하는 구절이다. 전4구는 범부중생凡夫衆生의 수행차제를 말하는 것이다. 대승구 심구 무등등구 필정구 정등각구 대승생구의 후6구는 전4구를 바탕으로 대승보살 이후의 수행차제를 밝히는 부분이다.

첫째 진언도구법이다. 일체지지一切智智에 대하여 설명한 부분이다. 일체지지는 본래자연의 법을 말하는 최상 진실의 도이다. 진언도구법의 진언은 법신부처님을 이理와 지智로 나누면서 다시 이지불이

理智不二를 설명하는 장이다. 법신부처님이 중생을 교화하기 위해서 인간 세상에 나오기 이전의 모습을 표현하는 것이다.

두 번째 진언도청정구법이다. 이지불이理智不二의 마하비로자나불의 공능功能 중에 지智의 공능인 청정법신비로자나불을 출현시키는 부분이다. 이理의 마하비로자나불의 활동의 본성이 청정성이다. 이 청정성을 일깨우기 위하여 비로자나불이 세상에 출현하면서 사방四方과 간방間方에 불보살을 출현시킨다. 청정법신비로자나불은 법계체성지를 가졌다. 청정성의 법계체성지를 중심으로 대원 경지의 아축불을, 평등성지의 보생불을, 묘관찰지의 아미타불을, 성소작지의 불공성취불을 출생시킨다. 모든 것을 결합하여 일체지지의 금강수비밀주를 출생시킨다. 금강수비밀주는 집금강의 상수보살이다. 비로자나불의 청정성은 3가지가 있다. 신청정身清淨 구청정口清淨 심청정心清淨이다. 신청정의 중심 경은 《화엄경》이며, 구청정의 중심 경은 《금강정경》이며, 심청정의 중심 경은 《대일경》이다.

세 번째 심상구이다. 중생들의 마음 모습을 60심으로 나타내는 부분이다. 60심은 중생들의 마음을 세분하여 분석하는 부분이다. 탐진치만의貪瞋癡慢疑 근본 마음에서 60심 나오고, 다시 160심을 전개된다. 그리고 3겁劫과 10지地와 6무외無畏의 작용을 설명하였다.

네 번째 십연생구이다. 십연생구는 진언수행의 경지를 열 가지 비유법으로 설명하였다. 열 가지 비유는 꼭두각시, 아지랑이, 꿈, 그림자, 신기루, 메아리, 달그림자, 물의 거품, 허공 꽃, 불의 바퀴 등의 허상을 비유 들어 진언수행법을 설명하는 부분이다.

다섯 번째 대승구이다. 대승구는 대승보살[법상종→發心]의 위로서 십주심의 제6타연대승심을 밝히는 구절이다. 2,500년 전 석가모니불의 가르침에는 소승이니 대승이니 현교니 밀교니 하는 구분은 없었다. 다만 수행의 증과를 논하여 수다원 사다함 아나함 아라한 등만 구분하였다. 대소승사상과 현밀顯密사상은 부처님 열반 후 전법과정傳法過程에서 생겨난 것이다. 부처님의 가르침을 가장 잘 받아들인 각 분야의 전문가가 있었다. 그들이 십대제자이다. 십대제자들이 가진 교리는 가섭존자의 선종禪宗, 우바리존자의 율종律宗, 수보리의 공종, 가전연존자의 논종論宗, 아난존자의 법상종法相宗, 라후라존자의 밀행密行 등이다. 이중에 라후라가 밀교이며 나머지는 모두 현교이다. 라후라는 부처님의 육체적인 것만 전해 받은 아들이 아니라 밀법의 진수를 전해받기도 하였다. 《대일경》에서 이미 범부중생을 가르치면서 소승적인 부분은 모두 동원하여 설하였다. 그러하다고 그것이 소승에 국한한 것은 아니다. 구체적인 대승구의 본 경 〈법만다라품〉에 상세하게 설하고 있다.

　　　　　　여섯 번째 심구이다. 십주심의 제7각심불생심이다[삼론종→修行]. 각심불생覺心不生이란 심상心相을 설하는 것이다. 중생들의 마음은 불심佛心을 지니고는 있지만, 다섯 가지 장애로운 것에 가리어서 8만 4천의 번뇌를 일으키고 그것에 집착한다. 중생은 불성에 집착하지 않고 허상에 집착하고 있으니 이것이 병폐이다. 이 병폐를 다스리기 위하여 많은 논의를 하게 된다. 삼론종三論宗의 논의도 모두 마음의 본질을 논하기 위하여 교리설정敎理設定 되어 있다. 본 경의 〈입진언문주심품〉에서 이미 중생심상을 분석하였지만, 그 내용에 관하여는 본 경의 전반에 설해져 있다.

　　　　　　일곱 번째 무등등구이다. 십주심의 제8일도무위심[천태종→

菩提]이다. 무등등은 보리심을 말한다. 보리심은 여래의 지혜이다. 여래의 지혜는 비교할 수 있는 지혜가 아니다. 중생의 본래 지혜도 불의 지혜와 동등하여 다를 바가 없다. 이것을 확신시키기 위하여 〈입진언문주심품〉에서 지수화풍공의 5대의 작용을 일체지지에 비유하였다. 그리고 백천구지나유타겁에 무량한 공덕의 지혜를 쌓게 하면서 무량한 지혜방편을 성취하도록 하였다.

여덟 번째 필정구이다. 십주심의 제9극무자성심이다[화엄종→涅槃]. 필정구는 모든 부처님이 반드시 십연생구를 수행하여 성불의 경지에 이르도록 한다는 의미이다. 중생은 견물생심見物生心의 마음을 가졌다. 눈으로 보고 난 연후에 마음을 일으킨다는 것이다. 이 마음을 다스리기 위하여 반드시 삼매에 들어야 한다. 수행의 마지막 관문은 삼매이다. 이를 필정구라 한다. 그 삼매에서 얻은 법도 필정구의 법이다. 실달태자는 보리수 아래에서 깨달음을 얻은 후 3칠일 동안 삼매에 들어간다. 이 삼매에서 《화엄경》을 설한다. 그 내용이 극무자성심을 설하는 장면이다. 실달태자는 이 삼매에서 법신비로자나불의 신구심身口心을 알게 되었다. 《화엄경》의 본존불은 한 마디의 언어를 구사하지 않고 금강지권인만으로 법을 설하고 있다. 이것이 삼매로 법을 설하는 것이다. 실달태자의 설산의 삼매는 번뇌를 제거하는 수행자의 삼매이며, 정각산의 삼매는 육체를 버리는 성문연각의 삼매이며, 보리수 아래의 삼매는 등각의 삼매이며, 45년간 설법 중에 삼매는 묘각의 삼매이며, 쿠시니가라의 열반상이 진정한 불의 삼매이다.

아홉 번째 정등각구이다. 십주심 중에 제10비밀장엄심이다 [진언종→究竟]. 마음이 같으면 평등이며, 깨달음이 같으면 정등각正等覺이며, 모양이 같으면 장엄莊嚴이다. 깨달음은 정등각이며 평등이며 장엄이다. 부처님의 가르침을 수행하여 깨달았다는 것은 부처님의 가르침과 동등한 경지에 오른 것을 말한다. 이것을 정등각이라 한다. 깨달음이란 모든 것에 있다. 그림을 배우는 사람이 스승의 그림과 같은 그림을 그릴 수 있다면 그것이 깨달음이며, 글씨를 배우는 사람이 스승의 글씨체와 같아지는 것이 깨달은 것이며, 조각을 배우는 사람이 스승의 조각과 같은 경지에 오르면 그것이 곧 깨달음이다. 선종禪宗에서는 스승의 법을 깨달은 모습을 이심전심以心傳心이라 표현하였다. 이것이 정등각이라 한다. 일체 만물은 법신불의 평등성을 지니고 있다. 일체 만물은 곧 법신불의 장엄물이다. 일체중생의 마음도 법신비로자나불의 본심과 평등성을 지니고 있다. 만물이든 마음이든 모두 법신비로자나불의 몸과 마음을 그대로 표현한 것이다. 비밀장엄이란 본체와 별체가 차별 없이 평등하다는 뜻이다. 수행자가 깨달음을 얻게 되면 법신비로자나불의 몸과 마음이 평등하여진다. 이것이 법신비로자나불의 비밀장엄심이다. 동등한 깨달음의 말씀이 정등각구이며 동등한 장엄이 곧 비밀장엄심이다.

열 번째 대승생구이다. 십주심 전체를 말하는 구절이다[顯密不二→究竟不二]. 대승구와 대승생구의 차이는 대승구는 수행의 경지를 얻음을 말하는 것이며, 대승생구는 화도의 경지를 말하는 것이다. 깨달음의 목적은 중생제도에 있다. 중생제도가 곧 대승생구이다. 십주심을 모두 얻은 연후에는 법신비로자나불을 위하고 일체중생을 위하여 자비를 베풀어야 한다. 즉 가르침을 베푸는 것이다. 이것이 동체대비 사상이며, 대승생구이다. 중생의 해탈을 위하여 보살의 열반을 위하여 화신불의 성불을 위하여 지금까지 깨달은 법을 나누어주는 것이 대승생구의 실행이다. 실지의 대승생구는 언어나 문자가 필요 없다. 삼밀관행의 모습이 곧 대승생구이며,《화엄경》에서 비로자나불의 금강지권이 대승생구며,《대일경》에서 관법이 대승생구이며,《금강정경》에서 모든 진언이 대승생구이다.

구현십밀九顯十密의 대승생구를 깨달고 나면 법재法財가 구족하게 된다. 법재가 구족할 때 각 가지의 공교한 지혜가 생기게 된다. 지혜는 법계체성지를 중심으로 대원경지 평등성지 묘관찰지 성소작지이다. 이 다섯 지혜가 하나가 되는 것이 십주심의 제일 목적인 일체지지一切智智을 얻게 된다. 일체지지가 달성되면 중생의 마음은 곧 마하비로자나불의 마음과 같게 된다. 이것이 십주심의 제이 목적인 심상心相이 성립된 것이다. 마하비로자나불의 마음과 일치한 마음이 본래의 나의 마음이었음을 알게 하는 것이《대비로자나성불신변가지경》〈입진언문주심품〉의 가르침이다.《대일경》의 말씀을 별도로 찾으려 하지 말라. 나 자신 이대로가 곧《대비로자나성불신변가지경》이다. 이 몸이 곧 한 권의 경임을 알았다면 그 자체가 진언수행을 성취한 9현10밀의 자리에 오른 것이다. 동서남북으로 봄 찾아 길을 떠났다가 늦게야 집으로 돌아왔다. 다음 날 아침 햇살이 창문을 두드릴 때 문을 열고 뜰 앞을 바라보니, 뜰 앞의 나뭇가지에 꽃으로 피어난 봄, 나를 보고 웃고 있는 것을 ……. 이 경을 읽고 한번 크게 웃기를 바란다.

'옴마니반메훔'

최종웅(혜정·惠淨)

1975년 대한불교진각종에 입문하여 스승의 길에 들어 유가·탑주·밀각·행원심인당 등에서 교화하였다. 교육원장을 거쳐 유지재단 대표이사, 학교법인 회당학원 대표이사, 사회복지법인 대표이사, 회당학회장 등 주요 보직을 거치고 제28대 통리원장을 역임했다. 2011년 방글라데시 승원으로부터 '아띠샤 디빵가라 평화황금대상Atisa Dipankar Peace Gold Award'을 수상하였으며, 스리랑카 정부로부터 '사사나 마마까Sasana Mamaka 존자' 칭호를 수득하였다. 저서로는 《밀교강좌》, 《마음의등불》, 《밀교보리심론》 등이 있다.

대일경 주심품 이야기

입진언문주심품 역해

초판 1쇄 2018년 3월 20일
지은이   최종웅(혜정·惠淨)
펴낸이   오종욱
펴낸곳   올리브그린
         경기도 과천시 별양상가1로 18, 910호
         olivegreen_p@naver.com
         전화 070-6238-8991 / 팩스 0505-116-8991

가격 18,000원
ISBN 978-89-98938-22-2 03220

이 도서의 국립중앙도서관 출판도서목록(CIP)은 서지정보유통지원시스템 홈페이지(http://seoji.nl.go.kr)와 국가자료공동목록시스템(http://www.nl.go.kr/kolisnet)에서 이용하실 수 있습니다. (CIP제어번호: CIP2017031551)

- 이 책은 올리브그린이 저작권자와의 계약에 따라 발행한 것이므로, 이 책 내용의 일부 또는 전부를 사용하려면 반드시 올리브그린의 동의를 받아야합니다.

- 잘못된 책은 바꿔드립니다.